En nombre de Franco

PENÍNSULA

En nombre de Franco

Los héroes de la embajada de España en el Budapest nazi

Arcadi Espada

Con la colaboración de Sergio Campos Cacho

PENÍNSULA

Primera edición: octubre de 2025

Ediciones Península,
Diagonal 662-664
08034 Barcelona
edicionespeninsula@planeta.es
www.edicionespeninsula.com

REALIZACIÓN PLANETA - fotocomposición
Impresión y encuadernación: Arvato
Depósito legal: B. 16.111-2025
ISBN: 978-84-1100-418-3

Printed in Spain - Impreso en España

PEFC Certificado
Este libro procede de bosques gestionados de forma sostenible
PEFC/14-38-00305
www.pefc.es

Índice

Prólogo

Este libro tuvo muchos enemigos. Es decir que fue un éxito considerable. Florentino Portero, entonces director del Centro Sefarad, abrió las hostilidades. A pocos días de la presentación en la casa de los judíos españoles llamó al autor y le dijo:

—Tenemos que suspender. Aquí la comunidad judía es básicamente del norte de Marruecos. Gente muy conservadora. No les ha parecido bien que el libro cuente que Sanz Briz tuvo una amante. A la familia Sanz Briz le ha molestado la historia y ellos adoran a los Sanz Briz.

Se refería al comentario sobre un libro del italiano Giorgio Perlasca, célebre protagonista de los últimos días del Budapest nazi: «Incluía párrafos sorprendentemente crueles contra Sanz Briz. Uno de ellos mordía el talón de Aquiles de su memoria: “Él tenía un solo objetivo: dejar Hungría y poner a salvo a su amante, una bellísima señora hebrea, la baronesa Podmaniczky, propietaria de la casa de enfrente de la legación española”».

La posibilidad de que el responsable de la Legación española en Budapest, y el principal entre sus héroes, tuviera una amante me traía sin cuidado. Y no la habría incluido si Perlasca, otro de aquellos héroes, pero menor, no la vinculara a un asunto clave: la huida de Ángel Sanz

Briz poco antes de que las tropas soviéticas conquistaran Budapest.

El paso del tiempo, y la oportunidad de una investigación que dio resultados sorprendentes, ha confirmado el acierto de aquel comentario. Sobre este punto sensible de la vida del diplomático la nueva edición de este libro incluye novedades de importancia. Nuestro héroe huyó en compañía de la baronesa Podmaniczky, nacida Piroska Schiffer, y de su hija Gabriela. Y no solo: falsificó sus pasaportes y convirtió a la baronesa y a su hija en sus criadas; hasta tal punto llegó su desenvoltura onomástica que a la Piroska la bautizó Petra. Y no solo y más: durante algún tiempo Sanz Briz contribuyó al mantenimiento económico de la baronesa ingresándole cada mes 825 francos suizos, a través del Credit Suisse. Desconozco si fueron amantes. Pero sé todo esto. Desconozco si el amor iba en aquel coche que huía. Pero sé que Sanz Briz protegió de modo eficaz la vida de la baronesa y de su hija.

El director del Centro Sefarad aludía al enfado familiar por el supuesto adulterio. Era verdad, pero no era toda la verdad. En mis largas, y tan agradables, conversaciones con Pilar Sanz-Briz y su marido, José García Bañón, se mencionaron más de una vez las posibles relaciones con la baronesa. No les daban crédito y las atribuían a la malevolencia de Perlasca. Pero nunca fue un drama tratarlas. Más complicadas, aunque siempre cordiales, fueron nuestras discrepancias respecto a la autonomía de las decisiones que tomó Sanz Briz en los seis meses que estuvo al frente de la Legación española. La familia no estaba dispuesta a aceptar que el diplomático obedeció —eso sí, con valor, sacrificio y con creces— las instrucciones del gobierno de Franco. Aun así, el escepticismo de la hija frente a las conclusiones que iba dando la investigación nada tuvo que ver con la beligerancia de Juan Carlos Sanz Briz —el único hijo varón—. Aunque entonces poco sabía sobre las actividades del padre —la memoria de Pilar era la más viva y documentada de la familia—, él acabó por convertirse en el interlocutor habitual para cualquier exaltación de la historia de su padre. Y siempre supo que la figura del *cavalier seul* era lo que convenía al negocio.

El héroe romántico convenía a todo el mundo. A las novelitas basadas en hechos ficticios, para empezar, y a sus voluntariosas secuelas cinematográficas. Luego, a la política. Sanz Briz era un embajador de Franco y, además, un joven que ejerció de quintacolumnista en el Madrid republicano. De modo que su heroísmo necesitaba una depuración y de ahí los patéticos intentos de desvincularlo de un régimen al que sirvió antes de la hora y hasta la hora final. La mascarada llegó al punto de que el Congreso español rechazó, en marzo de 2023 y tras un humillante debate, una proposición de ley para honrar con dignidad institucional a Ángel Sanz Briz. La razón es que el diputado que la defendió, Francisco José Contreras, pertenecía al partido político Vox y que su ejemplar discurso —en el que no faltaron citas de este libro— no eludió la evidencia de que entre el diplomático y su Gobierno hubo un acuerdo para salvar al mayor número posible de judíos en Budapest.

El héroe romántico tuvo otros aliados. Ellos dirían que hablan en nombre de la Historia, pero en su boca la Historia solo es una versión turbia de la política. El primero en protestar políticamente fue el historiador Bernd Rother, autor de *Franco y el Holocausto* (2005). En un artículo publicado en *El Confidencial** quiso sostener la tesis de que Fran-

* Los intercambios polémicos con Rother se dieron en *El Confidencial* durante la primera semana de junio de 2013.

co no salvó a todos los judíos que habría podido salvar. Pero su desgracia es que vino a decirlo en el contexto de las matanzas de Budapest, allí donde regía la instrucción dada por el ministro Lequerica a Sanz Briz en el telegrama del 23 de octubre de 1944: «... abarque [la protección] en primer lugar a los sefarditas de nacionalidad española, en segundo lugar a los de origen español y finalmente el [*sic*] mayor número posible de los demás israelitas». El sectarismo no es más que un analfabetismo. Rother también insistió en algo más; y es que Franco salvó a los judíos que salvó con repugnancia. La tesis se contagia de un repugnante fondo moral. Pero su problema principal es técnico. El mismo del que dijera que Franco mató a muchos judíos sintiéndolo mucho.

La lista de historiadores ignorantes de lo que pasó en aquel Budapest incluye los libros genéricos sobre el franquismo que en estos años publicaron Paul Preston, Julián Casanova o Nicolás Sesma. Mención especial merece el que firmó Enrique Moradiellos, *El Holocausto y la España de Franco*, una actualización de las tesis de Bernd Rother a cargo de dos de sus vecinos extremeños, Santiago López Rodríguez y César Rina Simón, que además de escribirlo también lo firmaron. Como en el caso del resto de colegas citados, ninguno de ellos sabía qué había ocurrido en el Budapest nyila y la razón inexcusable es que no habían leído *En nombre de Franco*.* Uno de ellos tuvo la extrema ocurren-

* La controversia entre el autor y Enrique Moradiellos tuvo lugar en *El Mundo* los días 13, 24 y 27 de febrero de 2022, a partir de una entrevista de Fernando Palmero en el suplemento cultural *La Lectura*. Disponible en: <https://www.elmundo.es/la-lectura/2022/02/13/62016811fdddff42b8b4580.html>.

Arcadi Espada, «Patologías españolas», *El Mundo*, 13 de febrero de 2022. Disponible en: <https://www.elmundo.es/opinion/columnistas/2022/02/12/6207fb16fdddff372a8b45b6.html>.

cia de declarar que no habían citado este libro en el suyo porque no iban a citar una novela en un libro de Historia.* Lo de menos es que diera una prueba irrevocable de su ignorancia acerca de mi libro y de las novelas. Tenía más interés en que revelara oblicuamente el complejo —casi siempre justificado— de los historiadores por el nivel pedregoso de su escritura. La Historia siempre debe contar una historia y la necesidad de hacerlo con claridad, rigor y gracia estuvo entre las aspiraciones principales de este libro.

El último enemigo fue la familia de Giorgio Perlasca. Tuve un intercambio epistolar con su hijo Franco cuando declaró en el *Corriere della Sera* que después de leer mi libro «pensai buttarlo nell'immondizia».** Le escribí y uno de los párrafos de la carta decía: «Mi libro no persigue arruinar a su padre; solo ponerlo en su sitio. En el invierno de Budapest su padre actuó en favor de la dignidad humana, y es justo que así se le reconozca. Mi libro se ocupa de esa acción humanitaria. Cuando en los años posteriores escribió y dictó la crónica de aquellos años fabuló con frecuencia. Mi libro se ocupa de esa fabulación».*** Pero solo

---

Enrique Moradiellos, Santiago López Rodríguez y César Rina Simón, «El Holocausto y Franco: precisiones historiográficas», *El Mundo*, 24 de febrero de 2022. Disponible en: <https://www.elmundo.es/opinion/2022/02/23/62142563e4d4d8514a8b45a8.html>.

Arcadi Espada, «Canónica e insuperada», *El Mundo*, 27 de febrero de 2022. Disponible en: <https://www.elmundo.es/opinion/columnistas/2022/02/27/621a68b6e4d4d832738b4575.html>.

* Mercedes de Pablos, «César Rina: "Todos los nacionalismos se alimentan del pasado, el presente se arma desde la Historia"», *Letra Global*, 2 de marzo de 2023.

** «Pensé en tirarlo a la basura», Andrea Nicastro, «Gli indignati del caso Perlasca», *Corriere della Sera*, 13 de abril de 2013.

*** Arcadi Espada, «Dietario. 14 de abril de 2013», *Estudioae.com*. Disponible en: <http://estudioae.com/heroes/?p=791#:~:text=14%20de%20abril%20de%202013>.

respondió con una línea en la que decía que ahí acababa cualquier contacto entre nosotros.

Así fue haciendo su camino *En nombre de Franco* —en ese nombre actuaron todos los héroes de Budapest— y así llega renovado a sus lectores, los de ayer, los de hoy y los de mañana. El autor es de natural optimista y sabe que las mentiras pueden ganar una batalla, pero jamás la guerra. Optimista, pero no necio, y por ello igualmente consciente de que la vida de los hombres se libra entre batallas y que solo la Historia declara quién gana las guerras.

Barcelona, mayo de 2025

PRIMERA PARTE

I

En la película de John Ford *El hombre que mató a Liberty Valance* (1962), Ransom Stoddard (James Stewart) se convierte en un héroe arquetípico por disparar y matar a Liberty Valance (Lee Marvin), el secuaz a sueldo de los ganaderos. Pero Tom Doniphon (John Wayne), oculto entre las sombras, es quien lo mata en realidad. Stoddard se queda con la chica de Doniphon y emprende una espectacular carrera política: gobernador, senador, etcétera. Doniphon es el héroe anónimo. Al cabo de muchos años, Stoddard, tras la muerte de Doniphon, le cuenta al editor de un periódico local la verdad de lo sucedido, pero el editor se niega a publicarlo: «This is the West, Sir. When the legend becomes fact, print the legend».*

Errol Morris, *El cenicero* (2018)

* 'Esto es el Oeste, señor. Cuando se descubre la realidad de la leyenda, hay que publicar la leyenda.'

2

Cogí un largo camino para llegar a Budapest. La razón del viaje era Ángel Sanz Briz, el joven diplomático que había salvado la vida de miles de judíos en el terrible invierno húngaro de 1944. Yo iba a contar su historia y mi preocupación era que fuese una historia feliz. Había historias felices en la Shoah. Llamativas, insignificantes. La importancia de la Shoah, y su significado, está en el gran éxito de los nazis. Es verdad que perdieron la guerra, pero antes lograron asesinar a seis millones de judíos. En 1941 el comandante en jefe de las SS, Heinrich Himmler, le comunicaba a Rudolf Höss que Auschwitz no iba a ser un mero «lugar de aflicción» sino el mayor «centro de exterminio» jamás construido. Lo consiguieron.

Por lo tanto, el que quiera escribir un bello episodio, incluso optimista y edificante, vinculado con el genocidio judío debe hacer constar su marginalidad. El periodismo trabaja siempre en la cruz que forman lo importante y lo interesante. La historia de Sanz Briz, como la de otros héroes del invierno de Europa, es interesante. Pero mucho menos importante que la de las masas enormes y mudas de cadáveres que nadie pudo salvar.

Sin embargo, no me bastaba con declararlo. Y así quise hacer el viaje con un cadáver. Alguien que ante el heroísmo triunfante pudiera susurrarme al oído: «No olvides que yo morí». Durante los dos años anteriores había trabajado junto a otros escritores en darle cuna y tumba a una mujer que nació en Fráncfort en 1904, vivió en Berlín y acabó en Auschwitz, y que fue novia de Josep Pla en sus días berlineses. Por Aly Herscovitz quise ir a Budapest desde París y hacer el camino final de su vida, que empezó el 22 de julio de 1942 cuando la policía francesa la detuvo, probablemente en un piso del Square de l'Aveyron, en el barrio de Plaine-de-Monceaux que consta como su última vivienda.

Aly fue víctima de la redada del Velódromo de Invierno, el Vel d'Hiv, ese capítulo infamante de su historia que Francia tardó más de medio siglo en nombrar. Desde la madrugada del 16 de julio siete mil judíos (muchos niños entre ellos) se hacinaron allí, sin apenas comida ni agua, sumidos en un desprecio inhumano. Como gran parte de los detenidos Aly fue trasladada al campo de concentración de Drancy, un suburbio cercano a París. Allí, en un polígono de vivienda social en construcción, de arquitectura moderna y bienintencionada, el colaboracionismo francés organizó su principal punto de partida hacia los campos de exterminio.

3

Llego a la Cité de la Muette de Drancy, un domingo de verano al mediodía. Enseguida empiezo a tener problemas. El primero es con las fotografías. La Muette es hoy un polígono de viviendas y el único signo de la tragedia es un conjunto de esculturas *in memoriam* con un alegórico vagón de tren sobre una vía muerta. En el vagón hay un letrero clavado:

HOMMES 40
CHEVAUX en long 8

Como el cielo está removido y brilla una tajante luz de agosto saco unas cuantas fotografías estilísticas. Hasta que me sube a la cara el bochorno: me había blindado viajando con un cadáver, ¡pero aún no renunciaba a sacar el mejor ángulo de las cosas! Lección temprana. Ya estaré preparado para cuando llegue a Cracovia y vea un cartel turístico con una bellísima puesta de sol sobre las alambradas de Auschwitz. Aunque sobre los problemas de la representación de la muerte ya había recibido una lección más antigua: aquellas páginas, tan estéticas, de Jorge Semprún en *La escritura o la vida*, donde narra el asesinato por la espalda de un soldado alemán que a la orilla de un río tranquilo está cantando con voz rubia *La paloma*, y donde la oportunista ambigüedad de la escritura, o quién sabe si de la vida, impide saber si fue Semprún, o su camarada, el que disparó la bala fatal.

¿Se deben fotografiar envueltos en la misma gasa rojiza del crepúsculo el Taj Mahal, la Torre Eiffel, el Coliseo o Auschwitz? No. ¿Se debe fotografiar con la misma intención el cuerpo que va suicidándose por las ventanas de las Torres Gemelas que el vuelo feliz hacia el agua de la piscina de un saltador olímpico? No.

La Muette parece un lugar poco confortable. No se trata de la inevitable literatura, que comienza en una de las acepciones de *muette*, madriguera: he segregado varias capas de piel muerta ante esos hechizos. Es que el ambiente y las viviendas tienen el aspecto de ser aún más sociales que entonces. Sobre el voladizo de uno de los edificios, al nivel del entresuelo, hay un sofá despanzurrado. Quizá sería fotogénico en el Museo. Doy una vuelta rápida por la *cour* perimetral. Mucho más rápida cuando topo con un grupo de varones jóvenes que aún no se han acostado y que están dando los gritos de rigor previos a las navajas. Se han registrado varios casos en que palma el mirón.

Vuelvo al coche y luego a París. Ya había descartado ir a Arbonne-la-Forêt, a hablar con la madre de Robert Herscovitz y cuñada de Aly, que vivía en una residencia de ancianos. Debía de ser una de las pocas personas vivas que conocieron a Aly; pero según dijo por teléfono solo la había visto una vez, fugazmente, por la calle. Por lo demás su propensión a colaborar había sido relativa. Era ya muy vieja y solo quería morirse, eso gritaba una tarde a través del altavoz del teléfono que había activado su hijo para que oyéramos su palabra vigorosa, cargada de desdén; y asistiéramos así a un incidentc más dc la que habría sido una larga y dolorosa enemistad mientras buscábamos el aire en aquel atestado apartamento de feriante, de un desorden nómada que tantos ecos traía de la vida entera de los Herscovitz.

4

Las familias. Dado que muchas veces mi trabajo consiste en resucitar a los muertos tengo la obligación de tratarlas. Hay dos grandes grupos: las que se ponen al servicio del muerto y las que ponen el muerto a su servicio. Yo prefiero estas últimas. El muerto es un asunto de los vivos. Las instrucciones de los muertos respecto a su memoria deben ignorarse cada vez que así lo decidan sus herederos. La memoria trae múltiples problemas y beneficios: es justo que la gestionen quienes van a experimentarlos. «En su memoria...», esta invocación tan corriente, solo quiere decir «en nuestro interés». En nuestro justo interés. No se ve en qué medida un muerto debe ser para sus familias algo distinto de lo que es para un biógrafo, es decir, la materia prima de unos beneficios morales o económicos. Vale la pena reconocerlo y actuar en consecuencia. El muerto nunca se levantará ni opinará si no es por la mano y bajo el control de los vivos. Una gran parte de la eficacia evocadora de Robert Herscovitz respecto de su tía Aly y del resto de su familia (documentos, fotografías, correspondencia) estaba vinculada con sus demandas de indemnización al Estado francés: franceses fueron los policías que participaron en las redadas, franceses los empleados de los trenes que los llevaron a Auschwitz. Quién, seriamente, podría reprocharle a Robert que actuara por interés. Si no fuera porque eso supondría hacerle hablar por su boca, yo diría que hasta el muerto se mostraría interesado.

La familia de Sanz Briz nunca supo qué hacer con su héroe. Aún hoy se mueve en la incertidumbre. Su caso es un ejemplo ortodoxo de hasta qué punto la memoria es un asunto de cada presente. La conversación más trascendental de una vida puede despacharse en siete minutos, calculaba Josep Pla. Estoy de acuerdo. No necesito ni siquiera siete líneas para explicar por qué Ángel Sanz Briz, nacido en Zaragoza en el año 1910, es la materia principal de este libro. Entre junio y diciembre de 1944, mientras estuvo al cargo de la legación española en Budapest, el diplomático dio refugio y protección a miles de judíos húngaros amenazados por el nazismo. A los ojos de hoy esto le habría garantizado una honra inmediata, constante, inextinguible. Y sin embargo, durante muchos años fue un héroe dormido.

5

La primera cita había sido en Madrid, en el piso del barrio de Salamanca donde viven Pilar Sanz-Briz (su padre cosió el apellido a sus hijos cuando eran adolescentes) y su marido, José García Bañón, también diplomático, que trabajó con el suegro en diversas embajadas. Fue una cena interesante. La criada sirvió vichyssoise y merluza en salsa. Esta última llegó en una bandeja imponente y con sus amenazantes cubiertos de servir. Como siempre en estas circunstancias la criada, puro cómplice de los señoritos, me interpelaba hosca y silenciosamente: después de tanta labia ahora van a ver todos quién eres. Mientras duró la maniobra, mis interlocutores miraron hacia otro lado, que es la manera más dolorosa con que se mira en estos casos. Hubo un gran momento de vocabulario cuando Pilar aludió a unos vecinos, diciendo de ellos:

—Ah, pero esos son unos forris...

El barrio de Salamanca, los Quijano de la madre, burguesía cántabra, y una vida muy viajada han dado a la hija del héroe un perceptible atractivo gramatical y humano.

De vuelta al salón dejé sobre la mesa un libro que acababa de aparecer en Italia: *Giorgio Perlasca: un italiano scomodo* (2010), de los periodistas Dalbert Hallenstein y Carlotta Zavattiero. Había bastado el verdejo del aperitivo para comprender que Perlasca era una suerte de *vade retro* familiar.

Perlasca, nacido en Como en 1910, comerciante en carnes, que después de la caída de Mussolini sufrió la persecución nazi y al que Sanz Briz había dado refugio en la legación, continuó en Budapest hasta la llegada de los rusos, en enero de 1945, cuando hacía varias semanas que el diplomático español había abandonado la ciudad y el control directo de sus protegidos. Era fama que Perlasca se había hecho pasar por su sustituto y que su impostura había salvado muchas vidas. El libro, una apología de su conducta, incluía párrafos sorprendentemente crueles contra Sanz Briz. Uno de ellos mordía el talón de Aquiles de su memoria:

> Él tenía un solo objetivo: dejar Hungría y poner a salvo a su amante, una bellísima señora hebrea, la baronesa Podmaniczky, propietaria de la casa de enfrente de la legación española.

Nunca hasta ese párrafo se había atribuido la decisión de Sanz Briz a otra cosa que al cumplimiento de las órdenes ministeriales ante la inminencia de la invasión rusa. La hija Pilar reaccionó con encantadores aspavientos morales a la posibilidad de la amante aristocrática. Y trajo a la conversación algunas circunstancias de entonces de la vida de su padre, que llevaba dos años casado, estaba a punto de tener su segunda hija (nacería en octubre de 1944) y que además sufrió una trepanación en un oído que durante una larga temporada lo había dejado irritable y para pocos ruidos. Yo la miraba enternecido por su simpática vehemencia, pensando en otras circunstancias también veraces que trabajaban en sentido contrario. El hecho de que la esposa Adela hubiera abandonado Budapest hacia el final del invierno, ya embarazada. La evidencia, según dejaría constancia en múltiples diplomacias del mundo, de que Sanz Briz era un hombre de un atractivo al menos similar al que las mujeres le procuraban. Y *last but...*, la poética onda expansiva del dualismo amor y guerra, que afecta a los protagonistas de una historia al menos tanto como a sus cronistas. Sin embargo, lo que preocupaba de verdad a Pilar no era la cuestión galante en sí, sino la posibilidad de que fuera una mujer, y no el sentido común o el gobierno español, la que hubiese dado a su padre la orden de partir; que sobre el héroe se cerniera, en fin, una inoportuna sombra de frivolidad. Pensé que iba a ser difícil probar la acusación de Perlasca, de la que no constaba nada más que su palabra, proclamada por persona interpuesta y sin grabaciones, y cuya publicación se retrasó diez años, los mismos que Perlasca llevaba muerto, respecto al momento en que fue supuestamente pronunciada.

6

A las órdenes de su gobierno, al sentido común, quizá al amor, pudo añadirse otro material resistente, que es el miedo. Un miedo, además, preciso, como era el miedo al bolchevique. Nuestro héroe estaba facultado para tenerlo. El 18 de julio de 1936 Ángel Sanz Briz trabajaba en el ministerio de Estado. Tenía veinticinco años y llevaba tres como funcionario de la carrera diplomática.

> En la fecha en que comienza el glorioso Movimiento Nacional me hallaba en Madrid prestando mis servicios en la Sección de Protocolo del Ministerio del Estado. Esta circunstancia [...] me colocó en una posición desde la que me fue posible favorecer a gran número de compatriotas perseguidos por simpatizantes con el Movimiento, en colaboración con las representaciones diplomáticas de Alemania, Italia y Argentina...

El párrafo, que formaba parte de su expediente de depuración y que continuaba con una prolija descripción de sus méritos rebeldes, era la pieza central del pliego de descargos que Sanz Briz pondría a disposición de las autoridades franquistas para demostrar su compromiso con la causa. Sus argumentos tardarían algo más de un año en ser definitivamente aceptados, tras un fallo inicial en contra. La desconfianza de las nuevas autoridades no parecía justificada, si se tienen en cuenta las ambigüedades obligatorias del quintacolumnista. Una carta de Agustín de Foxá, compañero en el oficio y en la defección, dejaba a salvo cualquier sospecha de connivencia de Sanz Briz con las autoridades republicanas:

> Ningún diplomático de Madrid ha presentado la dimisión. Hacer esto, en aquel infierno, era ser condenado a muerte. Al salir seis de Madrid, los compañeros nos exigieron palabra de honor de no dimitir, ya que ellos quedaban de rehenes. No podemos, por tanto, dimitir, pero es necesario que hagas llegar a la Junta de Burgos que, de esos seis, cuatro, cuyos nombres daré oportunamente, vamos con el decidido propósito de boicotear por todos los medios al Gobierno de Madrid. Únicamente dimitiríamos si se nos mandara comprar armas. Ten cuidado con esta carta, no sea que te comprometa. Si es necesario, quémala. Ten mucho cuidado. [...]
>
> P.D.: Los otros diplomáticos afectos son: Ramón Sáenz de Heredia, R. Martínez Artero y Ángel Sanz Briz.

Hay otros testimonios convincentes sobre su conspiración en el Madrid republicano y su entusiasta actividad en la Estación del Mediodía, entonces un siniestro lugar donde se dirimía la suerte de muchos aspirantes a la huida. Por ejemplo, el testimonio del secretario de la embajada alemana en Salamanca, presente en el pliego de descargos con el seco nombre de Fischer:

> Sé positivamente, por experiencia propia y por el testimonio de otros colegas, la gran labor realizada por V. cerca

del comité rojo de la Estación del Mediodía de Madrid en la que, con evidente riesgo de su persona, a causa de los frecuentes altercados que sostuvo con dicho comité, facilitó la salida de Madrid a gran número de personas perseguidas. Cuando se trató de la salida de la Srta. Pilar Primo de Rivera, en inminente riesgo de muerte, su colaboración con esta embajada fue decisiva, logrando el visado diplomático de su pasaporte que hizo posible dicha evacuación.

Y también el propio Agustín de Foxá, en *Madrid de Corte a cheka* (1938), iluminó con su luna biliar la Estación del Mediodía:

Había salido la luna amarilla. A la entrada de la estación vio la subida del Botánico, donde compraba los viejos libros de Moratín y de Villarroel, y la mancha oscura del Retiro, que guardaba su niñez, y el templete del Observatorio, donde su padre le llevaba, a la salida del colegio, para ver a la luna por el telescopio. No había casi ningún auto en la estación. Eran las nueve en el reloj iluminado. Celia y Pilar se sentaron en los bancos, bajo los carteles del turismo anunciando playas y balnearios, y uno, amarillo, con todo el reglamento, en letra menuda, de los ferrocarriles. Había al lado de ellas unas alforjas y una cesta con pollos, donativos de los campesinos de los alrededores de Madrid a los sindicatos. Entraron en el andén.

—Hay que pasar por el Comité de Control.

Era aquel el momento de peligro. El camarada Rico, rodeado de milicianos, miraba escrupuloso los pasaportes. Un miliciano reconocía entre unos viajeros a un hombre joven que contestaba pálido, tembloroso.

—Usted qué va a ser mejicano; usted es el marqués de Mezquitilla.

Le detenían. Estaba desencajado. Y se revolvía aquel hombre naufragado ya en el puerto.

—Telefoneen ustedes a la embajada.

Su mujer y sus hijos estaban ya en el tren. Y braceaba ella desde la ventanilla. Se quería quedar con su marido. Se lo llevaron detenido al Comité y comentaba un ferroviario:

—Debían fusilarle en la Entrevía.

7

Las estaciones son lugares decisivos. Señalan el instante en que alguien va a dejar de ser lo que fue. El instante de pasar de vivo a muerto, por ejemplo. El crimen nazi estuvo vinculado a las estaciones porque el transporte hacia los campos de exterminio se hizo por tren. En algún caso, como el de Birkenau, el tren dejaba cómodamente a los viajeros al pie de las cámaras de gas. Si alguien subía a un vagón en territorio nazi, su suerte estaba echada y de ahí que buena parte de la épica del salvamento se concentrara en las estaciones. Las ficciones más o menos voluntariosas filmadas o escritas sobre Sanz Briz lo han presentado en algún momento en la Estación Józsefváros, el lugar de partida del crimen en Budapest, rescatando judíos a punto del silbato final. Ninguna de esas ficciones ha alcanzado, sin embargo, el punto de fiabilidad del testimonio ferroviario del secretario Fischer. En cualquier caso, el Sanz Briz del invierno de Budapest tuvo un precedente en la Estación del Mediodía de Madrid. Un incómodo precedente para la memoria dominante. Trenes, pasaportes, embajadas como refugio, listas de protegidos: Madrid y Budapest compartieron guerra, totalitarismos y el trabajo humanitario de un cadete español.

8

Antes de la estación húngara el cadete ya se había encarado, y lúcidamente, con el nazismo. En agosto de 1933 la República envió de viaje de estudios a un grupo de aspirantes a la carrera diplomática que durante casi tres meses recorrieron Europa Central: Checoslovaquia, Alemania y Polonia. Al regresar a Zaragoza el joven Sanz Briz redactó una *Memoria de viaje* en la que daba cuenta de las conferencias impartidas en una escuela de Ginebra. Comercio, historia, corrientes sociales..., todo ello entra en esas lecciones magistrales. Sanz Briz demostraba que era un joven inteligente y preparado, que sabía redactar con orden sus ideas y exponerlas de forma didáctica. La memoria, escrita seis años antes del inicio de la Segunda Guerra Mundial, comenzaba así:

> Wannsee y Cribintzsee [Griebnitzsee]. Sobre el río van pequeñas embarcaciones, a favor de la corriente mansa. Es día de descanso y Fritz y Gretchen se entregan al culto de la Naturaleza. Los lagos son como espejos que reflejan las verdes ondulaciones del panorama.

Así comenzaba su memoria. Por la noche el joven aspirante iba al teatro. Y allí Fritz y Gretchen se daban violentamente de bruces con ocho mil espectadores que levantaban el brazo hitleriano.

> Este contraste es el recuerdo obsesionante de nuestra grata excursión por la Europa Central. Es, posiblemente, en la misma Alemania, algo más que una obsesión. La psicosis guerrera, frente a la ansiedad pacífica de Fritz y Gretchen ansiosos de vivir una vida de sosiego y de serenidad, en un dualismo demasiado fuerte para levantar sobre él un régimen tranquilizador.

El crimen nazi siempre estuvo rodeado de apacibilidad. El roble de Goethe y el campo de Buchenwald. El lírico lago de Wannsee, a cuya orilla un selecto puñado de jefes nazis decretó la solución final. No hay duda de que Sanz Briz observó esta dialéctica con rara precocidad, mucho antes de que se hiciera tópico.

9

Siempre detrás de muertos. Por la mañana, antes de la Muette, recién aterrizado en Orly, fui a Fontenay-aux-Roses a pisar el jardín de Léautaud donde están enterrados sus animales y su memoria. Una placa oculta por la maleza daba fe: «Dans ce pavillon... vécut Paul Léautaud... écrivain français... Étranger à toute foi et à toute inquiétude philosophique».* De joven, yo era así, sin inquietudes. Se confirma que Léautaud murió maravillosamente, sin degenerarse. Una pareja habita la casa. Todo lo que está vivo es vulgar. Quizá sea esa la peor infección literaria, y tal vez la única de la que no haya conseguido librarme. Al atardecer, ya en París y camino del bistrot, bordeo la plaza del Ayuntamiento. Le han echado toneladas de arena, con la grosera pretensión de convertirla en una playa. Unos jóvenes indiferentes juegan a vóley. Abomino y blasfemo. La escena vale para póster de habitación de criada: las nieves del Kilimanjaro despuntando por detrás de las cúpulas del San Marco veneciano, la sirenita de Copenhague en medio del desierto o esta playa de París. La cena, irrelevante, propicia el pensar. Si toda reconstrucción del pasado no será uno de esos pósteres.

* 'En esta casa... vivió Paul Léautaud... escritor francés... Extraño a toda fe y a toda inquietud filosófica.'

10

Ángel Sanz Briz en Villa Széchenyi, con Adela y su hija.

Sanz Briz llegó a Budapest en mayo de 1942. Su rango era el de secretario segundo de embajada. Venía de El Cairo, su primer destino diplomático, y hacía pocas semanas que se había casado con Adela Quijano, una dama joven de la lenta burguesía cántabra. La legación española ocupaba un edificio de estilo renacentista, en la calle Eötvös, cerca de la avenida Andrássy y de la Estación del Oeste, en el corazón de la parte de Pest. No era la única oficina diplomática del barrio: la de Uruguay se alojaba en el edificio de enfrente, un delicado palacete de piedra rosa propiedad de la baronesa Podmaniczky. El responsable de la legación, con rango de ministro, era entonces Miguel Ángel Muguiro. Europa llevaba tres años en guerra, pero Budapest aún era un enclave de calma.

La actividad diplomática daba cuenta de rutinarios intercambios comerciales: pelos de conejo, vaselina y naranjas. La vida social se mantenía. Sanz Briz era, por ejemplo, uno de los anfitriones de tres periodistas españoles que llegaban invitados por el gobierno húngaro: Javier de Echarri, entonces director de *Arriba*; Pedro Laín Entralgo, consejero nacional del Movimiento y colaborador de *Pueblo*, y Enrique Llovet, jefe de Prensa de la Falange exterior. Laín resumió el sentido de la visita cuando después de un almuerzo, y recordando la efímera tiranía del comunista Béla Kun, dijo con énfasis: «El pueblo español tiene la máxima estimación por Hungría, único país con España que hubo de aplastar al comunismo en su propia casa». Pobre Laín. Entonces, primavera de 1943, faltaba poco para que la Unión Soviética conquistara el país y el comunismo se instalara en Hungría durante muchos años.

Giorgio Perlasca llevaba un año en Budapest. La razón aparente era su actividad de comerciante. En el otoño de 1943 se dirigió por primera vez a la legación española en busca de protección y de un pasaporte. Mussolini había caído en verano y él argumentaba que tenía miedo de la Gestapo.

Hasta finales de los años ochenta del pasado siglo Perlasca no era nadie. Será una conversación entre damas en un salón de Berlín, de la que ya daré cuenta, y el inexorable efecto de *La lista de Schindler* (1993) lo que le dará épica y nombre. Entre el final de la guerra mundial y la publicación del primer testimonio sobre Perlasca hay cuarenta y seis años de silencio casi completo. Aproximadamente, el mismo que cayó sobre Sanz Briz. Las causas del silencio son difíciles de explicar; este libro tratará de explicarlas, pero aún no las conoce por completo. A partir de los años noventa aparecerán algunos textos de Perlasca supuestamente escritos poco después de acabarse la guerra. Hay dos fundamentales. El primero es el informe *A sua Eccellenza el ministro degli Affari Esteri di Spagna*. El segundo es la llamada *Promemoria*, una relación más pormenorizada de los hechos del invierno de Budapest, sobre la que pesan, sin embargo, algunas dudas paratextuales.

En la primera página del informe, Perlasca explica que en septiembre de 1943, y ante la ya citada eventualidad de que la Gestapo lo detuviera, cruzó por vez primera el umbral de la legación española:

> Me presenté al que en aquel entonces era primer secretario de la Legación de España en Budapest, señor Ángel Sanz Briz, que ya conocía, para pedirle protección en caso de peligro inmediato.

Perlasca no detalla en el informe el motivo de que eligiera a los españoles para pedir auxilio. En algunos de sus textos posteriores alude a su participación como voluntario franquista en la Guerra Civil. Y fue así, cual excombatiente, como se presentó ante las autoridades españolas. La reacción de las autoridades fue cauta y dilatoria. Muguiro escribió al ministro Jordana detallando la petición y pocos días después el ministro le respondería:

> Referencia su carta 25 de septiembre telegrafiaré V.E. resolución respecto petición pasaporte cuando obtenga datos servicios pedidos urgentemente. En cuanto resto consul-

ta siendo criterio sostenido contrario derecho asilo deberá abstenerse V.E. si se presentara el caso.

Es probable que los «datos servicios» se refirieran a la participación concreta de Perlasca en la Guerra Civil. Y es seguro que el ministerio no encontró nada en los archivos que probara esa participación. Por lo demás, la respuesta del ministro indicaba («criterio sostenido») que las autoridades franquistas se oponían a que la legación sirviera de refugio y a que los diplomáticos ejercieran el derecho de asilo.

11

Desde París el camino hacia Auschwitz atraviesa los licorosos campos de la Champagne. Hace un día de sol y viento, que es una enérgica invitación al viaje. Viajar yendo en busca de algo: nada hay mejor en la vida. Viajar sin levantar huellas es tan excitante como la gimnasia sueca. No es imprescindible esta fiebre de ahora, ni la investigación ni el enigma: bastan las huellas que dejó cualquier escritor en el paisaje, y seguirlas. Ir por un lugar que no vio nadie es un viaje ciego. El viaje, primero, se lee; y luego se hace. Todo lo demás es descubrir América. En cuanto a la escritura, el viaje procura delicias cuánticas: sigo en el invierno de Budapest mientras atravieso en un coche en agosto la Champagne y veo por la ventana la montaña del Tibidabo en noviembre. Y ahora, en ese coche, aprovechando los muchos kilómetros que todavía faltan hasta llegar a la parada nocturna en Fráncfort, donde lo que tiene que ocurrir ya ha ocurrido, voy a traer a Chaves Nogales y un párrafo sobre el asedio del Madrid republicano para explicar la terminante instrucción del ministro Jordana sobre el derecho de asilo. Conocía bien el paño.

> Los innumerables crímenes cometidos en Madrid por las bandas de asesinos que se enseñorearon de la capital a

> raíz de la sublevación hicieron que millares de personas que temían por sus vidas buscasen refugio bajo pabellones extranjeros. El legendario derecho de asilo les fue otorgado ampliamente a todos y por un impulso humanitario los encargados de misión ensancharon los límites de los derechos de extraterritorialidad acogiendo bajo su protección a millares de españoles sin preguntarles si eran o no beligerantes [...]. Unos catorce mil llegaron a ser los refugiados [...]. Para albergar tal cantidad no bastaban las embajadas, las legaciones y los consulados y cada país incorporó a los derechos de extraterritorialidad varios inmuebles en los que vivían, pagando sus pensiones como en un hotel centenares y centenares de españoles.

La veracidad de la descripción de Chaves no solo se basa en su probada autoridad periodística, sino que está refrendada por diversas fuentes. Es indudable que las autoridades franquistas conocían la eficacia del derecho de asilo: de ahí que se negaran a concederlo. El párrafo de Chaves, por otro lado, vuelve a llevar las similitudes entre el Madrid de 1936 y el Budapest de 1944 hasta un llamativo límite de concreción. Ya veremos, sin embargo, que lo que en Madrid fue pensión en Budapest mudó en gueto.

12

El 19 de marzo de 1944 las tropas alemanas invadieron Budapest. Ya no confiaban en el gobierno del almirante Horthy, que había mantenido a Hungría relativamente al margen del delirio nazi. El Reich quería la movilización total de los húngaros y acelerar las deportaciones de judíos, cuya vida en el país, aunque amenazada, suponía también una cierta excepción entre los países controlados por el Eje. Hubo tres crónicas españolas sobre ese momento. La primera fue la del embajador Muguiro, dirigida a su Gobierno. Nada la distinguiría de la prosa nerviosa de un corresponsal de guerra. Nadie dejaría de ver en el sintagma «personas significadas como poco adictas» el contagio de la neolengua funcionarial del franquismo.

> Unas... divisiones alemanas motorizadas partiendo alrededores Viena tres madrugada han ocupado Budapest siete mañana. [...] Tropas alemanas están procediendo muchas detenciones, entre otros ministro del Interior, algunos políticos, judíos y personas significadas como poco adictas. Ocupada legación Rey de Italia y detenido personal. Ministro Alemania mismo sustituido por un significado Jefe SS. Aspecto ciudad normal aunque comienza evacuación. Comunicaciones telefónicas cortadas. Temo este telegrama será expedido con retraso.

La segunda crónica corresponde a Eugenio Suárez. Era entonces un periodista de veinticuatro años al que Juan Aparicio, el delegado nacional de prensa del régimen, había enviado a Budapest con el objetivo, tiempo después confesado, de sacárselo de encima. Suárez enviaba sus crónicas a diversos periódicos españoles, al tiempo que escribía largos y concienzudos informes para las autoridades franquistas. De la experiencia húngara dejó *Corresponsal en Budapest* (1946), un gran libro de periodista, culto e informado, en la estela de su maestro Eugenio Montes. Hablé con Suárez varias veces. La primera junto a la playa de Salinas, cuando estaba a punto de cumplir noventa años. Era el momento del aperitivo y recuerdo que Suárez bebía algo rojo, campari probablemente. Yo estaba ceremonioso e impresionado. Suárez era un periodista de leyenda, pero de los de verdad. Había fundado *El Caso* y luego *Sábado Gráfico*. Si durante la dictadura franquista el periodismo respiró por algún agujero fue por los que él iba abriendo. Tenía una visión algo escéptica sobre Sanz Briz. Y cuando le pregunté por Perlasca, contestó con laconismo.

—Un italiano.

Investido con la doble autoridad de escribir para los periódicos y para el que le había contratado, Suárez llevaba sus textos a la legación española y pedía que viajaran hasta Madrid en valija diplomática. Parece que a Sanz Briz no acababa de gustarle el método.

—Creo que tenía celos de mis informes. Mal me está decirlo, pero yo tenía buena información sobre lo que pasaba en la ciudad.

Suárez había estado en aquel Budapest y me hablaba de cosas y personas extraordinarias. Por ejemplo, del valijero. Cada quince o veinte días aparecía un hombre en la legación de Eötvös, después de recorrer en tren la Europa en guerra. A su cargo tenía una zona que incluía Budapest, Estambul, Bucarest, Viena, Berlín y París. Hasta tal punto era el hombre su valija que la llevaba siempre esposada, como el nombre; y esposada dormía con ella. Suárez recordó que el valijero de Budapest se llamaba Antonio Martínez Tomás, un murciano de La Unión que emigró después de las guerras a Barcelona y fue presidente de su Asociación de la Prensa.

No solo el que llevaba los informes era uno de tantos personajes secundarios que amenazan al escritor de cualquier libro a irse a por tabaco con ellos. También el que los recibía en Madrid, el consejero de prensa de la embajada alemana, Hans Lazar. Me decía Suárez:

—Acabada la guerra me encontré un día a Lazar en un bar de la Red de San Luis. Entonces me enteré, con gran sorpresa, que conocía al dedillo mis informes de Budapest. Los alabó. La cuestión es que yo se los enviaba a Aparicio, ¡y no a Lazar! Era un hombre peculiar, bien informado y era inteligente y cultivado. Creo que, en realidad, fue un agente doble, al servicio final de los aliados. Se creía una especie de Lawrence de Arabia, y era muy inteligente y cultivado.

No he podido leer todos los informes de Suárez. Pero el que incluye en su libro sobre la situación de Budapest después de la invasión alemana contiene análisis de calidad. Y su memoria de aquel instante conmueve:

> Budapest continuaba divirtiéndose. En un teatro de variedades triunfaba la voz de oro de Catalina Kárady; en el Moulin Rouge, la ciudad admiraba la genial gracia de un payaso español: Charlie Rivel. El Danubio no se había helado y los *tziganes* se sacaban de la cabeza nuevas melodías para acunar amores. El 18 de marzo almorcé con unos amigos,

cené con otros: buena gente, gente alegre, inofensiva, entregada a su trabajo, contenta con su suerte. Cuarenta y ocho horas más tarde, dos de ellos habían sido ahorcados. Algún otro llevaba sobre el pecho la infamante estrella amarilla; una de las mujeres, de exquisita educación, con treinta siglos de refinamientos talmúdicos sobre las leves espaldas, profundos ojos negros y airoso talle, era enviada a un burdel del frente del Este. Los alemanes entraban en Hungría.

El Suárez joven no solo escribió informes precisos y párrafos elegíacos. También salvó vidas judías. Yo daré cuenta al menos de una, y es sabido, y solemnemente honrado, que el que salva una vida salva al resto de la humanidad. Me contó, con modestia, que más de una vez alojó en su villa húngara a algún perseguido. Y citó el nombre de Angyal. Georges Angyal. Vivía en Ginebra, el lugar donde, ya dados una edad y un conocimiento, deberían vivir todos los hombres. Intercambiamos preguntas y respuestas cortas, concretas, casi notariales. Bastará con este párrafo:

—¿Podría usted decir en qué circunstancias Eugenio Suárez le salvó la vida?

—Después de que los nazis húngaros dieran un golpe de Estado. La inseguridad era grande. La ciudad estaba plagada de grupos armados. En nuestro barrio había tiroteos. A petición de mis amigos, que lo conocían bien, Eugenio vino a buscarme dos días más tarde y me dejó quedarme en su villa, situada en un barrio residencial, hasta después de su marcha a España. Y también me hizo un certificado según el cual yo era su secretario.

La última crónica del instante de la invasión nazi fue privada. Una carta de Sanz Briz a su esposa Adela, que hacía dos meses que estaba en España.

23 de marzo de 1944

La emoción que aquí se ha producido es incalculable. La Gestapo ha detenido a más de 500 personas como rehenes, la mitad aproximadamente judíos ricos, y la otra mitad entre elementos políticos y aristócratas. La Legación de Badoglio [la Legación de Italia] ha sido ocupada, y Ferrariis, Voli y demás dirigentes detenidos. También han detenido a Mme. Dampierre; su marido advertido a tiempo ha huido y debe estar escondido en el campo en casa de algún amigo. He visitado a Gyula y Eva por si necesitaban algo. Él se irá al campo esta noche donde quedará esperando los acontecimientos. Ella permanecerá en Budapest en su casa. Te confieso que Eva me ha producido una impresión francamente desagradable acompañada del evadido francés que conoces. Cuando una mujer sale histérica es incapaz de comportarse con elegancia y dignidad ni en los momentos más trascendentales, pues para mí la situación que aquí se ha producido tiene gran semejanza con la de Madrid el 18 de Julio, salvando naturalmente lo que en nuestro país hubo de barbarie y chabacanería. [...] Se ha iniciado la salida hacia el campo de cuantas personas, sobre todo de las más en vista, tienen fincas o propiedades. Sin embargo, la salida de la capital no es cosa fácil pues tanto en el tren como en las carreteras hay gran control. Las comunicaciones telefónicas con el Extranjero han sido cortadas y no sabemos si los telegramas oficiales que estos días estamos enviando han llegado o no a su destino. A ti te envié uno anteayer que decía textualmente: «Recibida carta con fotos. Sigo perfectamente. Vistas circunstancias se han producido aquí estimo debes suspender viaje abrazos». Como te decía más arriba la gente aquí está horrorizada con la que se les ha venido encima. Hay que recordar que en este país hay un millón de judíos húngaros, 180.000 refugiados polacos, judíos, franceses, italianos, etcétera, y que como sabes la mayor parte de la gente sobre todo en las clases superiores es positivamente antialemana. Como ves el panorama es muy poco apetitoso y lo que el porvenir les presenta muy incierto y obscuro. Por otra parte, las noticias que llegan del frente ruso son también muy poco alentadoras. Algunas patrullas bolcheviques han puesto ya pie en Rumania, y con la caída de Vinitza el Ejército rojo se encuentra ya a poco más de 50 kilómetros de nuestra frontera. En fin, una verdadera juerga. En todo caso los técnicos militares estiman que por mal que vayan las cosas habrán de pasar aún un par de meses antes que los rusos amenacen seriamente este país pues estiman que su principal objetivo deben ser los pozos de Ploesti. El tiempo lo dirá. Yo estoy perfectamente y contento de las reservas alimenticias de que dispongo ya que está dentro de lo posible que tenga que utilizarlas más adelante, aunque te repito que hasta hoy todo funciona con perfecta normalidad. Las fotos de la hijica me han gustado mucho, especialmente dos de ellas en las que está definitiva. Lamento tu indisposición y espero que sea pasajera.

Lo que quieras, de Ángel

Es probable que la indisposición durase nueve meses. Adela se había ido de Budapest, planeando su inminente regreso y sin saber que estaba embarazada. Parte del léxico de la carta me hizo pensar en la utopía de una crónica que se escribiera enteramente con el estilo de su tiempo.

1. «Cuando una mujer sale histérica es incapaz de comportarse con elegancia y dignidad.»
2. «Salvando naturalmente lo que en nuestro país hubo de barbarie y chabacanería.»

3. «En fin, una verdadera juerga.»
4. «En las que está definitiva.»
5. «Lo que quieras, de Ángel.»

En otra carta posterior el diplomático describía a su esposa la situación en que empezaban a encontrarse los judíos tras la invasión alemana.

> Las calles de Budapest rezuman de estrellas amarillas. Se diría que no hay más que israelitas en este pueblo. Cada día salen nuevas leyes contra ellos. Les han quitado los automóviles, radio, teléfono. Bloqueado sus cuentas. Los siniestrados por los bombardeos pasan a habitar sus casas de las que deben salir en el plazo de tres horas, dejando en ellas la mitad de sus ropas, enseres y mobiliario.

Esta carta del joven diplomático tenía un correlato oficial en el informe sobre la situación de los judíos que el ministro de España, Muguiro, transmitía en los mismos días a las autoridades de Madrid. Entre las agresiones que recogía el informe destacaban estas medidas especiales contra la crónica:

> La destrucción de obras de literatura escritas por judíos ha comenzado en los quemaderos al efecto. En los talleres de una fábrica de cartonajes la destrucción de aquellas obras ha sido hecha en presencia del señor Kolozsvary, secretario de Estado y de otras personalidades del Ministerio y de la Prensa. Kolozsvary-Borcsa pronunció un breve discurso antes de entregar al fuego el primer volumen [en realidad, fue a una trituradora industrial], que resultó ser un libro de poesías de Kiss József.

Busqué, sin éxito, el discurso del secretario de Estado. La exposición de méritos debía ser interesante. Pero no hay duda de que Kiss József los tenía. «Todo lo que queda del hombre es el nombre.» Un verso que escribió. El rasgo principal de su poética y de su vida misma fue la conciliación entre lo judío y lo húngaro. El rasgo fue triturado.

La relación de las atrocidades contra los judíos que propició la invasión alemana fue el último servicio que Muguiro prestó desde Hungría al Estado español. A finales de junio abandonó Budapest. La marcha se produjo en plena complicidad con su Gobierno, según se deduce de la correspondencia oficial. Y estuvo vinculada con el cambio de la representación húngara en Madrid, a que obligaron la invasión alemana y el nuevo gobierno títere.

13

El cementerio judío de Fráncfort está ceñido por un muro de piedra que contiene miles de pequeñas hornacinas con lápida donde consta, ordenado alfabéticamente, el nombre de alguna víctima del nazismo. Recorro el muro, ya de noche y de vuelta de cenar. Hay fuegos artificiales sobre el Meno. Aly Herscovitz nació aquí, en 1904, pero todo indica que su paso por la ciudad fue breve. En cualquier caso, no hay rastro funerario de la familia. Casi todas las hornacinas tienen una o varias piedrecitas, esa costumbre judía de homenaje y recuerdo a los muertos. Las piedras no se marchitan. El muro ofrece un aspecto sobrio y ordenado. El gregarismo de la muerte me hace pensar en el viejo asunto de la obediencia judía, en la manera resignada y lanar con la que se dice que fueron a la muerte. Otra noche, meses después, en Madrid, la terminante inteligencia de Stephen Vizinczey se abriría paso:

—Sí, los judíos eran obedientes. Pero no solo ellos. Toda la sociedad era obediente. Respecto a la autoridad, la gente confiaba y temía a un nivel que hoy nos resultaría raro. Si el Holocausto es irrepetible es también porque el concepto de la obediencia se ha aflojado.

Mi hotel está en las afueras de Fráncfort. Lo rodea un parque con sauces y estanques donde los domingos corretean Fritz y Gretchen. Pero la habitación tiene vistas a un cobertizo. Desde buena mañana un grupo de trabajadores acarrea metales y enseres diversos. Los observo desde la ventana, con un temperamento zoológico, por así decirlo, como el que observa una colonia de hormigas yendo y viniendo. No averiguo del todo su plan, pero lo tienen, seguro. Como yo también tengo el mío. El de hoy es llegar a Dresde y continuar llevando metales al pie de una pared, que es muy larga. El porqué hago eso no me interesa. No me ha interesado nunca. Yo solo trabajo por encargo. Cojo unas cosas y las llevo a un lugar porque alguien lo propone y me interesa hacerlo. Puede ser un editor de libros o de periódicos, o un agente menos físico. Lo que me interesa, a veces, es lo que sucede durante el transporte. Como aquella tarde cuando doblando la esquina de un baldío gaditano, un joven, apoyado sobre la pared de un almacén, soplaba por una tuba y caía oro.

14

El primer telegrama que Sanz Briz, ya al mando de la legación tras la marcha de Muguiro, dirigió a su ministerio trataba de la persecución judía. Incluía la copia traducida de la carta que el cardenal primado de Hungría, Jusztinián Serédi, dirigió a los obispos de su país, dándoles cuenta de las conversaciones que había mantenido con las nuevas autoridades húngaras acerca de la promulgación de las medidas antijudías. Esta carta sorprende por su gran plasticidad ética y es un transparente ejemplo local de la actitud que la Iglesia católica adoptó a veces frente al genocidio. Todos los esfuerzos del cardenal se limitaban a que la política discriminatoria de la autoridad pronazi distinguiera entre judíos y judíos cristianos. Así, el cardenal pedía, por ejemplo, que los cristianos no se vieran obligados a llevar la estrella amarilla:

> La estrella de seis puntas es signo, no de la raza hebrea sino de su religión y representa por lo tanto entre los cristianos contraste y apostasía.

En ninguna de las once páginas de la carta había exigencia o súplica de que las autoridades nazis pusieran fin a todos sus actos genocidas. Los «hermanos» que se mencionaban, y a los que el primado extendía su preocupación profunda, eran solo los hermanos de religión. La respuesta de su interlocutor, el presidente del Consejo de Ministros, Döme Sztójay, fue de una gran franqueza. Negaba al cardenal la posibilidad de que los judíos cristianos prescindieran de la estrella (la autoridad pronazi la consideraba un mero símbolo administrativo, no religioso), aunque no se oponía a que añadieran a la estrella la cruz. Luego el presidente tenía a bien ilustrar al cardenal primado con una metáfora fluvial, danubiana, inequívoca:

> Es indudable que no se puede huir a una radical resolución del problema judío. No se puede, sobre todo, porque cada Estado beligerante europeo ha adoptado las oportunas medidas en este sentido y porque si el Gobierno húngaro no las adoptase, daría con esto la prueba de no querer insertarse en el orden europeo basado sobre nuevos principios: las consecuencias de este hecho serían inconmensurablemente graves para todo el complejo de la nación. Tiene profundamente razón Szécheny cuando dice: «Si estoy en una barca con mi hijo y con el hijo de otro y si en la barca entra agua y me es imposible tenerles a los dos, es cierto que si echo al agua a mi hijo esto se publicaría en los periódicos, pero, en todo caso, yo guardaría a mi hijo y echaría al agua al otro muchacho». No se pueden arriesgar la vida y el futuro de 13 millones y medio de húngaros por respeto a un millón de judíos.

El párrafo de Sztójay exhibía dos de las cuestiones principales del genocidio. La evidencia de que los judíos húngaros, o franceses o alemanes, dejaban de tener nacionalidad y que esa pérdida suponía una rebaja inmediata de su condición: su vida valía menos que la de los húngaros. La matanza entre hermanos es algo que siempre han intentado evitar los contendientes: el que reconociese al enemigo como hermano estaría más dispuesto a perdonarle la vida. Lo primero que hicieron los generales franquistas para justificar su alzamiento fue hablar de los hermanos como de la antiespaña. Es decir, negar de raíz que se estuviera produciendo una matanza entre españoles. La misma teoría defendieron los republicanos, sobre todo a partir de 1937: la nación española, o sea, la República, luchaba contra grandes potencias extranjeras —Italia, Alemania—. No había españoles en el otro bando.

15

La destrucción de los judíos europeos plantea cuestiones interesantes en torno a la identidad nacional. La identidad es algo frágil y arbitrario. Alemanes que habían participado en la defensa de su país durante la Primera Guerra, y algunos de ellos condecorados por su valor patriótico, fueron enviados a las cámaras de gas por ser judíos. Su alemanidad, muy contrastada a veces por el tiempo, de poco les sirvió ante los «verdaderos alemanes». La identidad nacional no es así una circunstancia objetiva cualquiera, que se derive del lugar donde uno haya nacido o viva, de una memoria compartida y de una cultura común, sino un corte arbitrario, ideológico, por así decirlo, donde algunos ciudadanos quedan segregados del cuerpo común. El mecanismo fue perfectamente descrito por un político nacionalista catalán, Jordi Pujol, cuando formuló esta definición de la identidad: «Catalán es todo aquel que vive y trabaja en Cataluña, y quiere serlo». Es en esa voluntad, en ese aparentemente inofensivo y hasta respetuoso «querer ser», donde anida la jurisdicción obligatoria de los definidores: la evidencia de que para ser alemán ¡hay que ganárselo!

Escribo con medio cuerpo en Dresde, ciudad arrasada hace sesenta y cinco años por las bombas aliadas y donde hoy toda la disputa es un meandro del Elba, cuya pictórica veduta va a erosionar el alzado de un puente. Y vuelve, traído por la identidad y la destrucción, los antónimos más sinónimos de la lengua española, el recuerdo de Aly Herscovitz, cuya admiración por Alemania y sus himnos acabó en Auschwitz. Una mañana del año 2008 Sergio Campos compró en un mercadillo de Berlín unas cartas de posguerra. Una de ellas, de fecha 29 de mayo de 1947, la escribía Fanny Achs, desde Brooklyn, a su amiga alemana Olly Gloeckner, que vivía en Berlín, probablemente en la zona soviética. Es una carta con párrafos impresionantes. Este:

> Tu carta me ha interesado mucho, aunque por desgracia es deprimente porque muestra en qué condiciones vivís allí. Ahora bien, querida Olly, es difícil para mí, y podrás entenderlo, mostrar la solidaridad necesaria con tu situación. Quiero decir que naturalmente tú no tuviste, ya lo sé, nada que ver con los nazis y no creo que tú, como lamentablemente hizo la mayoría, les apoyaras. Nosotros, los que tuvimos que abandonar Alemania y nos encontramos desamparados, como todos los que se encontraban en nuestra situación y que fueron deportados y ejecutados cruelmente y sin escrúpulos en cámaras de gas, o de forma parecida —en total, seis millones de judíos— no tenemos ningún interés en que Alemania se reconstruya para que después de veinte o treinta años vuelva a traer la desgracia a la Humanidad. Sentimos amargamente, y no podemos olvidar, la desgracia que los alemanes han provocado al pueblo judío, por nada y contra nada. Sí, y además tampoco lo queremos olvidar, porque las víctimas fueron nuestros seres queridos más próximos. Por supuesto que hay alemanes inocentes, pero desgraciadamente son menos. Todos vieron tranquilamente cómo durante años fueron maltratados hombres viejos e indefensos y cómo fueron expulsados de sus propias casas, sin sus bienes,

para llevarlos a una muerte segura. Por supuesto, que ahora el pueblo alemán tiene que pagar por ello. Si no, ¿qué sería la justicia? Esto solo puede atribuirse a los propios compatriotas y no se puede cargar la responsabilidad sobre otros países. Tal como nos está llegando, parece que no tienen el más mínimo sentido de culpa. Bien, basta ya de este tema. Solo quería dejarte clara mi opinión. Estaré contenta cuando dentro de año y medio pueda renunciar definitivamente a mi nacionalidad alemana, ya que como mi marido es americano, yo me convertiré en una americana. Una de mis grandes preocupaciones durante la guerra fue ser considerada alemana, ya que no quería tener nada que ver con todo lo que estaba pasando. No quería, y no quiero.

Alemán, en efecto, era todo aquel que vivía y trabajaba en Alemania y quería serlo.

16

La persecución de los judíos fue, junto al avance soviético, el asunto central de las comunicaciones entre Sanz Briz y su gobierno. A la carta del primado húngaro añadió pronto un telegrama que daba cuenta de la promulgación de nuevas medidas antisemitas, como la prohibición de que los judíos pudieran hablarse de una ventana a otra o la habilitación en la zona más segura de los refugios de una sala para los vecinos cristianos. Su interés humanitario se verá reforzado políticamente a partir del 5 de julio de 1944. Ese día el embajador español en Portugal, Nicolás Franco, se encontró en Lisboa con dos importantes dirigentes judíos.

Detrás de esa reunión con el embajador había un hombre y un plan. El hombre era Javier Martínez de Bedoya, un escindido falangista vasco de treinta años, casado con Mercedes Sanz-Bachiller, la fundadora del Auxilio Social y viuda de Onésimo Redondo, formalmente adscrito a la embajada de España en Lisboa como jefe de prensa y que, en realidad, cumplía un reservado encargo del ministro de Asuntos Exteriores español, el conde de Jordana. La primera noticia de Bedoya me la dio Eugenio Suárez, en nuestra conversación de Salinas. Él podía relativizar el papel de Perlasca o, incluso, el de Sanz Briz, pero no tenía dudas de que Bedoya había sido clave en las operaciones de salvamento de los judíos europeos en las que había intervenido España. Suárez lo había conocido y tratado, aunque su información provenía de una fuente concreta.

—Bedoya escribió una especie de memorias interesantísimas que yo leí manuscritas y traté de conseguir que se publicaran, sin éxito. Ahí detallaba su papel y el del ministro Jordana en la operación de salvamento. Se trata de un libro fundamental, pero no sé cómo podría conseguirlo.

Suárez no sabía que el libro había sido finalmente publicado con el título *Memorias desde mi aldea*. Pero su impacto en la bibliografía era nulo. Bernd Rother, que citaba marginalmente a Bedoya en el canónico *Franco y el Holocausto* (2005), tampoco daba señales de haberlo leído. A su importancia contribuía un hecho menor. Aunque se publicó en 1996 había sido escrito bastante antes, porque Bedoya había muerto en 1991. Es decir, antes de que los schindlers y la actividad diplomática de protección de los judíos europeos se hubiesen convertido en un asunto de gran interés mediático.

17

El hotel Romantik de Dresde es un lugar ideal para escribir un libro grueso. Hay aquí una mezcla eficaz de comunismo y democracia. Del primero tiene el silencio de sepulcro; de la segunda la alegre circulación del aire. Por esas dos razones oigo cómo gime de placer la siesta de una mujer en la habitación próxima. En la cena se entablan viejas preguntas en torno al nazismo. Y el enigma principal: si fue la obra de un grupo de psicópatas que se apoderó del Estado o la acción solidaria de un pueblo arrollador. Dresde es también ideal para hablar sobre el destino europeo. En menos de setenta años han pasado por aquí las cámaras de gas, los bombardeos aliados y el comunismo. Pero hoy pertenece a un país cuya prima de riesgo suscita la confianza de toda Europa. Este libro también tiene algunas preguntas viejas. Destaca la que plantea atribuir, bien a una acción individual bien a una estrategia de gobierno, la actividad de los diplomáticos españoles en el salvamento de los judíos.

18

La respuesta de Bedoya a la pregunta de Dresde era nítida y estaba descrita en sus memorias. E incluso en su cara: la cara de Bedoya, al menos del Bedoya maduro, denotaba más jesuitismo que falangismo. Lombrosa apreciación poética, obviamente. Más riguroso era detectar los mismos rasgos sutiles e intrincados en su detalle de la estrategia que condujo a la protección española de miles de judíos europeos. Según su memoria, todo comenzó el 12 de octubre de 1943. El día de la Raza, subraya. Es una casualidad paradójica que una estrategia prosemita dé comienzo un día semejante. Pero hasta ese detalle parece controlarlo el cronista que algunos años antes, en un artículo seminal para la historia que nos concierne, publicado en un semanario de nombre *FE* que tanto quería aludir a la virtud teologal como a Falange Española, había escrito:

> Es lo que sucede en España con nuestra paradójica «Fiesta de la Raza», que significa, en realidad, todo lo contrario. O sea, que España se mezcló con todas las razas, sin tener sentido racista y unitario, sin prejuicio alguno. (La esencia del catolicismo es antirracista.)

El conde de Jordana, entonces ministro español de Asuntos Exteriores, lo convocó al anochecer en su casa, una vez que terminaran las celebraciones propias de la fecha. Lo hizo pasar al saloncito:

> —Querido Bedoya, pretendo molestarle de nuevo, pero antes permítame hacerle una pregunta tal vez indiscreta: ¿es usted antisemita?
>
> —Nunca lo he sido.
>
> —Entonces voy a hacerle otra pregunta que ya no es personal: ¿estima usted que en el programa de la Falange pueda haber algo de antisemitismo?
>
> —En absoluto; ni de cerca ni de lejos.
>
> —Bien, bien; ¿podría usted, en ese caso, hacerme un estudio del no antisemitismo esencial que haya en dicho programa?

La petición de Jordana tenía razones fundadas. Desde la primavera de 1943 mantenía un pulso con el ala falangista del Gobierno, que lideraba el ministro de Gobernación, Blas Pérez, contrario a las primeras medidas de repatriación de los judíos sefardíes que Jordana había promovido. Bedoya tardó una semana en cargarle de razón y enviarle «cuatro folios» sobre el asunto. El ministro volvió a llamarle a principios de noviembre. Alabó su trabajo y le explicó su programa de política exterior ante la hipótesis («la única que admito como probable») de una victoria de los aliados. El programa incluía lograr la solidaridad de los judíos del mundo con el régimen de Franco. Bedoya alabó su planteamiento, incluso, según manifiesta su crónica, con un poco de hipérbole. Jordana pareció satisfecho. Y le dijo:

> —Quisiera contar con usted para lo de los judíos. Me gustaría que se trasladase usted a Lisboa hasta que termine la

guerra para establecer los contactos pertinentes, autorizándole a los desplazamientos oportunos desde allí: en Nueva York funciona el Congreso Mundial Judío; en Londres, el Comité Sionista; en Palestina, la Agencia Judía. Le podremos arropar con un puesto diplomático de agregado a la Embajada.

El embajador en Lisboa, Nicolás Franco, era el hermano del general. Esta circunstancia, con clara ventaja sobre su capacidad de trabajo, era muy atractiva para los propósitos de Jordana. A principios de 1944, Bedoya estaba ya instalado en Lisboa, con su mujer y su secretario, un judío alemán políglota llamado Ernesto Bacharach, vinculado al negocio del cine, en el que Bedoya confiaba para contactar fluidamente con «sus hermanos de raza», que así es como, a pesar de su *FE* y sus doctrinas, los llama en su libro. La primera reunión con los representantes judíos tuvo lugar en el bar del hotel Tivoli. Bedoya habría preferido algo más discreto. Al parecer el bar del Tivoli tenía una obscena proporción de espías por metro cuadrado. Se deduce que los judíos plantearon rápidamente sus peticiones:

—Nos gustaría un gesto previo a cualquier firma como, por ejemplo, que liberase a unos cuatrocientos judíos *haidris* [*sic*: *jasídicos* o *mizrajíes*] que en este momento están en Atenas a punto de ser llevados a Polonia para ser exterminados allí en las cámaras de gas.

La crónica de Bedoya precisa aquí algo de interés. Fue de los judíos, y no de las autoridades franquistas, de los que partió la contrapartida de protección diplomática. Aunque es probable que, a cambio de «la neutralidad benevolente de los judíos del mundo hacia la España Nacional», las autoridades franquistas ya hubiesen pensado en ofrecerles ayuda para evitar las deportaciones. Los problemas consulares de los judíos habían afectado a España desde el inicio de la guerra mundial. La actitud del régimen ante esos problemas había ido moviéndose al compás de las posibilidades que los nazis tenían de ganar la guerra. Esa era la melodía institucional. Luego cada hombre la interpretaba con su tono. El de Jordana siempre había sido un tono de renuencia ante los nazis.

19

Agustín de Foxá, el gran escritor y diplomático en los Balcanes, había escrito también un informe a propósito de la situación de los sefardíes. Llevaba estos párrafos:

> Quinientos mil judíos en los Balcanes y en la cuenca mediterránea conservan entre pueblos extraños a nuestra cultura el viejo castellano contemporáneo de Cervantes, la cocina española, nuestros cánticos, melodías, refranes y romances, e incluso nuestras costumbres, moralidad en la familia y modos de vivir. [...] El funcionario que suscribe, durante sus años de permanencia en los Balcanes ha sentido la emoción de ese eco de España, hecha abstracción de la raza que lo transmite. [...] Desparramados por la Europa Oriental y el Mediterráneo siempre constituirán en cambio una fuerza que por su riqueza, situación social, agudeza en los negocios y habilidad en el comercio podría servir a España, sobre todo si los rumbos de la guerra hacen que su signo adverso pase en Europa [*sic*]. Por otra parte, a causa de su extraordinaria solidaridad racial, su influencia se extiende a otras comunidades de América influyentes por medio de la prensa y las finanzas en la opinión pública americana.

Hay algo importante en este texto de Foxá que ayuda a explicar, junto al miedo, el humanitarismo y el interés político, la actitud del gobierno de Franco respecto a los judíos. Es el nacionalismo. Aunque tantos años después pueda parecer sorprendente, la cuerda que vibra en Foxá y en otros patriotas melancólicos, singularmente Ernesto Giménez Caballero, es que los sefardíes tienen la llave (a veces físicamente, la llave de sus viejas casas) de un pasado dc España. Y que antes que cualquier otra circunstancia racial o religiosa los sefardíes son españoles en apuros que imploran desde su voz remota el consuelo de la patria. Si al argumento sentimental se une el orgullo de soberanía, hábilmente explotado por Jordana ante sus rivales políticos, que se resume en la evidencia de que solo la jurisdicción española puede entender de un judío español, se comprende que incluso el falangismo más acérrimo, el de Blas Pérez o de José Luis Arrese, acabara transigiendo con las medidas de protección diplomática.

20

La reunión en el bar del Tivoli de Lisboa fue tan positiva que abrió paso al ya citado encuentro oficial de julio del embajador Franco con los representantes judíos, sobre el que Jordana tejió una de sus elegantes diplomacias. A fin de que el ministro Arrese, secretario general del Movimiento y a cuyo ministerio estaba adscrito Bedoya como encargado de prensa de la embajada de Lisboa, conociera la reunión de Nicolás Franco con los judíos, y el conocimiento ayudara a ganar su complicidad, Jordana le pidió a Bedoya que redactara un informe dándole cuenta de la visita de los judíos y de las gestiones previstas.

> Le hice a Jordana un borrador de informe hábil, lo aprobó y fue enviado el 11 de abril de este año 1944, con el número 15E. Ni Arrese ni Arias Salgado [vicesecretario de Educación Popular: jefe directo de Bedoya] me dijeron o me preguntaron jamás nada en relación con su contenido y yo quedé convencido de que habían quedado cubiertas las exigencias de unas relaciones interministeriales correctas.

La habilidad de Bedoya consistió en redactar el informe como si Jordana no estuviera al caso de la estrategia ni de los contactos que se habían mantenido. El informe consta en los archivos del ministerio español y su redacción confirma lo expuesto por Bedoya en sus memorias. Esto es bueno para su crédito, porque un problema de su libro es que dado el carácter confidencial, cuando no secreto, de las actividades descritas, muchas de sus observaciones se sostienen solo por su palabra. Y a veces ni siquiera eso. Poco después de que Nicolás Franco recibiera a los judíos Bedoya aseguraba que se pusieron manos a la obra: «El primer asunto era salvar a los cuatrocientos judíos de Grecia». Y la verdad es que Bedoya los salvaba en menos de lo que canta un párrafo:

> Nuestros embajadores en Berlín y Atenas ya se habían movilizado previamente, pidiendo un aplazamiento del traslado para ver si era posible hacernos cargo de ellos alegando sus antecedentes sefarditas. Las autoridades germanas respondieron: «¡Llévenselos cuanto antes, nos hacen un favor!». [...] Antes de lo que se tarda en contarlo los cuatrocientos judíos griegos desembarcaron en Palestina.

No era cierto. Los judíos griegos fueron deportados por las autoridades nazis a diversos campos de concentración, aunque la gran mayoría de ellos vivió para contarlo y pudo regresar a Grecia después de la victoria aliada. El desenlace lo explica con detalle documental el libro de Matilde Morcillo dedicado a la actividad diplomática del embajador español en Grecia. Pero también el propio Bedoya, en una carta al embajador Franco, cuya copia se conserva en los archivos de Exteriores:

> Así pues, con respecto a los sefarditas de Atenas, no se pudo lograr en su día y a su debido tiempo que Turquía les permitiera hacer el viaje por su territorio. Con tanta pérdida de tiempo se dio lugar a que Alemania los llevara definitiva-

mente a su territorio y ya una vez allí es prácticamente imposible, por dificultades de transporte, pensar en que vayan a Turquía.

Es pintoresco que Bedoya se desmienta a sí mismo. Y que un documento de la primavera de 1944 corrija a un libro de cincuenta años después. La vanidad y los recuerdos se cruzan a veces con efectos turbadores, y ese es el riesgo más habitual del memorialismo. Bedoya, en su crónica, alterna hechos indiscutibles con notorias inflaciones. Los archivos públicos confirman unos y otras, aunque no siempre de modo suficiente.

21

La vanidad y los recuerdos, excurso. Una alianza peligrosa. En *La cruda y tierna verdad* (2000), el primer volumen de las memorias de José Luis de Vilallonga, hay una crónica viva y divertida de aquella Lisboa (y aquel Estoril, modelo real de la *Casablanca* de Bogart y Bergman) de la década de los cuarenta. El capítulo empieza con estos párrafos:

> Desde hacía varias semanas se alojaba en un hotel una familia muy peculiar, compuesta por un joyero húngaro, de apellido Gabor, huido de Budapest, su mujer y sus tres hijas. Su esposa, llamada Bijou —con muchas más razones que la hermana de mi padre—, era una espectacular mujer de belleza inaudita a la que sus hijas llamaban «el coronel» por unas dotes de mando que se hacían sentir a todas horas del día. Las tres hijas, Magda, Eva y Zsa-Zsa —quienes años más tarde se harían famosas en el mundo del espectáculo y el dinero— eran también unas suntuosas bellezas, aunque sin tener nada en común, ni con la madre ni entre sí. Magda era una pelirroja de tez muy blanca, grandes ojos verdes y un cuerpo idóneo para dedicarlo a lo que a ella más le gustaba, y que yo iba a descubrir muy pronto. Eva —que se casó sucesivamente con Conrad Hilton y otros cuantos muertos de hambre— era ya el prototipo de la mujer americana de

origen europeo a la que le crecían los dientes cuando oía hablar de dinero. Zsa-Zsa, la más llamativa de las tres hermanas, era de una ordinariez espantosa, cualidad muy subestimada que hizo de ella una de las mujeres más célebres del mundo.

La familia Gabor había llegado a Estoril con lo puesto, además de tres estupendos brillantes azules que el joyero había logrado esconder en los tacones de sus zapatos. Se habían instalado todos en cuatro espaciosas habitaciones del último piso, que muy pronto fue conocido como el *quartier hongrois*, al que solo tenían acceso quienes simulaban apreciar la cocina húngara o los que de alguna manera estaban en condiciones de mejorar rápidamente el futuro económico de las tres hermanas.

Todos los jueves, para gran desesperación del director del hotel, Bijou Gabor ofrecía, entre la una y las cuatro de la tarde, un goulash extraordinariamente condimentado que preparaba en varios infiernillos para una docena de invitados que raras veces eran los mismos. Ese día el señor Gabor, marido y padre, siempre almorzaba fuera. Pronto me di cuenta de que una de las cuatro habitaciones siempre quedaba libre por si alguna de las hermanas —o a veces incluso la propia Bijou— necesitaba entrevistarse en privado con uno de los invitados.

Naturalmente, de las chicas Gabor y de sus padres se decía un poco de todo en Estoril. Que si eran todos espías comunistas, que si el señor Gabor había viajado a Portugal para comprar a bajo precio las joyas de los que huían del terror rojo, que si tanto las chicas como la madre trabajaban para los servicios de contraespionaje americano y para el Intelligence Service. A Bijou la acusaron incluso de haber organizado, por cuenta de los ingleses, el asesinato de Ismaïl Pachá, encontrado muerto en los jardines del casino. Pero muchos de los que vituperaban a los Gabor hacían lo imposible por aparecer en los famosos almuerzos de los jueves.

La historia sigue como habría pronosticado cualquiera. Nuestro primer donjuán enamora, más o menos, a una de las hijas y vive con ella algún vodevil, dado que en el hotel también se aloja su esposa. Hay algún problema con esta historia, desde el punto de vista de la *faction*. El menor que a Jolie Gabor la llame Bijou, porque eso puede ser mera influencia de los diamantes. Es posible que Magda Gabor fuese amante de Vilallonga, pero lo cierto es que cuando el 21 de marzo, domingo, a las nueve de la mañana, abandonó Budapest en el coche del embajador portugués, Carlos Sampaio, él, Sampaio, era su amante. La fuente es irrefutable. ¡Se trata de la madre de Magda! Y no es la única fuente: también lo explica Eugenio Suárez en su libro, aunque sin dar el nombre de Magda. Obviamente las mujeres son capaces de todo, y nada definitivo puede añadirse sobre la veracidad del relato de Vilallonga. Que en cualquier caso se dio prisa. Nuestro donjuán llegó a Portugal en octubre de 1945, en viaje de bodas, después de casarse con Essylt-Priscilla Scott-Ellis el 27 de septiembre. Y el 1 de diciembre del mismo año la familia Gabor emigraba a América. Pero, en cualquier caso, sus verdaderos problemas con la vanidad y los recuerdos advienen con la hermana famosa de Gabor, Zsa-Zsa. Este párrafo:

> Zsa-Zsa, la exuberante Zsa-Zsa, se había vuelto hasta tal punto amable conmigo que Magda me prohibió que me sentara junto a ella en los goulash de los jueves. Eva se contentaba con alabar mi buen gusto con las corbatas. [...] En cuanto a Bijou, me trataba como las madres judías lo hacen con sus

hijos superdotados. Me alimentaba en demasía. A la larga, los Gabor acabaron considerándome algo así como el novio formal de Magda, y llegó el momento en el que yo no estaba muy seguro de estar engañando a mi mujer con Magda o a Magda con mi mujer.

A veces se saca a la gente de las crónicas para que no hagan sombra. A veces se las pone para que hagan de sol. Zsa-Zsa había emigrado a América en 1941. En 1945 cuando la madre y sus hermanas viajaron a América, desde Lisboa, ella misma las recibió en el puerto.

22

Traté de indagar en la familia Bedoya, por si guardaban memoria y papeles. A su hija Ana María la localicé por teléfono una mañana de hace un par de años, en Marbella. Hacía sol, había llegado ya la primavera y su voz se oía contenta y apresurada. Acababa de abrir un bar, me dijo chispeante y luego quedó en llamarme, *seriously*. A Mercedes Redondo, hija de Onésimo y de su viuda, Mercedes Sanz, fui a verla a Madrid. Mercedes era una encantadora señora viuda y huérfana. A su padre lo mataron en una acción de guerra el 24 de julio de 1936 y su padrastro Bedoya ocupa un respetuoso lugar menor en su vida. Al poco de sentarme en el salón de su piso de Puerta de Hierro me preguntó:

—¿Ha leído usted *El Estado Nacional*? —un ensayo escrito por su padre.

—No.

—Es muy interesante —dijo sin afectación, con elegancia.

Mercedes llevaba el título de condesa de Labajos, que Franco, en el uso de sus notables prerrogativas de Rey, otorgó póstumamente a su padre. La condesa apuntaba melancolía. Aunque entre lo peor de los humanos esté la costumbre, debía de ser delicado vivir con el lugar, adosado al nombre, donde mataron a su padre, Labajos, aldea segoviana, y aquella muerte al mediodía, cuando Onésimo confundió fatalmente el rojo y negro de una patrulla cenetista con el de su Falange. La condesa desconocía esa versión de la muerte, según me escribió meses más tarde:

> Es la primera vez que recibo esa versión sobre encuentros anarquistas-falangistas. ¿Y quién confundió a quién? En realidad, yo nunca he tenido más información que la escasa familiar y las versiones en los libros. La familiar se la explico. Yo no recuerdo en absoluto a mi padre. Tengo tres años recién cumplidos cuando muere. Mi madre, hija única y huérfana desde los 14 años, tiene 25 cuando se queda viuda. Se casa de nuevo en noviembre de 1939. Desde muy pequeña me doy cuenta que hablar de mi padre puede parecer un rechazo a su segundo matrimonio. Mi tío Andrés Redondo e igualmente Eduardo Martín Calero, que van en el coche con mi padre, se salvan en Labajos. Jamás nos hablarían a mi hermana y a mí de ese suceso. Sí puedo contarte que mi padre nunca llevó armas (creo que fue un desastroso quinto en el servicio militar). Le va bien a un castellano total morir en una emboscada de caminos. «De noche le mataron al caballero...» Han quitado ya el monumento del cerro. Las figuras eran feísimas, de un malísimo escultor. Lo único hermoso de aquel lugar es la vista.

Entre los más sólidos principios generales de este libro está el de que los hijos nada saben de los padres. ¡Mucho menos de los medio padres! La condesa desconocía todo sobre la participación de Bedoya en la salvación de los judíos europeos. Me atrevería a decir que los judíos, considerados en sí mismos y en su destrucción, no acababan de interesarle. La condesa tenía el visible punto refinado que dan los viajes. En un largo momento de su vida estuvo casada con el diplomático Temboury. Y de los cinco años que pasó en París quedó un librito ciclostilado, escrito con «admiración pero también con la necesaria ironía que merece un lugar tan perfecto».

No había nada de Bedoya en la casa, y debía irme y eludir la citada tentación del tabaco. O puedo escribirlo de otro modo: el tirón de esas gentes que primero aparecen mansamente por la esquina de los libros y luego amenazan con devorarlos.

—Venga a almorzar algún día.

Al cabo de unos meses me lo recordó. Y añadía:

—He leído un libro curioso. Se llama *El frac a veces aprieta*. Su autor, el diplomático Agramonte. Un poco antes de la Segunda Guerra Mundial está en Berlín, y durante toda la guerra es el embajador de España en Dinamarca. Pues bien, jamás dice nada sobre judíos.

El negacionismo suave de la condesa. No es extraña la actitud del embajador Agramonte. Entre los países invadidos por los alemanes, Dinamarca fue el único donde la autoridad, su Rey, protegió a los judíos y el que se opuso más tajantemente y con mayor éxito a los planes nazis de deportación.

Así pues, y por el momento, y dada la ausencia de papeles familiares, las memorias de Bedoya habrán de sostenerse solas, encaradas a los hechos cuando sea posible. Su crónica refuerza la existencia de un plan más o menos improvisado del gobierno de Franco tendente a facilitar la salvación de los judíos europeos, que se va desarrollando al ritmo de los acontecimientos en el último año y medio de la Segunda Guerra Mundial, cuando la derrota nazi es mucho más que un presagio. Pero ya he dicho que la aportación de Bedoya peca de incertidumbre en algunos detalles. Por ejemplo, en lo que se refiere a la protección que España dio a los judíos de Budapest, el asunto central de este libro.

23

Dresde y Praga me empapuzan, con su Barroco, su río y su imperio. No veo el momento de llegar a Budapest, allí donde al final toda la pastelería se afinó.

24

Los nazis mantuvieron en secreto la existencia de Auschwitz y de los campos de exterminio hasta 1944. Desde ese año la élite funcionarial, política y periodística de los países aliados empezó a conocer las primeras evidencias de que varios campos de concentración eran, en realidad, fábricas de muerte masiva. Sin embargo, la diplomacia española podrá siempre atribuirse que dio cuenta del crimen en una fecha anterior, en torno al verano de 1943, en un párrafo de un informe a su ministro del embajador en Berlín, Ginés Vidal, donde se alude a la mortal actividad del campo de Treblinka:

> Continúa la liquidación en masa de judíos, no solo los que aún vivían de los tres millones y medio que residían en Polonia, sino los traídos de Austria, Checoslovaquia, Bélgica, Holanda, Noruega, Francia y Yugoeslavia; un lugar hasta ahora ignorado llamado Tremblinka [*sic*] ha adquirido la lúgubre reputación de ser el elegido para estas matanzas terribles.

Un año después, y por lo que se refiere a Auschwitz, el joven Sanz Briz informó a su gobierno con mayor detalle de rumores que hasta aquel momento parecían inconcebibles. Su primera noticia llevaba fecha de mediados de julio y estaba incrustada en un informe sobre la caótica situación de Hungría después de la invasión nazi.

> Me aseguran que ascienden a 500.000 el número de israelitas deportados. Sobre su destino corren los rumores más alarmantes. Uno de ellos que circula con insistencia hace creer que la mayor parte de las expediciones de judíos (a las que se procede en vagones de ganado [*sic*] colocando a 80 personas en cada uno de estos en verdadero hacinamiento) se dirigen a un campo de concentración situado en las inmediaciones de Kattowitz [a 35 kilómetros de Auschwitz], donde se les asesina por medio de gas y se utilizan sus cadáveres como materias grasas para determinadas industrias. Sin afirmar que semejante barbarie sea cierta, consigno a V.E. el rumor por la insistencia con que en esta capital se ha propagado.

Así pues, Sanz Briz fue, probablemente, el primer diplomático español que informó al gobierno franquista de los asesinatos de Auschwitz. Y volvió a hacerlo al mes siguiente, de un modo más pormenorizado, con el llamado *Informe de Auschwitz*, escrito presuntamente por dos prisioneros que lograron evadirse en abril de 1944, y que circulaba por diversas capitales europeas. En la carta introductoria del informe escribía a su ministro:

> Adjunto elevo a manos de V.E. un informe sobre el trato a que se condena a los judíos en los campos de concentración alemanes. Dicho informe me ha sido entregado por elementos de la junta directiva de la organización sionista de esta capital. Su origen, pues, le hace sospechoso de apasionamiento.

También, en aquellos días inconcebibles, la verdad era independiente del que la declarase. Aunque el informe de Auschwitz estaba escrito por dos víctimas era sustancialmente verídico. Y había sido la base documental de la denuncia del ministro polaco en el exilio, publicada en *Los Angeles Times* unos meses antes, donde el nombre de Auschwitz se vinculaba por primera vez con el asesinato en masa. Aunque no fuera, sin embargo, la primera vez que un periódico hablaba de las cámaras de gas y el asesinato industrial. El honor le corresponde, por lo que yo sé hasta ahora, a un periódico de Montreal que en el verano de 1942 publicó el siguiente titular:

Los nazis masacran a 700.000 judíos polacos
Miles de ejecutados en cámaras de gas móviles

25

El ministro que recibió el informe de Auschwitz no fue el conde de Jordana. Jordana había muerto súbitamente tres semanas antes, en San Sebastián. Sobre las causas de su muerte la prensa hizo un panegírico impresionante: al ministro, que tenía sesenta y ocho años, lo había matado el trabajo. Un trabajo desbordante, inhumano. Así lo escribía el anónimo redactor de la agencia Mencheta:

> La muerte del teniente general conde de Jordana se ha producido sin duda alguna por exceso de trabajo acumulado sobre su persona desde hace algunos años. El ministro de Asuntos Exteriores de España puede decirse que en los últimos tiempos vivía en vigilia permanente, sin hora de descanso, firme en su ardua labor, tanto de noche como de día.

Tanto insistían los apuntes necrológicos sobre este punto que se hacían sospechosos incluso al que no tuviera indicios de cómo se había desarrollado el drama. Lo cierto es que la causa probablemente más inmediata de la muerte del ministro estaba descrita en el diario que llevó hasta los últimos días. Esta era la entrada del domingo 23 de julio:

> A las seis de la mañana nos fuimos a cazar a la finca de Viuda de Arroyo, en Navalquejigo. Muy agradable y con bastante caza pero ya casi al final me colocaron en un ojeo, encima de un gran peñasco, con poca base para tirar y al disparar a un conejo perdí el equilibrio y salí proyectado como un cohete contra otra roca, abriéndome una gran brecha en la frente, con mucha hemorragia y aparato, dando un gran susto a los chicos; y yo no dejé de dármelo también pues eché mucha sangre.

Su propio hijo Luis, editor de sus diarios, añadiría al final de esta entrada, en un paréntesis: «Este accidente, según deducciones posteriores, fue la excusa de su fallecimiento repentino, unos días después».

Los últimos días de Jordana pasaron entre las curas de su herida de caza y un calor agobiante. Las anotaciones sobre el calor madrileño de los últimos días de julio (la víspera de la muerte se llegará a los 52 grados en Mora de Toledo) eran constantes y desasosegadoras. El ministro estaba muy cansado. El sábado 29 volvía a comer a casa muy molesto con dolores en los brazos, «como de neuritis». Y aún le quedaba por la tarde un Consejo de Ministros. Dos días después escribiría la última anotación del diario: el viaje a San Sebastián, donde moriría. Los periódicos no hablaron del accidente de caza (no debía de parecerles compatible con la dedicación mencheta al trabajo), ni tampoco del urgente mandato que recibió un hijo de Jordana de su madre al poco de la muerte:

> Cuando murió mi padre estábamos en San Sebastián mi hermana Pilar y yo. Mi madre, en una reacción difícil de comprender, dados los momentos por los que atravesaba, me indicó que corriera al despacho de mi padre para recoger sus

> Diarios y la copia de una carta, de suma trascendencia, que hacía solo unos meses había escrito al general Franco. Recuperé los diarios manuscritos; pero el cajón donde estaba la carta había sido descerrajado y esta sustraída.

El hijo no daba explicaciones concluyentes sobre el suceso, realmente extraño. Sobre el contenido de la carta sería más explícito. Un año antes el padre escribió en su diario que había entregado a Franco un texto sobre la situación política española. El hijo deducía que una copia estaba en el cajón descerrajado. No se trataba de una deducción tranquilizadora, y aún menos en el contexto de la muerte súbita del ministro. Pero no hubo más. Años después las memorias de Martínez de Bedoya aportarían verosimilitud a la sospecha filial sobre el contenido de la carta robada. En la segunda de las conversaciones que mantuvieron Bedoya y Jordana, noviembre de 1943, sobre el plan de protección de los judíos, el ministro le había hecho confidente de los tres ejes de su política exterior:

> El Generalísimo me ha autorizado a llevar adelante mi propósito. En definitiva, se trata de perfilar una política exterior a base de tres cartas, las únicas que tenemos sobre la hipótesis (la sola que admito como más probable) de una victoria aliada: la primera consiste en esgrimir como argumento permanente, ante las más variadas circunstancias, las exigencias de «el equilibrio de poder» frente a la Rusia soviética; la segunda carta radica en hacer valorar nuestro amor a un estado de Derecho hacia el que caminamos si no se nos hostiga (amnistía, Cortes, ley de derechos de la persona, elecciones sindicales y representativas, trato a refugiados de la guerra, etcétera); la tercera estriba en lograr la solidaridad internacional con los católicos y los judíos del mundo.

Bedoya escribía muchos años después de esta conversación. No aclaraba si para poner estas palabras en boca de Jordana utilizó notas o informes de la época. En sus memorias no había más alusión a los supuestos planes democratizadores ni a su traducción escrita. Por lo demás el tiempo añadiría un dramático crédito a las anotaciones del ministro. La victoria aliada no trajo amnistía ni Cortes ni derechos. Los fusilamientos y la persecución política de la dictadura de Franco continuaron hasta el final. En efecto: la carta a Franco había sido robada.

26

Todos los viajes tienen momentos absurdos. El viajero empieza a cantar a voz en grito por la autopista una vieja canción infantil. Y no puede parar. Se burla secretamente de los indígenas por cualquier gamberrada. Consigue pasar doscientas cincuenta veces por la misma esquina de cualquier ciudad, no queriéndolo. Lo da el cansancio, la extrañeza de las cosas, una cierta alegría bárbara, la vida floja de los veranos. Un absurdo clásico es la risa. Una risa súbita, incontenible, despiadada. No olvido aquella mañana que Boix y yo entramos en el despacho de un miembro egipcio del Comité Olímpico Internacional para hacerle una entrevista. Estábamos escribiendo nuestro *Samaranch*. Le dimos la mano y nos sentamos. Como la conversación iba a ser en inglés solo preguntaría Jaume. Abrió la boca pero no recuerdo que llegara a pronunciar una sola palabra. Reía como si vomitara. El hombre esperó durante unos minutos y luego nos indicó la salida sin levantarse. Se comprende que en una vida preguntando me acuerde muchas veces, y en momentos peligrosamente formales, de esta escena violenta. Pero hoy no es uno de esos momentos. Estoy en Rynek Glówny, la gran plaza de Cracovia, y nadie va a avergonzarme por la risa. La risa habitual que me da el Barroco, agravada por la visión concreta de la iglesia de

Santa María, que parece lo que llaman en Madrid un hongo: una fácil protuberancia que le hubiera salido a la plaza. Y no es el único caso. Allá voy al otro lado, hasta San Wojciech, San Adalberto dicen: como si no bastara la risa del hongo. Y más allá, la torre del antiguo ayuntamiento, otro. La plaza es inmensa. Para abrirla echarían abajo casas, palacios, cegarían calles y recortarían esas enormes iglesias que se dan, entre sí y al visitante, tanto la cara como el culo, limpiamente, sin las emboscadas de piedra y el intrincado callejeo que caracterizan los lugares de su clase. Más risa me doy cuando casi agotado proclamo, empotrada la metáfora, que ni hongos ni recortables, que Rynek Glówny es la única plaza del mundo que fue creada mediante panspermia. Voy a salir de aquí, pero tengo dudas sobre el método. En la oficina de turismo he visto unas espectaculares ofertas genéricamente tituladas «Tours del comunismo» y al final del verano del 1944 los bombardeos soviéticos anunciaban la inminencia de la liberación, bien entendida, de Budapest. Este cruce da para mucho, pero cae un sol muy agradable sobre Rynek Glówny y me sentaré a paladearlo antes de proceder a la ejecución sumaria.

27

Al ministro Jordana lo sustituyó José Félix de Lequerica. Lo primero que dijo el nuevo ministro fue que la política exterior española era una y obra de Franco. Tenía sus motivos para decirlo. Su nombramiento había sido interpretado como un insólito y equivocado refuerzo de la opinión germanófila franquista. Sin embargo, Bedoya conocía bien la rápida e inteligente capacidad de adaptación de aquel «germanófilo bullicioso». Su descripción de Lequerica coincide en espíritu con las tres líneas de José Luis de Vilallonga en el volumen de sus memorias que evoca la Lisboa de Bedoya y del final de la guerra europea: «José Félix de Lequerica, el inteligente y huidizo futuro ministro de Franco, [era] el prototipo del cínico demasiado ocupado en sí mismo para tener tiempo de hacer daño a los demás». Es probable que Lequerica no tuviera una capacidad activa para el mal. Es verdad que mientras fue embajador en París encaró la tragedia judía con gran pasividad y sin perder jamás la calma.

Más allá de su punto de vista ideológico sobre los asuntos internacionales se advertía rigidez, que quizá quepa atribuir a la inseguridad del que acaba de llegar, en el primer trato de Lequerica con el joven diplomático que en Budapest afrontaba la desesperada situación de los judíos y los bombardeos soviéticos. Cuando su ministro llevaba apenas dos semanas en el cargo, Sanz Briz le pedía su autorización para poder asistir a un encuentro importante. El nuncio vaticano, Angelo Rotta, había convocado el lunes a los países neutrales con representación diplomática para elevar una nota de protesta conjunta ante el gobierno húngaro por las deportaciones de judíos.

> [...] nos sentimos obligados a elevar una enérgica protesta contra semejantes procedimientos, injustos en su fundamento —porque es absolutamente inadmisible que los hombres sean perseguidos y condenados a muerte por el simple hecho de su origen racial— y brutal en su ejecución.

A la hora de la reunión no había llegado la autorización del ministro, pero Sanz Briz decidió asistir. No solo asistir, sino firmar la protesta:

> Todos los asistentes aprobaron su contenido y se mostraron dispuestos a firmarla y, en vista de ello, el que tiene el honor de suscribir estimó oportuno adoptar la misma actitud a pesar de no haber recibido instrucciones de V.E.

La respuesta del ministro no fue precisamente alentadora:

> Recibido con retraso telegrama 82 conviene si todavía es tiempo que V.I. concurra reuniones haciendo presente en nombre España necesidad de hacer gestiones que se acuerden en tono amistoso y amable indicación evitando carácter protesta que si fuera procedente solo podría hacerse a través Embajador España en Berlín.

En tono amistoso y amable indicación. Se trataba, en efecto, del Lequerica aún germanófilo. Por despiste, sin duda. Ese tipo de hombre aún daría para algunas semanas y algún otro telegrama, como este de primeros de septiembre:

> Autorizada entrada húngaras [en España] Elena Bak, Presca Szego y Susana Steintiz, siempre estén provistas de documentación regular y no trátese personas condición judaica.

La «condición judaica» era puro léxico de Vichy. Sin embargo, el germanófilo pronto mudó en el cínico. Bedoya daría en sus memorias algún indicio de las circunstancias concretas de la muda. Poco después de la muerte de Jordana había recibido una llamada de Franco Salgado-Araujo, el mítico secretario del Caudillo.

> —Bedoya, óigame Bedoya, me han dado su teléfono de Estoril en la cancillería de la embajada. Soy Franco Salgado, secretario militar de su Excelencia el Jefe del Estado. Es una cosa de trámite. Tome usted buena nota: en adelante, todo cuanto usted enviaba directamente a Jordana, hágalo llegar ahora a El Pardo.

Cuenta Bedoya que no tardó demasiado en utilizar este canal de privilegio. A principios de septiembre transmitió a Franco la desesperada petición de sus interlocutores judíos en Lisboa para que pudieran refugiarse en la legación española una veintena, miembros prominentes de la comunidad israelita de Budapest:

> Lequerica que estaba, como era tradicional, de ministro de jornada en San Sebastián, vino a Madrid el día 12 de sep-

> tiembre, regresando a San Sebastián a las pocas horas. Fue en esas pocas horas de estancia en el palacio de Santa Cruz cuando llamó por teléfono a don Nicolás Franco [el embajador español en Lisboa] para decirle: «Diga a los judíos que ya está arreglado su asunto de Budapest».

Lequerica había cambiado de proceder respecto a las personas de «condición judaica» cuya entrada en España vetaba diez días antes. Al menos sobre algunas de ellas. A mediados de septiembre, y mediante una nota verbal, comunicaba a la embajada norteamericana la mejor de sus disposiciones respecto de los judíos húngaros por los que se había interesado la embajada semanas antes.

Ni las gestiones de Bedoya ni las de Lequerica han dejado huella visible y taxativa en los archivos. Pero no podría descartarse que el grupo al que alude Bedoya fuera el mismo al que se refería el ministro en su nota verbal. Lo importante es que ha pasado el tiempo, pero la nota no ha dejado de gotear la baba del que se mostraba deseoso de cumplimentar los deseos del nuevo amo.

> [...] tiene el honor de comunicarle que se han cursado las oportunas órdenes al ministro de España en aquel país para que proceda al visado de tránsito de todos aquellos pasaportes de los que siendo titulares los referidos judíos, se le presentasen a los expresados efectos. Es más, se le han dado, asimismo, instrucciones para que con todo interés gestione cerca del gobierno húngaro y autoridades alemanas de ocupación, [y] se le facilite a los indicados sujetos la salida de Hungría. Por tanto considera este Ministerio que con ello, el Gobierno español, agota todas las posibles gestiones que pueden interponerse para llegar a una favorable resolución del mencionado problema en el que ha demostrado poner su máximo interés y voluntad.

28

En septiembre de 1944, las bombas soviéticas llegaron a la legación española. Sanz Briz iba dando cuenta a su ministro mediante una concisa serie de noticias cada vez más preocupantes:

> Anteayer sufrió Budapest muy violento bombardeo aéreo. Gran número de víctimas y destrozos. Varias bombas explotaron inmediaciones de esta representación que sufrió solo rotura de cristales. Otras ciudades de Hungría han sido también bombardeadas. Ruego instrucciones urgentes sobre si debo entregar representante de Suecia fondos esta representación caso sea necesario evacuar Hungría por razón avance ruso. En tal caso ruego autorización quemar archivos y claves.

El joven diplomático había demostrado durante su actividad quintacolumnista en la guerra de España sangre fría y valor. Ahora volvía a estar bajo las bombas. Y su vulnerabilidad era también la del gobierno de España. Junto a Suiza, Suecia, Turquía, Portugal y el Vaticano, España era uno de los países formalmente neutrales aún presentes en Budapest. No obstante, para los bolcheviques que ya estaban a las puertas de la ciudad, España era un país beligerante. Ninguna de las otras naciones, ni siquiera el Portugal de la dictadura salazarista, compartía esa condición. Franco hizo de la Guerra Civil una cruzada contra el comunismo en la que Sanz Briz participó apasionadamente.

Él llevaba ya tiempo advirtiendo a su ministerio de que la caída de Budapest era mucho más que una hipótesis. En un telegrama de finales de agosto había aludido a la oferta sueca de proteger los intereses españoles cuando el ejército soviético entrara en Budapest. El telegrama acababa con estas palabras inequívocas: «Estimo llegado momento obtener dicha protección». No solo pedía protección para él. También esperaba el permiso de su ministro para acoger en la legación a dos fieles y veteranos empleados: Elisabeth Tourné y el abogado Zoltán Farkas y Astorga. El ministro Lequerica le autorizó en primera instancia, pero un día después matizó su respuesta y, además, respecto a las bombas, le aconsejó que se las tomara con calma:

> No conviene dar impresión excesiva precipitación y falta [de] serenidad al tratar [de] retirarse mientras tenga libre comunicación con Austria [y] no se produzcan sucesos que prevé. Si efectivamente tiene lugar ruptura frente y avance ruso hasta inmediaciones Budapest puede V.I. entregar Legación a representante Suecia quedando señora Tourné autorizada a residir en ella, pero no asesor jurídico que no forma en absoluto parte personal Legación y por su nacionalidad tampoco tiene derecho a protección pudiendo sin embargo recomendarlo especialmente a representante Suecia cuando se encargue de proteger intereses españoles. Como en su día se le comunicó puede sin ausentarse de Budapest ir destruyendo parte de archivos que no tengan valor y trasladando el resto a Viena.

Años después de muerto, y cuando su odisea en Budapest emergió a los periódicos, al cine y a los libros, la memoria de Sanz Briz acusó el punto flaco de su marcha de Budapest. «No hubo una orden», repetía una noche en su casa de Padua la nuera de Giorgio Perlasca. «No existe ese papel», zanjaba. La intención, obviamente, era presentar la marcha del diplomático español como una huida, forzada por la irresponsabilidad, el interés y el miedo. Pero los papeles existían (más de uno) y probaban que Sanz Briz tomó sus decisiones, como difícilmente podía ser de otro modo, con la complicidad y el acuerdo de su gobierno. Ese de Lequerica, aun tan distante y circunspecto, era el primero de los papeles y establecía una inequívoca y autorizada relación de causa/efecto entre la conquista soviética de Budapest y el abandono de la legación. España era un país formalmente neutral, pero el gobierno de Franco temía la beligerancia de las tropas soviéticas. No cabía interpretar de otro modo la indicación sobre la destrucción de los archivos: la primera orden que daría el que temiera ver su casa en manos enemigas.

29

Tanques. Los tanques siempre son soviéticos. Se hace una vigorosa pero aislada excepción con Rommel en la conquista de Tobruk. Cuando entro en la oficina de turismo de Cracovia a preguntar por las condiciones y características del «Tour del comunismo» no me ofrecen la experiencia del tanque. Esto es lo que me ofrecen:

1. Nuestros clásicos: tour del comunismo, comunismo *de luxe*, bienvenida comunista, tour del comunismo & disco, oferta comunista para grupos.
2. Otros: disparos de kalashnikov.

Yo me intereso, de inmediato y dado mi carácter socialdemócrata, por el comunismo *de luxe*. En síntesis, te montan con un guía en un Trabant, el seiscientos soviético, duro y fiable como una piedra, mientras te llevan por el distrito de Nowa Huta, con la lógica atención polaca por los Altos Hornos. Hay refrescos y los guías te narran viejas historias del comunismo. Si pagas un suplemento, puedes visitar «un apartamento comunista» donde te sirven los famosos pepinillos cooperativos y un trago de vodka. Luego te dejan conducir el Trabant. Para los espíritus un poco ñoños y sentimentales la experiencia de ver el comunismo reducido a una cena medieval ofrece ciertas dificultades de encaje. Al fin y al cabo, es tu juventud la que va dentro de la armadura, con su lanza y su adarga. Mientras voy pensando si me subo al Trabant me acuerdo de las polacas que conocí en aquel campo *comunista* de Caprarola hace más de treinta años, donde me halló plaza para el verano mi profesor Faustino Miguélez, sociólogo del Partido, experto en las luchas obreras de la Seat, sobrio y seco como el compromiso. Las polacas eran sospechosas, no solo por católicas. A veces, mientras se hablaba en los grupos sobre la justicia y la belleza del comunismo, alguna de ellas dejaba ir un ligerísimo y rápido mohín, que aún las hacía más antiguas y feúchas. Ya varios de nosotros habíamos apreciado con fastidio aquel movimiento. Ciertamente de todo el grupo, formado por italianos, alemanes del oeste, españoles, japoneses y hasta un adoptivo boliviano, eran las únicas comunistas; pero no sé qué derecho pensaban que tenían.

No subo al Trabant.

30

Zoltán Farkas.

El abogado Zoltán Farkas y la secretaria Elisabeth Tourné. Sanz Briz quería alojarlos en la embajada, pero el ministro solo daba permiso para la mujer. Sobre Farkas subrayaba su nacionalidad (húngara) y el hecho de que no formara parte «en absoluto» del personal de la legación. El «absoluto» resultaba hiriente, porque lo cierto es que Farkas llevaba casi veinte años como asesor jurídico. Una carta del verano de 1940 del entonces representante de España en Budapest, Miguel Ángel de Muguiro, a Juan Luis Beigbeder, entonces ministro de Asuntos Exteriores, detallaba la sólida vinculación de Farkas a los intereses nacionales:

> Pocos días antes de mi llegada a esta capital, mi predecesor, don Carlos Arcos y Cuadra, propuso, por despacho n.º 64, de 4 de mayo de 1938, que por el gobierno del Estado Español se extendiese un nombramiento de abogado consul-

tor honorario de esta Legación, a favor del doctor Zoltán Farkas, que supliera el anterior extendido por el gobierno de la República.

No habiendo recibido contestación a tal despacho, sin duda, esperando que dicha proposición de mi predecesor fuese confirmada por mí al hacerme cargo de esta Legación, ni habiendo yo recibido ninguna indicación de hacerlo así, me permito, en vista del tiempo transcurrido, solicitar respetuosamente de V.E. que se extienda un nuevo nombramiento a favor del citado señor Farkas, como abogado consultor honorario de esta Legación, por ser muy necesarios los servicios que presta, por concurrir en él condiciones suficientes de competencia en cuantas cuestiones jurídicas se someten a su estudio, por su perfecto conocimiento de idiomas (húngaro, español, francés, alemán), por su completa capacidad, caballerosidad y honradez y por su absoluta adhesión al régimen nacional.

Espero que mi propuesta sea tenida en consideración, no solo por cuanto queda expuesto, sino también por haber ejercido el referido señor dicho cargo, poco menos desde la creación de esta representación diplomática.

Un mes después de esa carta llegaba el nombramiento, que aunque especificara el carácter meramente honorífico de su trabajo habría bastado, cuatro años después, para justificar un refugio en la legación que no solo se debía a su «condición judaica». Había otro miedo añadido. Farkas había vivido la excéntrica, sanguinaria y efímera dictadura bolchevique de Béla Kun y es probable que observara la inminente entrada de los tanques soviéticos en Budapest como su reanudación y buscara acogerse al estatuto diplomático, aunque frágil y relativo, ciertamente, que pudiera darle la representación española.

31

Elisabeth Tourné era la otra persona para la que Sanz Briz pedía a su ministro la excepción, en este caso concedida, de poder acogerla en la legación española. Había nacido en 1899, era húngara por nacimiento y francesa por matrimonio, y llevaba desde 1917 trabajando de secretaria (de canciller, en el lenguaje consular) con los sucesivos diplomáticos españoles. Las razones de que madame Tourné buscara refugio están expuestas en un papel sensacional de los archivos del ministerio de Asuntos Exteriores español, escrito desde Valladolid, zona franquista, en plena Guerra Civil española:

> NOTA CONFIDENCIAL
>
> La secretaria de la representación de España Nacional en Budapest es judía. Por esta causa facilita el visado de pasaportes necesarios para entrar en la zona liberada a cuantos judíos húngaros y también de otras nacionalidades lo solicitan a cuenta de nuestra representación en Budapest. El representante del Generalísimo en Hungría ignora este detalle y firma sin reparo.
>
> Es fácil comprobar qué pasaportes húngaros corresponden a judíos porque siendo aquel país de religión oficial católica al no profesarla estos estampan en el pasaporte la

«protestante». Este detalle identifica sin otro requisito a los judíos húngaros a que se hace referencia. Ha de tenerse en cuenta que el pasaporte húngaro es el único que consigna la religión.

Sería conveniente examinar con detalle las autorizaciones para entrar en España concedidas por Budapest, por la razón indicada. Se hace notar que cuando a la secretaria indicada no le es posible dar el visado envía a Lisboa a los interesados y en este punto se les facilita sin un conocimiento pleno y garantía de su filiación y actividades el visado de referencia.

La repetida secretaria otorga también el visado a súbditos de nacionalidad distinta y a los que no se les ha concedido en su país de origen por la representación española.

Valladolid, 19 de enero de 1938

En aquel momento el jefe de la representación española en Budapest, al que el denunciante achacaba ignorancia de los movimientos de madame Tourné, era Carlos Arcos y Cuadra, conde de Bailén, que llevaba cinco años en el cargo y que se había adherido al Movimiento en los primeros días de la guerra, no solo animado por su carácter sino por la circunstancia de que el gobierno húngaro simpatizara desde primera hora con Franco. La denuncia era anónima y formaba parte del estilo habitual de la época. Su autor exhibía un conocimiento notable de las burocracias diplomáticas y un antisemitismo caníbal.

32

Debería volver a las calles de Cracovia, porque es el momento de la puesta de sol. Lo haré antes de que oscurezca. Ahora debo ocuparme de un asunto delicado. No sé quién denunció a madame Tourné. Pero tengo delante a uno que pudo hacerlo. Si voy a meterlo aquí no es para hacerle objeto de la conjetura verosímil. Lo voy a meter aquí, porque es costumbre de nuestro pulido mundo seleccionar con cuidado la colocación de la basura.

En el mismo ambiente moral de la denuncia contra madame Tourné, apenas tres meses después de hacerse efectiva y desde un semanario de la ciudad de San Sebastián, el periodista Antonio Martínez Tomás escribía un artículo impresionante: «Maniobra del judaísmo contra España». El texto describía con los más repulsivos tópicos antisemitas las estrategias dictadas en *Los protocolos de los sabios de Sión* (1903), es decir, la conspiración judía para hacerse con el control del mundo, solo que aplicada a la circunstancia local española. Lo más novedoso y siniestro eran las referencias a la supuesta actividad del judaísmo en la España republicana, y en especial en Cataluña y Levante, donde según sus cálculos ya habían conseguido instalarse más de cincuenta mil alimañas judías. Estos eran los párrafos finales:

> Como si no fueran ya bastantes los dolores que sufre la España que el marxismo tortura, el parasitismo semita, envilecedor y sórdido, se ceba en ella con la saña voraz de quien sabiendo que su imperio en aquel territorio no puede ser muy duradero, procura extraer en poco tiempo todo el jugo posible. Expolio abominable, semejante al de los despojadores de cadáveres de que nos hablan las crónicas de la criminalidad más sombría.
>
> Pero, por fortuna, el día de este siniestro imperio de Israel es ya inminente. La espada invicta del Caudillo, como la del Arcángel, abatirá el día de la victoria próxima la cabeza maldita de la bestia israelita, que durante más de cuatro siglos ha estado esperando el momento de vengar en España sus rencores bárbaros.

El artículo, que aludía también a los judíos que huían de la persecución nazi, tenía el mismo objetivo que la denuncia contra madame Tourné: frenar la inmigración, la invasión judaica, como diría su autor. Martínez Tomás tenía entonces treinta y nueve años y hasta el inicio de la guerra había trabajado en la redacción de *La Vanguardia*. En cuanto pudo salir de Barcelona huyó a Francia y luego a la zona franquista, donde siguió escribiendo en la prensa. Junto a Manuel Aznar y Josep Pla fue uno de los que en enero de 1939 entró en Barcelona, poco después de las tropas de Franco, y tomó el control de *La Vanguardia*. Allí se mantuvo como redactor jefe alrededor de cinco años hasta que en 1943 inició una larga temporada de viajes por Europa, que comenzó con su estancia en Lisboa, donde asistiría al último tramo de la guerra europea. Es probable que compaginara el periodismo con otras funciones. Eugenio Suárez lo conoció como valijero, en Budapest, en la legación española. Quizá dio más de una vez la otra mano a madame Tourné, como diría un novelista *manqué*.

Cuarenta años después de haber escrito el artículo, ya en plena democracia, Martínez Tomás concedería una larga entrevista biográfica a la periodista Maria Favà. Al explicar sus problemas con el director Luis de Galinsoga, que culminarían en su apartamiento de la redacción de Barcelona, declaraba:

> Lo que creó una gran diferencia entre nosotros es que él era un furibundo germanófilo. Yo, desde el primer momento, me sentí atraído por la causa aliada y tuve fe en que terminaría por vencer, lo que a mi juicio era razonable y justo, y que la barbarie nazi no triunfaría. Al final esto creó una tensión tan fuerte que en el año 43 yo ya no pude aguantar más y me ofrecí para marcharme al extranjero de corresponsal.

La barbarie nazi. Entre «maniobra del judaísmo» y estas declaraciones antinazis habían pasado treinta y ocho años, una Guerra Civil e incluso un Caudillo. Cuando Martínez Tomás escribió su furioso artículo antisemita ya no era joven. En el artículo mismo, en sus primeras líneas, confesaba, además, que su nefanda pasión arrancaba de años atrás. Aún seguiría años después. En una vívida crónica del estallido de la Guerra Civil en Madrid, publicada en 1939, el adjetivo «judío» volvía a aparecer sin pudores, como una variante inexorable de la delincuencia.

> A las seis de la tarde ya estaban reunidos con el repugnante criminal todos los ministros, más Prieto, Marcelino Domingo y Largo Caballero. Poco después llegó, llamada con apremio, esa virago alucinante que se llama la Pasionaria.

—Hay que armar al pueblo y declarar la huelga general —fue la conclusión a la que llegó la reunión de facinerosos y judíos.

La explicación inmediata de la conducta del periodista podría aludir al oportunismo. Era simple: en 1976, Martínez Tomás se aprestaba a morir demócrata. Pero quizá fuese demasiado simple. Su conducta planteaba, aunque con menor trascendencia dramática, los interrogantes de *La caja de música* (1989), la película de Costa-Gavras, y el obsesivo misterio de cómo aquel abuelo cariñoso y entrañable que empujaba el columpio de su nieto podía haber sido un joven asesino nazi. Tanto en el caso de Antonio Martínez Tomás como en el de Mike László era posible dar una explicación algo más sofisticada: el joven y el viejo no eran la misma persona y la unidad del yo una probable ilusión cognitiva. Cuando la joven colega le interrogaba sobre el pasado, el viejo periodista español hablaba de sí mismo, en efecto, como una ilusión. Cuando la hija le escupía a la cara su pasado nazi, Armin no entendía su desprecio, porque él era otro. En los dos casos se trataba de algo más complejo que una mentira. Y la complejidad aportaba incertidumbre moral: la inquietante hipótesis de la prescripción del yo.

La denuncia contra madame Tourné no surtió, en apariencia, mayor efecto. En el verano del mismo año de 1938 pasó sin problemas el trámite burocrático de una declaración jurada de adhesión al Movimiento y de limpieza de antecedentes común a los funcionarios. Al cuestionario, de todos modos, lo acompañaba una tajante carta en su defensa del ministro Muguiro que cabría relacionar con la denuncia:

> La conducta de esta funcionaria ha sido digna de todo elogio y encomio en relación con los difíciles momentos por los que atravesó esta Representación al iniciarse el glorioso Movimiento Nacional pues interrumpió las vacaciones que disfrutaba en Viena en aquel entonces, presentándose inmediatamente en la Legación para continuar incondicionalmente a las órdenes del Señor Conde de Bailén, quedando en servicio permanente para comunicar en búlgaro [*sic*] por teléfono, escuchar y traducir las emisiones de radio, informar de noticias a los periodistas y organizar una extrema vigilancia para impedir un golpe de mano del Señor García Miranda que tenía el propósito de apoderarse por sorpresa de esta Legación.

La carta de Muguiro no negaba el hecho denunciado. O sea, la actividad de la canciller en ayuda de los judíos perseguidos, desde antes del inicio de la guerra europea. Esa conducta la sitúa en un apreciable promontorio de esta historia. Si la legación de España en Budapest ha pasado a la historia de la dignidad humana fue por proveer de pasaportes y refugio a los judíos en riesgo de deportación. Bien. Mucho antes del invierno de 1944 hubo allí una mujer que se dedicó en solitario a la tarea.

33

Elisabeth Tourné junto a su hijo Gaston y amigos húngaros.

Voy hacia la puesta de sol. Pero con el remordimiento de dejar en este punto a madame Tourné. Apenas tengo detalles biográficos. La denuncia. Unas cuantas alusiones en los libros de Perlasca. Su nombre en algunas cartas cruzadas entre Sanz Briz y los supervivientes de aquel invierno. Sé que tenía un hijo, Gaston, con el que se refugió en la embajada y que también ayudó en los salvamentos. Unas cuantas fotos, pero ninguna de aquel Budapest. Su cuerpo delgado y su mirada vivaracha inducen a corroborar la obstinada energía que puso en sus actos. Hablaba varios idiomas y su carácter tendía a la reserva, según personas que la trataron después de la Guerra. Nada sé de *monsieur* Tourné, que probablemente desaparecería antes de todo aquello. Ya no hay demasiadas personas vivas en el mundo que hayan conocido a madame Tourné. Aún lograré hablar con una de ellas, cuando llegue a Budapest. Un hombre enfermo y confuso, que apenas recordará inciertas menudencias. Como otras veces la imaginación podría hacer el trabajo. ¿Pero qué trabajo, exactamente? A veces la llaman, incluso, la «imaginación creadora». ¿Qué crea? ¿Esto que yo podría crear ahora mismo? El lector comprenderá enseguida que tengo hilos de donde tirar. Son cortos, pero de una potencialidad exuberante. Era francesa. No digo más. La secretaría judía de un diplomático en la Europa del peor pogromo conocido. Cada palabra de esa última frase arrastra miles de historias que piden su rescate como almas en pena. Y la etimología, nunca olvides esa logia: secretaria viene de secreto. Vivía sola con su hijo, en una ciudad en guerra. Un poco de acción iría bien aquí: una mujer de algo más de cincuenta años, ya gastada pero aún bella, corre del brazo de su hijo por la calle Eötvös, tratando de alcanzar el portal de la legación española, mientras los letales aviones soviéticos anticipan el amanecer. Alguien, una tarde, dijo que madame quería mucho a Gaston, incluso demasiado: qué mina ambigua en el adjetivo. Y la hermosa caligrafía de su asentimiento al Caudillo: en Elisabeth las dos últimas letras están bailando un vals, lentísimo, por supuesto, y esto es Centroeuropa en llamas y el vals vira en chirrido de tanque, y todo europeo sabe que el lugar del Danubio azul de sangre no fue Viena sino Budapest.

Madame Tourné fue la encargada de llevar a Viena el archivo de la legación española. Salió de Budapest un domingo y recorrió los inciertos 250 kilómetros, en carreteras de hoy, que separaban la capital húngara de Viena. La valiente mujer cumplía la primera parte de la orden del ministro Lequerica que constaba de un importante telegrama de octubre:

> Ante situación militar queda autorizado a tomar las medidas que considere oportunas para poner a salvo archivos y efectos Legación preparándose para que si la ocasión de peligro inminente llega pueda entregar gerencia Legación a Representante Suecia previa consulta a este ministerio retirándose a Viena luego.

El peligro inminente era la conquista soviética de Budapest y el telegrama de Lequerica una autorización explícita de la que acabaría siendo la irremediable conducta de Sanz Briz.

34

El mismo domingo, 15 de octubre de 1944, en que madame Tourné partía hacia Viena, los nyilas húngaros daban el golpe de Estado que acabaría poniendo el poder en manos definitivamente nazis. En los días previos Sanz Briz había ido informando a su gobierno de los progresos soviéticos y también de la inminencia del golpe. Tres días después enviaba la primera crónica de los hechos:

> Pasado domingo esta capital fue dominada por elementos partido Cruz flechista incitados (?) [por] Alemania. Emisora de Radio fue ocupada por ellos, publicando órdenes contrarias Regente de Hungría. Anoche Emisora de Radio publicó nueva disposición Regente de Hungría ordenando tropas continúe lucha contra Rusia. Creo se trata de orden apócrifa. Es casi imposible obtener noticias exactas por haber gran tiroteo en la calle. Ha recomenzado enorme persecución judíos a los que se asesina a cientos. Parece que varias divisiones húngaras han abandonado frente y se dirigen a Budapest a liberar Regente de Hungría. Situación Budapest completamente caótica.

Ese mismo día el gabinete del ministro Lequerica incrustaba entre la metralla de los telegramas esta línea, sin saber cuándo llegaría a Budapest:

Adela tuvo niña felizmente. Enhorabuena. Sol.

Era su segunda hija, Paloma, concebida en el Budapest aún alegre. De su crónica al ministro destacaban las dudas sobre el futuro del regente de Hungría, que pronto quedarían aclaradas con su marcha al exilio, y la alusión a las nuevas matanzas de judíos. Respecto a la suerte de estos últimos el ministro Lequerica estaba a punto de completar una acelerada transformación, cuyo fundamento resumía perfectamente el siguiente telegrama del embajador español en Washington, Juan Francisco de Cárdenas, del 20 de octubre de 1944.

Representante Congreso Judío mundial me ha visitado para pedirme si es posible que nuestra Legación en Budapest extienda protección a mayor número de judíos perseguidos en la misma forma que asegura lo hace Suecia que me dice que envió un delegado especial Mr. Wallenberg autorizado por su gobierno para extender documentos de protección concentrando sus protegidos en edificios que se consideran anejos a la Legación de Suecia en Budapest.

El ministro Lequerica no tardó en reaccionar, enviando precisas instrucciones tres días después a Sanz Briz. Su prosa era como una alfombra.

Embajador Washington a petición representante Congreso judío mundial ruega se extienda protección a mayor número judíos perseguidos. Sírvase V.E.: informar en qué forma se puede atender a lo solicitado con mayor espíritu de benevolencia y humanidad y tratando de buscar soluciones prácticas para que la actuación de esa Legación resulte lo más eficaz posible y abarque en primer lugar a los sefarditas

> de nacionalidad española, en segundo lugar a los de origen español y finalmente el mayor número posible de los demás israelitas.

Sería un esfuerzo de melancolía inútil recordar de nuevo, a la vista de ese telegrama irrevocable, quién había sido, minutos antes, el germanófilo Lequerica. El telegrama lo firmaba el interés de Franco y por el interés de Franco empezó Sanz Briz a actuar resueltamente en defensa de los judíos húngaros, ante cuya suerte ya había manifestado, de todos modos, una compasión humanísima y un sincero deseo de ayuda. En defensa de todos los judíos húngaros, por cierto. Las instrucciones del ministro ensanchaban la retórica sefardí, el decreto de Primo de Rivera y demás zarandajas míticas e instaban al joven diplomático a actuar con prontitud y eficacia en la protección de cualquier perseguido judío, fuera cual fuera su grupo o nacionalidad. Sanz Briz contestó rápidamente al ministro que en Hungría no había sefardíes y que la única fórmula de protección eficaz de los perseguidos era la de proveerlos de pasaportes españoles. El 27 de octubre el ministro autorizaba sus planes, y con entusiasmo:

> Muy urgente. Apruebo fórmula me propone poniendo el mayor empeño en que la protección sea eficaz y autorizándole ampliamente para hacer lo necesario para ello.

Al tiempo que autorizaba ampliamente a su embajador en Budapest, Lequerica escribía una larga carta a su embajador en Washington. Empezaba así:

> Desde hace tres años España viene accediendo reiteradamente y con la mejor buena voluntad a cuantas peticio-

nes presentan comunidades judías habiendo dado ello lugar a enérgicas intervenciones no solo en Berlín, sino en Bucarest, Sofía, Atenas, Budapest, etcétera, con desgaste evidente de nuestras representaciones diplomáticas y llegándose en algunos momentos a discusiones enérgicas por defender nosotros esos intereses.

En el mejor de los casos se trataba de una hipérbole degenerada. «Enérgica» no podía ser, en ningún aspecto, el adjetivo que cuadrara a la política española ante los nazis. Los testimonios no indican, por ejemplo, que la actitud de las autoridades españoles ante el sufrimiento de los judíos griegos fuera más allá de la resignación, pese a los esfuerzos del embajador Radigales. La posibilidad de que la diplomacia española desplegara una actitud enérgica en Berlín roza lo cómico, aunque eso no quite méritos al valor, la piedad y el sentido común desplegados por el embajador Ginés Vidal. En cuanto a Budapest, el despliegue de la energía había comenzado 24 horas antes. Esto era el resultado lógico de las relaciones de fuerza establecidas entre una potencia y un país secundario y de las concomitancias ideológicas entre nazis y franquistas que solo el principio de realidad, crudamente formalizado en la derrota y la destrucción, acabó diluyendo. Sin embargo, Lequerica no tenía bastante con exagerar:

> Gracias a estas gestiones numerosos israelitas de Francia han podido pasar nuestra frontera y continuar su viaje donde desearan, otros se han visto eficazmente protegidos durante todo el tiempo en Francia, Holanda y otros países.

La mención a Francia era moralmente dudosa. Aunque bien podría justificarla Lequerica aludiendo al encabezamiento, «desde hace tres años», de su telegrama. Porque cuatro años antes era el embajador de España en Francia. Y, respecto a la suerte de los judíos que reclamaban asilo en los consulados, había sido capaz de segregar esta prosa enroscada, dirigida a su cónsul en París Rolland de Miota:

> El Gobierno español no puede poner dificultades, aun en sus súbditos de origen judío, para evitar se sometan a medidas generales, debiendo únicamente darse por enterado de estas medidas y en último caso no poner inconvenientes a su ejecución conservando una actitud pasiva.

La actitud de Lequerica, como la actitud global del gobierno de Franco, estaba motivada por poco más que el oportunismo y la necesidad de supervivencia. Cuando salvaba judíos y cuando los dejaba a su suerte. A los pocos días de dar esa instrucción a su cónsul, el 20 de noviembre de 1940, Lequerica era el anfitrión en la embajada de una reunión a la que asistieron el entonces ministro de Exteriores, Ramón Serrano Súñer, el embajador alemán Otto Abetz y el propio De Miota. En esa reunión Serrano sostuvo, contrariando la instrucción de Lequerica a De Miota, que sus súbditos debían quedar fuera de la normativa antijudía decretada por las autoridades francesas.

Los hechos posteriores mostrarían unos resultados ambivalentes. Es cierto que, por una parte, a los judíos españoles se les permitió prescindir de la estrella o de la obligación de registrarse en los consulados. Pero los archivos están repletos de comunicaciones que los consulados españoles de Francia enviaban a la embajada y donde se refleja la angustia de tantos judíos que pedían una protección que nunca llegó. El caso del matrimonio Rosanes. Y la carta estremecedora de su hija Elisa de diecinueve años dirigida a una autoridad española sin identificar, tal vez el mismo embajador Lequerica:

> En Mayo-Abril del año en curso, el Consulado de Niza aconsejó a los sefarditas españoles, comunidad a la cual pertenecemos, la conveniencia de trasladarse a España mientras duraran los acontecimientos actuales. Pero, no poseyendo mis padres bienes de fortuna en España y ante la imposibilidad de poder sacar de Francia por medios legales un capital suficiente para poder atender a nuestras necesidades durante un lapso de tiempo indeterminado y no queriendo recurrir mi padre, para exportar una parte de su capital, a ciertos medios que a él repugnaron, decidimos permanecer en Niza con la creencia que nuestra vida, clara y limpia, apartada en absoluto de toda actividad, debería ser garantía suficiente para no temer los acontecimientos eventuales que pudieran presentarse.
>
> [...]
>
> El día 22 del corriente por la tarde, se presentaron en nuestro domicilio fuerzas de policía alemana quienes se llevaron a mis padres bajo un pretexto que ignoro y desde esta fecha no he podido saber nada más de ellos, encontrándome desde aquel momento completamente sola y sin espera de otra protección que la que quieran prestarme los representantes de mi patria. Inmediatamente de ocurrir el hecho señalado, advertí al Señor Cónsul de Niza y sé que el digno representante de nuestro Gobierno en esta hizo gestiones pertinentes al objeto de obtener la liberación de mis padres o que se le indicara el motivo de la medida tomada contra ellos. Pasados más de ocho días desde aquella fatídica fecha y no pudiendo lograr nada más en sus gestiones el Consulado de Niza, según me comunica verbalmente, me atrevo a recurrir a V.E. rogándole que tenga en consideración que soy

todavía menor de edad, que no tengo otro sostén que el de mis padres y que me encuentro sola y desamparada y sin querer cansar a V.E. expresándole toda la congoja y el dolor que me atormenta.

SUPLICO

atentamente a V.E. se digne interceder por nosotros recabando de las autoridades alemanas que me devuelvan mis padres ya sea dejándolos volver a nuestra casa de Niza o bien que podamos marcharnos juntos a España.

El matrimonio Rosanes murió en Auschwitz.

35

Quizá murieran al caer el sol. Ya dicen que los nazis eran unos estetas. En el número 25 de la calle Szpitalna de Cracovia hay un cartel que invita a hacer turismo en Auschwitz. El reclamo es la belleza del crepúsculo, como en tantos lugares que debes ver antes de morir. Incrustada la foto entre otros atardeceres proyectados sobre el Taj Mahal, la Torre Eiffel, la pirámide de Gizeh o el Duomo florentino, da la talla. Y me quedo corto, porque en realidad Auschwitz supera a sus pares. Al fin y al cabo, el crepúsculo sobre la Torre Eiffel solo añade una belleza lumínica, una cierta enfatización de las formas. Pero, ah, en Auschwitz el crepúsculo es semánticamente redondo. La muerte del día es la muerte. Y el rojo es el rojo apocalipsis. En realidad, viendo el crepúsculo sobre Auschwitz estoy a punto de creer que los realmente obscenos son los otros. Por no hablar de la cursilería: ¿quién podría decir que el crepúsculo sobre el campo es puramente *kitsch*?

Uno de los peligros más letales de la ironía, y su tentación más irresistible, es dejarse convencer por ella. Pero sobrevivo. No, no me parece moral que las torres de Auschwitz sean tratadas retóricamente como la Torre Eiffel, y hay que vomitar sobre ese crepúsculo, y así lo hago en las letrinas de Ulica Szpitalna. Pero una vez limpio y refrescado conviene preguntarse si demasiado vómito no lleva a la claudicación de considerar que Auschwitz no puede representarse. Todo parte, naturalmente, del equívoco de Adorno. No solo se puede escribir después de Auschwitz, sino que se debe. En realidad, de qué otra cosa puede escribir un hombre después de Auschwitz.

36

A partir de los últimos días de octubre, y ampliamente autorizado por su ministro, Sanz Briz se puso a expedir pasaportes de salvación con la ayuda de madame Tourné. De los dos, solo ella tenía práctica. A primeros de noviembre las gestiones del embajador ya habían dado fruto, con la provisión de pasaportes a los primeros cien judíos. Y, sobre todo, con la protección de unos quinientos niños eslovacos, cuya entrada en Tánger había autorizado anteriormente el gobierno español. Con una intención política transparente el joven diplomático aconsejaba a su ministro que diera cuenta a la embajada de Washington de este último hecho.

La seguridad de los judíos no era su única preocupación. Estaba la suya propia. Los bombardeos soviéticos eran cada vez más devastadores. El 4 de noviembre una tremenda explosión volaba el célebre puente de Santa Margarita, sobre el Danubio. Según el telegrama de Sanz Briz, la explosión, que causó un gran número de muertos y heridos, había sido provocada por un soldado alemán que estaba colocando minas. La conmoción en la ciudad fue definitiva. Pocas horas después de informar al gobierno de la destrucción remitía, ya entrada la noche, un nuevo telegrama:

Las fuerzas rusas se encuentran ya en los arrabales de esta capital. Creo tendré que utilizar muy pronto autorización concedida telegrama V.E. [número] 80.

37

El telegrama a Lequerica de su embajador en Estados Unidos, Juan Francisco de Cárdenas, que tan vívidamente había subrayado el cambio de actitud del gobierno español ante la salvación de los judíos, incluía un nombre que el tiempo acabaría deshaciendo en la boca, como cualquier mito. Wallenberg. Raoul Wallenberg. El hijo de una familia de banqueros suecos, enviado a Budapest por el gobierno de su país, que se convertiría en el símbolo de la operación humanitaria emprendida por las naciones neutrales y en el símbolo también de la colusión de los totalitarismos: pese a luchar denodadamente contra los nazis fueron los comunistas los que lo mataron en una fecha y circunstancia que aún no han podido determinarse con claridad. Wallenberg llegó a Budapest a mediados de 1944. Llevaba una pistola, un traje deportivo, un *smoking* y una larga gabardina. Era un hombre convincente y atractivo y rápidamente se rodeó de un pequeño grupo de colaboradores incondicionales. Entre ellos estaba su chófer, Jorge. Sazbó o Szel, según se tratara de la novela o la vida.

> El ingeniero Jorge Sazbó se hallaba exento del servicio militar porque su fábrica era de interés bélico. Por un lado se sentía feliz; era recién casado y podía permanecer junto a su esposa, la dulce Eva.

Fui a hablar con Eva. Ya había cumplido los ochenta y seis años. No solo vivía en el barrio de Salamanca, sino en la misma manzana de casas de la familia Sanz-Briz. No pude comprobarlo, pero es probable que pudieran verse a través de las ventanas que daban a la enorme cuadrícula interior. La coincidencia me agarrotó por un momento, pero me libré violentamente del zarpazo novelesco, y la rebocé en insultos, a la Deplorable. *Eva* era Elisabeth Szel.

—¿Su marido era *Jorge*?

—Jorge Szel. Y por eso me he quedado de nombre Szel. Porque fue mi primer marido.

Quizá fue una mujer dulce, y quizá aún lo fuese. Pero no había duda de que seguía siendo muy bella. Su delgadez rubia cojeaba con una gran elegancia. La cadera. A Mercedes Redondo la operarían por esos días de lo mismo, voceaba resentida la deplorable, ya largándose. En el año 1961, la señora Szel publicó *Operación noche y niebla: el caso Wallenberg*, uno de los primeros libros que se escribieron sobre el diplomático sueco. Lo escribió en húngaro y el que ya era su marido, el director y productor de cine Leon Klimovski, lo tradujo al español. Klimovski, por cierto, estuvo en el origen de cientos de películas. Ninguna de ellas sobre Wallenberg.

—Qué extraño. Tenía el guion en casa.

—Sí. Pero entonces nadie sabía quién era Wallenberg y nadie quiso pagarla.

Operación noche y niebla incluye la habitual llamada previa a los lectores:

> Esto que vais a leer es una novela; casi diría que una novela de aventuras. No se me ha ocurrido mejor manera de contar los hechos transcurridos en un año, un año espantoso [1944], en Budapest. Pero los hechos que se narran en esta novela son todos —sin excepción— hechos reales.

Querría haber pasado varias tardes con la señora Szel resiguiendo con el dedo de su memoria las líneas de *Operación noche y niebla*, novela.

—Podemos hacerlo. Yo no escribiré mis memorias. No me gusta. Es tan vulgar. Todo el mundo tiene memorias. La edad hace las memorias. No se necesita ningún otro talento.

Wallenberg era otro margen del libro y por el momento debía aplazar mis tardes con la señora Szel. Sin embargo, tuvo la amabilidad de dejarme ver seis folios veraces que había escrito años antes sobre el diplomático sueco: *El chico que quería ser héroe*.

> El joven Raoul no era buen bailarín y prefería charlar largamente con las muchachas, a las que gustaba de exponer sus ideas: «La chica que sabe escuchar —decía— es siempre la más inteligente». La actriz Viveca Lindford, más tarde casada con Tyrone Power, decía que Raoul era un joven «demasiado serio y demasiado tímido».

En la novela, por el contrario, el personaje subía como la cerveza. Me llamó la atención que Wallenberg se comportara en ella como Perlasca escribía que se comportaba Perlasca: con carisma y energía, con gran autoridad, arrancando prisioneros judíos de las marchas de la muerte a través de las heladas carreteras que llevaban a la deportación. Como a Perlasca también parecía bastarle a Wallenberg la frágil invocación diplomática de los países neutrales y un obsesivo valor. Había en la descripción de sus actividades algo mágico y pueril: sus miradas bastaban para desarmar a la bestia nyila y hacer volver a los desamparados judíos a casa. Wallenberg jugaba sin embargo con ventaja: hablaba alemán e incluso algo de húngaro. Lo de Perlasca, que solo hablaba italiano y español, era mucho más grande y meritorio.

38

En su abrasador invierno húngaro Sanz Briz seguía reducido a la rutina de sus telegramas y despachos con las autoridades, sin que trascendiera el presunto efecto liberador y mágico de su mirada. Una vez seguro de la voluntad protectora de su gobierno endureció su actitud ante los dirigentes nazis locales. El cambio de tono podía apreciarse en sus notas verbales, que publicó en 2010 la investigadora Erzsébet Dobos en el libro *Salvados: documento y memoria sobre la protección española en Budapest durante el Holocausto.* Algunas de esas notas ofrecían una visión dramática y realista sobre los límites de la protección ejercida por los países neutrales, muy alejada de la ficción caballeresca:

> La embajada de España comunica con gran pesar al ministerio de Asuntos Extranjeros que, no obstante la garantía del Gobierno Real de Hungría, muchos poseedores de pasaportes españoles o de *Schutzbrief* emitidos por la misma embajada han sido arrestados. Las autoridades húngaras han llevado a cabo dichos arrestos de malas maneras y han destruido, en muchas ocasiones y delante de los ojos de los interesados, los documentos de protección destruyendo así los únicos documentos que probaban el estado de protección. La embajada de España protesta decididamente contra tales

hechos que constituyen una violación de las promesas del Real ministerio a la embajada.

En notas y comunicaciones posteriores Sanz Briz insistía en la dificultad de cumplir con la misión encomendada: muchos de los judíos protegidos por los españoles no podían recibir su pasaporte porque los nazis los obligaban a cambiar de casa con frecuencia o ya los habían enviado a campos de concentración. Un telegrama del 9 de noviembre resumía con desolada perfección las circunstancias:

> Se ha acentuado el terror antijudío. Se ha decidido la deportación a Alemania de todos los judíos que quedan en Hungría. Los hombres útiles serán transportados a pie, las mujeres, ancianos y niños en tren. Se teme por la vida de todos ellos. A pesar de las reiteradas promesas del gobierno húngaro, los milicianos no respetan a los judíos en posesión de pasaporte español, ni de otros países. Los actos de crueldad son innumerables.

La prosa era telegráfica, pero su poder de convicción indiscutible. La actividad de protección de las embajadas neutrales quedaba muchas veces en un noble intento. Pasaportes rotos y deportación sin remedio. El invierno de Budapest pasó a la historia por la actividad humanitaria de un puñado de diplomáticos; pero fue tortura y muerte, y algo de vida esporádica que dependía del cambiante estado de ánimo de la burocracia. El gobierno húngaro utilizaba la suerte de los judíos para forzar el reconocimiento diplomático. El gobierno español daba largas. Argumentaba que la continuidad de Sanz Briz en Budapest era prueba de que no había habido «en ningún momento ruptura ni discontinuidad»; pero al mismo tiempo había decidido que no trasladaría la legación a Sopron, una localidad del oeste donde los desesperados nazis planeaban instalar las representaciones extranjeras y buena parte del propio personal político gubernamental, a causa de la cercanía de las tropas soviéticas. El traslado habría sido una prueba de complicidad y de ahí que los nazis húngaros presionaran con él, amenazando incluso con derogar el convencional estatuto de extraterritorialidad de las embajadas.

A pesar de las crecientes dificultades, Sanz Briz avanzaba. A mediados de noviembre comunicaba a Lequerica que había extendido pasaportes provisionales a trescientos judíos con familiares en España y cerca de dos mil cartas de protección a todos aquellos que habían podido demostrar un vínculo español cualquiera. Su soledad diplomática aumentaba. El ministro suizo, Maximiliam Jaeger, había abandonado la ciudad, dejando acreditado al diplomático Feller, y el embajador danés había regresado a Copenhague tras recuperarse en un hospital de las heridas que le habían causado un grupo de nyilas al robarle su coche oficial. La soledad se contrarrestaba, sin embargo, con el valor y la fidelidad del personal de la legación. Durante una visita al ministerio de Asuntos Extranjeros, que tenía por objeto la presentación de una protesta oficial por el trato vejatorio que los nyilas estaban dando a los protegidos españoles, Sanz Briz arrancó del ministro una decisión de la que daba cuenta formal en un telegrama:

> Ayer por la mañana quedó cumplida Orden de V.E. Este ministro de Negocios Extranjeros me dijo que lamentaba los hechos acaecidos de los que eran responsables los milicianos del partido, a quienes continuamente se exhortaba a respetar la documentación extranjera. A modo de excusa añadió que lo mismo había ocurrido con otras Legaciones y no solo con

> la de España. En mi presencia telefoneó a la persona encargada de las deportaciones y le ordenó destacar un oficial que, acompañado de un empleado de esta cancillería, se dedicase a recoger judíos españoles de la interminable caravana que a pie se dirigía hacia la frontera alemana. Este gobierno está completamente desbordado y es incapaz de hacer respetar sus órdenes. Lamento comunicarle a V.E. que la mayor parte de la población de Budapest espera impaciente la llegada de las tropas rusas, cuya actitud no podrá ser peor a la adoptada por los actuales gobernantes.

La franqueza del diplomático resultaba conmovedora. Lamento comunicarle, señor ministro, que los bolcheviques no serán más infames que los nazis. Para alguien que había luchado contra ellos y que ahora servía a un gobierno que los consideraba su principal enemigo, el párrafo no debió de resultar fácil. Pero lo más importante era la alusión a las caravanas de judíos y a la intervención humanitaria de la legación española. En efecto, a pesar de las apariencias Sanz Briz no estaba solo.

39

El empleado de la cancillería que iba a ir a rescatar judíos de las marchas era el abogado Zoltán Farkas. Acompañado de un comisario de la policía húngara, Nándor Batizfalvy, que resultó siempre un aliado eficaz de las delegaciones, Farkas emprendió el helado camino hacia Hegyeshalom, la última ciudad antes de la frontera austríaca. El camino, de unos 150 kilómetros, atravesaba Piliscsaba, Komárom, Györ, Gönyü, Dunaszeg y Mosonmagyaróvá. La legación española tenía informaciones muy precisas sobre la ruta y el destino específico de sus protegidos. En la nota verbal que Sanz Briz transmitió al ministro de Asuntos Extranjeros se hacía constar que «nuestros protegidos estaban hoy entre Komárom y Györ».

Desde mediados de octubre la policía húngara había empezado a llamar a las puertas marcadas con la estrella y a llevarse hombres y mujeres en edad y condiciones de trabajar. En la frontera austríaca del Reich se estaban construyendo fábricas de armamento, por lo general subterráneas, que necesitaban miles de trabajadores. Los judíos de Budapest eran la mano de obra elegida. Las marchas deberían hacerse a pie porque el transporte se había venido abajo. A finales de noviembre, Veesenmayer, el representante del Reich en Hungría, declaró que un total de treinta mil judíos habían sido trasladados. Sobre ellos, como sobre tantos otros, escribió Raul Hilberg (*La destrucción de los judíos europeos*, 1961) el epitafio:

> En los contingentes de trabajo el desgaste fue extraordinariamente alto. Durante la retirada, los soldados del Eje los mataban y finalmente gran número de ellos fueron conducidos a pie a Mauthausen y más hacia el oeste, a un campo de Gunskirchen, a las afueras de Wels, en Austria. Cuando las fuerzas estadounidenses se aproximaban a Gunskirchen, el 4 de mayo de 1945, un fuerte hedor las envolvió. El terreno estaba «batido hasta alcanzar una consistencia de masilla caliente formada por el molido de miles de pies, barro mezclado con heces y orina». Esqueletos vivientes, todos con el mismo aspecto y «locos» de hambre, recibieron a los estadounidenses con «vítores, gemidos y gritos». Algunos estaban comiendo el esqueleto crudo de un caballo que llevaba muerto varios días. Liberados, siguieron «muriendo como moscas». Y ese fue el fin de los caminantes.

Uno de esos caminantes que cayó, aunque las circunstancias de su muerte nunca pudieron precisarse, se llamaba Arthur Leitman y fue arrancado de Budapest por la policía, pocos meses después de que naciera su segundo hijo, una niña de nombre Eva. Su esposa, Katharine Bohrer, sí pudo acogerse a la protección española. Había demostrado documentalmente que su madre tenía un negocio en Madrid; en concreto un restaurante de cocina húngara en la calle Jardín. Mucho tiempo después, cuando estaba a punto de cumplir los setenta y nueve años, Katherine Bohrer fue entrevistada para los archivos de la Shoah Foundation, de California. Su testimonio incluía algunos detalles desconocidos sobre la actividad de Sanz Briz:

> Mientras estaba en la casa protegida me quitaba la estrella amarilla e iba con Sanz Briz a los campos de trabajo [...] No me daba cuenta de que iba a salvar a gente mientras yo misma estaba en peligro. Íbamos a la carretera estatal, por donde pasaba la marcha de la muerte. Él sabía a donde habían llevado a la gente. [...] Se bajaba del coche diplomático —era muy importante ir con ese coche— y decía: «Estos son mis protegidos». Y los sacaba de la marcha, ¿comprende? Era increíble que pudiera hacer eso [...] Sanz Briz hablaba muy bien el francés. Decía: «Kati...». Y yo les decía en húngaro: «Di que tienes parientes en España y así podrás subir al coche del diplomático».

El testimonio de la señora Bohrer era importante porque describía un Sanz Briz inédito, fuera de su despacho en la legación e implicado directamente, con la ayuda de una refugiada, en la mecánica del salvamento. Ningún otro testimonio lo describía así. La señora Bohrer había muerto, pero su hija Eva Leitman vivía en Madrid. Su actitud me pareció ejemplar.

—No sé qué decirle. Conocía esa parte del testimonio de mi madre. Siempre me pareció raro. Que se metiera en el coche de Sanz Briz y lo acompañara a las marchas... Hummm... Mi madre tenía una punta de fantasía...

—¿Le habló alguna vez de eso?

—No, pero es que mi madre no me habló casi nunca de nada. El Holocausto nunca fue un tema en mi casa. Cuando la conversación lo rozaba se pasaba a otro asunto.

—Es muy común.

—Así es... Pero, en fin, mi pobre madre... Igual era verdad lo que contaba y yo la estoy haciendo pasar ahora por una fantasiosa.

Puede haber dudas de que Katherine Bohrer saliera a la

carretera. E incluso de que lo hiciera Sanz Briz. Pero no hay dudas de que Zoltán Farkas era el consejero jurídico que junto al comisario Batizfalvy salvó un puñado de hombres entre Komárom y Györ. Y creo que no solo entre Komárom y Györ.

40

Viena, 27 de noviembre de 2010

Querido Arcadi:

La noche pasada debió de ser muy fría en Viena. Y nevó. Por la mañana, apuntaba el sol y los tejados goteaban. Había que andar con cuidado porque los golpes de viento hacían caer pedazos de nieve sobre las aceras. Janos Farkas vive en el barrio de Landstraße, en una pequeña plaza llamada Sebastianplatz, cercana a mi hotel. En el camino me topé con dos impresionantes búnkeres, casi intactos. Quedan algunas casas con empaque imperial en el barrio, pero la profusión de bloques funcionales, propios de los cincuenta, indica que la zona quedó arrasada por los bombardeos de la segunda guerra. En la plaza el edificio más interesante es donde tiene su piso el único hijo de nuestro Zoltán.

Janos habita en uno de los bajos. Imaginaba la cara seria y de determinación del hombre de negocios que se ha sacrificado duramente para no deberle nada a nadie. El que abrió la puerta era un hombre afable, con el pelo cano y boscoso de las gentes del este. Me tendió la mano, dejó el cigarrillo sin encender sobre la mesa y se puso a buscar algo ansiosamente en un secreter. Era el mechero. Pese a su amabilidad Farkas parecía cansado.

La casa es amplia y luminosa. Hay pocos muebles, y se mezclan los de buena y antigua madera con los de Ikea. Farkas me condujo a un salón. Tenía preparados muchos papeles viejos. El primero, y el que quizá le pareciera más importante, era una carta de agradecimiento a su padre firmada por varios ciudadanos húngaros. Y luego la partida de defunción. Mientras hablábamos empecé a fotografiarlo todo.

Su mujer murió hace tres años, y él entró en una gran depresión. Me avisó de que no puede hacer nada que le canse. Nada. Tiene doble nacionalidad, austriaca y húngara, pero no la española, pese a que su nombre constaba, cuando niño, en las listas de protegidos de Sanz Briz.

Nadie, fuera de su hija, que vive en América, le ha preguntado nunca por su padre. No conoce ninguna historia. Ni la de Sanz Briz, ni la de Perlasca. Nunca leyó un libro o vio película alguna sobre el Budapest del 44. Toda la gente que conoció a su padre está muerta. Janos me enseñó una foto de Zoltán. El día de su boda, con la baronesa Marie-Therese Pitner. Él conoce vagamente que su padre tuvo un comportamiento admirable con los judíos. Dijo alegrarse, pero no pudo añadir nada al respecto. Más parecía saber su propia hija, cuando en la larga pesquisa hasta localizar a su padre me había escrito: «It can indeed be said that my grandfather saved a lot of lives!, but that's a story my father can tell far better than I can».*

Como sabemos Farkas era un apreciable escultor. Eugenio Suárez habla de una de sus lápidas colocada en una calle de Budapest. Su hijo me enseñó una de las esculturas que guarda: la delicada cabeza de una muchacha.

* 'Desde luego puede decirse que mi abuelo salvó muchas vidas, pero esa es una historia que mi padre puede contar mejor que yo.'

La conversación dio poco más de sí. A la hora de despedirme quedé en mandarle una foto de la lápida esculpida por su padre que está en el centro de Viena.

Freyung, la calle donde está la lápida, cae muy cerca de la catedral. Me costó localizar el número 6, que se encuentra en una esquina, al lado de una iglesia. En el primer patio, amplísimo, está la lápida, dedicada a Franz Listz, que vivió allí cuando recalaba en Viena. Parece ser una donación de la ciudad de Budapest.

Enseguida se me echó la tarde encima. La ciudad se cerraba. La cola en la Albertina era pavorosa, entrar en la Demel, imposible y el Bräunerhof estaba cerrado. Ni siquiera resistía el acogedor restaurante que había frente al hotel. Me habría entristecido recurrir al servicio de habitaciones para cenar algo, así que decidí matar el rato en el Hawelka, donde solo se puede beber. A un lado, un joven artista enseñaba su obra a un hombre mayor, de apariencia bohemia, con quien trataba en inglés. Al otro lado parloteaban dos chicas jóvenes. Abrí el ordenador y tecleé el parte de defunción de Zoltán Farkas. Luego salí buscando el Burgtheather y acabé cenando en un café precioso, averiado por una enorme pantalla donde peleaban dos equipos menores de la liga de fútbol española. Como es natural pedí un Wiener Schnitzel, que como ya sabe era el plato preferido de Aly Herscovitz.

Un abrazo,

Sergio Campos

41

El 17 de noviembre Sanz Briz daba cuenta del primer resultado obtenido en la carretera: la liberación de 71 judíos de un campo de concentración cercano a Budapest. El telegrama subrayaba que muchos de ellos no habían comido en tres días. Era verosímil. Los integrantes de las marchas de la muerte recorrían los 150 kilómetros hasta la frontera en seis o siete días. Y disponían a lo largo del camino de cuatro raciones de sopa. El 21 de noviembre Sanz Briz comunicaba la liberación de otros treinta. En el telegrama, escrito a lápiz, un alto cargo del ministerio, tal vez el propio Lequerica, daba órdenes de que se informara a Londres y a Washington de las operaciones.

Es probable que los países neutrales, que semanas antes se habían reunido a petición del nuncio Rotta y que habían vuelto a exigir el fin de las atrocidades, estuvieran en el origen de la decisión que el gobierno húngaro anunció unos días después. Así la explicaba Sanz Briz a su gobierno:

> Este Ministro de Negocios Extranjeros ha reunido Representantes países neutrales dando lectura a un memorándum explicando [la] manera [como] este Gobierno va a resolver el problema judío. Los judíos protegidos por los países neutrales serán concentrados en un gueto especial hasta el

> momento de su traslado a los países protectores. Se les permite pasear por la calle del gueto de ocho a nueve de la mañana. Los no protegidos y hábiles para el trabajo serán «prestados» a Alemania. La suerte definitiva será resuelta al final de la guerra. Los demás quedarán concentrados en un gueto. Se señalan algunas excepciones para los judíos que han prestado servicios especiales a la patria y para los sacerdotes cristianos de origen judío.

Cuando leí este telegrama de Sanz Briz la investigación estaba ya algo avanzada. Hasta entonces yo tenía una idea meramente popular sobre el alojamiento de los judíos en casas especiales. La creencia, resumida, era que diplomáticos de los países neutrales alquilaban pisos por su cuenta y concentraban allí a los perseguidos, exhibiendo en las fachadas carteles relativos a la extraterritorialidad para que los edificios fueran considerados una prolongación de las embajadas. Su decisión habría sido autónoma y desvinculada de todo acuerdo con los nyilas.

La creencia estaba fundamentada, sobre todo, en la actividad de Wallenberg, que sí había alquilado algunas casas en verano, al poco de llegar a Budapest. Lo confirmaban sus informes y las memorias de algunos de sus ayudantes. Pero la actividad de la embajada sueca no podía compararse con ninguna otra. Respecto al caso concreto de la legación española estaba Bedoya. Y este sorprendente párrafo de sus memorias:

> Propuse como solución inmediata que se siguiera la experiencia positiva de algunos países durante la persecución de los nacionales en el Madrid rojo, países que fueron abanderando edificios por sus representaciones diplomáticas para acoger en ellos a los perseguidos en calidad de refugiados.

¿Quién no recordaba en este mismo orden de cosas la actuación en el Madrid rojo del cónsul de Cuba, Estalella; del cónsul general de Noruega, Böhrj; del embajador de Chile, Núñez Morgado; y de tantos otros diplomáticos de diversos países que abanderaron edificios para acoger refugiados?

La «solución inmediata» no se quedó en una propuesta, sino que según la narración de Bedoya fue inmediatamente ejecutada después de que él se reuniera con Franco en El Pardo. Y no simplemente ejecutada, sino ejecutada con la explícita condición de que a cambio los soviéticos, una vez conquistada la ciudad, garantizaran la vida, la hacienda y la dignidad de los miembros de la legación española. Y es que un contacto judío del infalible Bedoya había llegado a lo más alto del poder soviético:

> Stalin, según se me dice —le explicaba Bedoya a Franco—, ha prestado su conformidad, y ha señalado a Lázaro Kaganovich, afiliado al Partido Comunista desde 1911, para que salga fiador de sus hermanos de raza, asegurando que una reducida unidad móvil, muy especializada, entrará con las vanguardias en Budapest, a fin de salvaguardar las personas y los bienes de los diplomáticos españoles y de sus familias así como a todos los judíos refugiados en nuestros edificios.

Es decir, España salvaba a los judíos y estos aseguraban, Stalin mediante, que los soviéticos, los primeros enemigos del franquismo, iban a comportarse de aquel modo cortés y admirable, y sobre todo especializado. Las hipérboles de Bedoya («tenía un concepto muy elevado de sus fantasías», dejó caer un mediodía su hijastra Mercedes en uno de nuestros agradables coloquios en Puerta de Hierro) no solo se desmentían a sí mismas, solo de enunciadas, como a un fantasma que le diera la luz. Por desgracia, los hechos de la conquista soviética de Budapest las desmentirían, además, de un modo dramático y radical.

En la correspondencia de Sanz Briz con su ministerio hay abundantes alusiones a pasaportes, salvoconductos y listas de protegidos. Del conocimiento de su correspondencia particular se deduce también que escondió judíos en Villa Széchenyi, su casa de la parte de Buda, y hasta en la propia legación española, lo que da idea de su noble y humanitario compromiso. Pero no hay datos sobre el alquiler de casas. Por lo que respecta a los protegidos españoles las casas entrarían en escena a partir de mediados de noviembre, coincidiendo con la decisión de los nazis húngaros de expulsar a los judíos de sus domicilios y repartirlos en un triple destino: la carretera, el gueto y el que acabaría llamándose el gueto internacional. A la primera iban a morir los hombres y mujeres aptos para el trabajo; al gueto, cerrado y cercado con murallas y torres de vigilancia, los judíos inhábiles, y al gueto internacional, esparcido en diversos bloques de casas del distrito XII de la ciudad, en la parte de Pest y al norte de la isla de Santa Margarita, aquellos judíos que contaban con alguna protección diplomática y cuya libertad de movimientos era prácticamente nula, con la excepción del breve paseo del condenado que tenía lugar entre las ocho y las nueve de la mañana. Las casas de protección eran guetos. Algo menos brutales que el gueto común. Pero guetos. Conviene repetirlo. Y los guetos, por supuesto, solo podían organizarlos técnica y moralmente los nazis.

42

Llego al campo de exterminio de Auschwitz al mediodía del 12 de agosto de 2011 y voy directamente al barracón donde guardan las fichas de las admisiones. Pregunto a la responsable por Aly Herscovitz. Pasan unos minutos, pocos, y me informa que Alma Neumanova, *née* Herscovici, llegó al campo de Auschwitz el 31 de julio de 1942, en el convoy 12, y que provenía del campo de Drancy, en Francia. No hay nada más en las fichas. Por supuesto, yo tengo esos datos desde hace mucho tiempo. Constan en varios archivos del mundo. Tengo la tentación de seguir preguntándole si sospechan qué pudo ser de ella, qué raro, cómo puede ser, una mujer que llega de viaje y desaparece, habría que iniciar una investigación, etcétera. El arduo problema a que se enfrenta el negacionismo se reduce a esta situación. Una mujer llamada Aly Herscovitz llegó a este lugar un día de verano de 1942. ¿Dónde está? Pero la archivera podría tomarme por imbécil.

Salgo del barracón. Allí estaba instalado el burdel cuando Aly llegó al campo. Es una información poco conocida, que se trata con pudor. En el barracón no hay ninguna leyenda que dé cuenta del antiguo uso y, por supuesto, tampoco hay ninguna representación de lo que allí sucedía. Es en la representación en lo que voy pensando todo el tiempo. Vuelvo, repito, lo sé. Auschwitz es irrepresentable. Adorno, el primero que lo creyó. Bien, en realidad, Adorno creía (hacía creer más bien) que Auschwitz había acabado con la representación en sí. Y Álvaro Lozano el último, en este librito que llevo de viaje, *El Holocausto y la cultura de masas* (2010). Su repugnancia, explica, cuando ve a los japoneses que se fotografían debajo del «Arbeit macht frei». Sí, acabo de verlos hace un momento. Incluso no eran japoneses. Yo mismo, también, me escandalizaba ayer en Cracovia de la turística puesta de sol sobre las alambradas. La representación puede estar más o menos afinada. Pero si hay representación habrá turismo. La cuestión, entonces, vuelve a ser la representación. A veces se decide que no la haya. Escuetamente. Los restos del búnker de Hitler, por ejemplo. Se dice que servirían al peregrinaje nazi. Un triunfo de los asesinos. El mayor triunfo de una obra criminal es hacerla irrepresentable. Lo que los haría dioses. ¡Dioses judíos! En Adorno, en realidad, late la misma unción que ante una obra de teatro cuando se dice que es irrepresentable. ¡Demasiado grandiosa! Sin embargo es difícil sostener el imperativo de la representación en el museo de Auschwitz. Esta vitrina con pelo de prisioneras. Kilos, muchos kilos de pelo, y los turistas escudriñando ese pelo revuelto como si hubiesen subido a un raro y tenebroso desván. El pelo parece de muñeca y la historia que narra un cuento gótico de terror. Problemas de colocar el crimen en una vitrina.

Luego voy hasta la Judenrampe, a medio camino entre Auschwitz, propiamente dicho, el viejo campo, y la moderna instalación de muerte de Birkenau. Hasta aquí llegaban los convoyes y al pie de la rampa se decidía con rapidez la suerte de los prisioneros, los unos a un lado, al trabajo, los otros al gas. Son cerca de las cuatro de la tarde y no hay nadie en la rampa. El único elemento de representación es un vagón en vía muerta. En los estribos del vagón hay muchas piedrecitas judías, algunas de ellas envueltas. No sé si hago bien desenvolviendo algunas. En los papeles hay nombres, fechas, signos. Como tengo que hacer una frase escribo que es un lugar donde se oye el pulso.

A dos pasos de la vía muerta se levanta un chalecito. Modesto, pero bien tenido. En el jardín hay una familia con niños. Esta promiscuidad de la vida y de la muerte es perturbadora. Se espera que el *lieu de mémoire* trace un cercado simbólico donde las manifestaciones del duelo puedan ejercerse. Pero aquí no hay nada de eso. En realidad, la vía del tren pasa por el jardincito y sus ramales por otros chalecitos cercanos. Pienso en Lanzmann y en su *Shoah*. Su formidable método está aquí: nada de imágenes de archivo, ninguna arqueología. El Holocausto incrustado en la vida actual. Como esta rampa que atraviesa el jardín del chalet. Como el humo y el olor de las chimeneas que llegaban a tanto honrado hogar burgués o campesino. Pienso también en los guardianes del campo: deberían vivir en chalecitos, o, aún peor, en barracones con tapetes de hilo, decorados con el buen gusto humilde. Pero este es un pensar alopécico. Las disquisiciones sobre la vida familiar y bondadosa de los nazis han llenado páginas de garrafón y son particularmente estúpidas. Estoy en la rampa y aún no puedo decirlo con la precisión liquidadora de Kahneman, al que aún voy a tardar un año en leer: «La buena gente solo hace cosas buenas y la mala solo hace cosas malas... El enunciado "Hitler amaba a los perros y a los niños" es chocante por muchas veces que lo hayamos oído, porque cualquier rasgo amable en alguien tan maligno contraría las expectativas generadas por el efecto halo. Las inconsistencias reducen la sencillez de nuestro pensamiento y la claridad de nuestros sentimientos».

Llego a Birkenau. El vacío de Birkenau, adonde fue a morir la inmensa mayoría de judíos húngaros. El Auschwitz originario, con sus letras forjadas que informan sobre la bondad regeneradora del trabajo, es todavía el castigo y sus miramientos. Puede incluir la muerte, desde luego. Pero, en cierto modo, es la respuesta a un determinado acto humano: al acto de ser comunista, resistente, antinazi, incluso al acto intolerable de querer ser judío. Auschwitz es una suerte de respuesta del poder a la rebelión, incluida la rebelión de la naturaleza. Pero en Birkenau el castigo ya se ha hecho irrelevante y el asesinato ha adquirido una consistencia de fluido natural. Exactamente. En Birkenau solo se muere de muerte natural, porque lo natural y recomendado para el judío es darlo a la muerte. La gran aportación del genocidio a la historia del hombre, esto es que alguien sea asesinado con plena independencia de su conducta, por su naturaleza y no por su voluntad, se manifiesta en Birkenau con una gran nitidez. Aquí no hay nada, fuera de la antigua torre de mando, el mojón que indica al viajero a qué lugar ha llegado. La nada como representación es imbatible. Y es aquí, en Birkenau, donde el negacionismo abandona. El negacionismo puede discutir los negativos de algunas fotos, el monto total de algunas cifras, hasta el pelo de muñeca; pero no puede encararse a Birkenau y su inmensidad desolada. A la evidencia de que desaparecida la muerte allí ya no quede nada. No hay posibilidad de explicar que Birkenau fuera hecho para otra cosa que la muerte masiva, industrial. Pero no me iré de aquí sin concederle al negacionismo el beneficio del efecto halo. Aunque no suele entenderse así, y es casi peligroso afirmarlo, algunos negacionistas son personas excelentes, pero afectadas de un grave defecto: su imperiosa creencia en la bondad del hombre. El efecto halo les obliga a rechazar que la criatura humana haya sido capaz de una abyección a tal escala. Nunca lo vi más claro que cuando un amable y honrado filósofo argentino me dijo un mediodía, durante un almuerzo intelectual: «El genocidio fue un descuido».

Auschwitz es también un topónimo. Un pueblo: Oświęcim, en polaco. Al pasar por delante de una casa en las afueras que se alquila veo en la cerca los postes de cemento, el mismo diseño, que sujetaban las alambradas del campo. Deben de formar parte de la tradición constructora. Como es natural, una coincidencia de semejante calibre excita las papilas del cazador de metáforas. «Sí, la memoria no es más que un aprovechamiento de materiales.» Pero yo me dedico a la pesca. Un pescador deportivo, que las coge y las devuelve al agua. El pescador incluido.

Por dónde íbamos.

43

Los últimos días de noviembre de 1944 están comprimidos en el diario telegráfico que Sanz Briz iba enviando con angustiada regularidad a su gobierno. Aquí van, cosidas, algunas de sus frases.

> Por haber comenzado las nevadas y ser el transporte ferrocarril prácticamente inutilizable, con riesgo personal de quedar aquí bloqueado, ruego a V.E. se sirva telegrafiar si puedo trasladarme Viena en automóvil máxima urgencia para poner a salvo mis equipajes y mi propiedad. La columna rusa que avanza desde el Este se encuentra actualmente a unos cuarenta kilómetros de Budapest. A pesar de la buena voluntad del ministro de Negocios Extranjeros, cada día milicias irresponsables producen incidentes contra los protegidos españoles que se encuentran concentrados en casas designadas por este Gobierno, situadas en un gueto especial. Esta Representación protesta continuamente ante el ministerio de Negocios Extranjeros. El ministerio de Negocios Extranjeros me dice que Budapest ha sido declarado zona de guerra y que por consiguiente queda prohibido, incluso a los diplomáticos, salir de Budapest en automóvil sin un permiso especial del ministerio de la Guerra. En el centro de la ciudad al lado de los puentes se han instalado

alambradas y defensa antitanques. Los cañones se oyen sin interrupción. El ministerio de Negocios Extranjeros me dice que si las legaciones no son evacuadas de Budapest cuando este Gobierno lo indique, el Gobierno húngaro no se hace responsable de los incidentes que sucedan después de su marcha. Se ha comenzado a minar toda la parte de Budapest situada en la margen este del Danubio en una zona de metros de fondo. Parece que los alemanes tienen la intención de destruir la ciudad antes de su ocupación por los rusos. Ante el rápido avance hacia Budapest en la margen oeste del Danubio de fuertes fuerzas rusas procedentes de sur Hungría, estimo llegó momento abandonar este país. Ruego V.E. se sirva suspender envío telegramas cifrados a esta Legación. La señora Tourné y el abogado [Farkas] parece que continuarán trabajando aquí bajo las órdenes del representante de Suecia. El ministerio de Negocios Extranjeros me dice que ha invitado oficialmente a las legaciones a abandonar Budapest en vista de la grave situación que se plantea con ocupación bolchevique (?). Viaje mañana.

44

El 7 de diciembre de 1944 Ángel Sanz Briz abandonó Budapest en dirección a Suiza. Su ministro Lequerica tuvo suficiente con recordarle una vez lo que le había dicho: «Autorizándole a tomar las medidas que aconsejen las circunstancias». Hizo el viaje en automóvil y acompañado de la baronesa Podmaniczky y su hija. Como acordó con su gobierno, en la legación quedaron madame Tourné y el abogado Farkas bajo la responsabilidad de la embajada sueca. Su responsable, Danielsson, el suizo Feller, el conde Ferenc Pongrácz de la embajada portuguesa y el vaticano monseñor Rotta eran los únicos representantes de países neutrales que permanecían en la ciudad. Según el último telegrama que envió a Lequerica, las autoridades alentaron su decisión vinculándola con la inminencia de la invasión bolchevique: las exigencias del traslado a la ciudad de Sopron, para forzar el reconocimiento del gobierno nyila, eran ya cosa remota. Es improbable que las autoridades no estuvieran al corriente de su partida, teniendo en cuenta que, como Sanz Briz había informado a su gobierno, era preciso un permiso especial del ministerio de la Guerra para abandonar la ciudad asediada.

Las razones por las que Sanz Briz abandonó Budapest eran evidentes. A ojos soviéticos, España era el menos neutral de los neutrales. Es probable que esta evidencia, observada por su envés, explicase también la relativa comprensión que la labor humanitaria española despertaba entre los nazis húngaros y que, según el propio Sanz Briz, las casas españolas del gueto internacional fuesen, por lo general, más respetadas que las de otros países neutrales.

La correspondencia entre Madrid y la legación de la calle Eötvös prueba que el gobierno español autorizó su marcha, en razón de las circunstancias, y que entre esas circunstancias estaba la propia seguridad personal del joven diplomático. Es probable que también hubiese autorizado su permanencia si así lo hubiese querido Sanz Briz, que manejaba la información de lo que estaba sucediendo en la ciudad y el *timing* de sus decisiones. Una vez a salvo en Suiza el diplomático hizo dos cosas importantes para la historia de España. La primera, escribir un informe para su gobierno donde detallaba la labor de protección desarrollada por la legación, que incluía una pormenorizada lista de nombres. La segunda ir a ver a don Juan de Borbón. Durante la audiencia el padre del rey Juan Carlos le entregó el texto del que sería el manifiesto de Lausana para que lo llevara a Madrid y lo entregara en mano a Joaquín Satrústegui. Una gestión que describe su talante monárquico y que a punto estuvo de afectar negativamente a su carrera cuando pasados unos meses Satrústegui desveló a las autoridades franquistas que el diplomático Sanz Briz había sido el mensajero.

45

Este es un momento delicado y la narración necesita que vuelva urgentemente de Auschwitz y ponga el presente de indicativo sobre la mesa, grande, sólida, de un hermoso color burdeos, donde escribo. Afuera cae el inmenso bochorno del agosto barcelonés, pero yo estoy protegido y recordando aquella aguda frase del arquitecto Tusquets según la cual una de las primeras condiciones de la felicidad del hombre es que su cuerpo goce de la temperatura exacta donde el frío y el calor, tales extremismos, desaparezcan. Sanz Briz se ha marchado de Budapest. En los últimos meses su actividad diplomática solo tuvo por objeto la salvación de los judíos, siguiendo las órdenes de su gobierno y el modo de actuar de las embajadas del resto de países neutrales. En el trabajo puso un empeño, un valor, una astucia y una piedad muy personales. Extendió pasaportes a cualquier judío que pidiera ayuda a la embajada, saltándose los cupos más o menos pactados por las autoridades húngaras. Logró instalar cientos de refugiados en algunos pisos del gueto internacional, organizado por los nazis húngaros. E incluso, y esto sin autorización ni conocimiento de su gobierno, dio asilo a los perseguidos en el propio local de la legación española. Se ha marchado con el acuerdo de su gobierno, pero con una grave preocupación en la cabeza: la suerte que puedan correr sus protegidos judíos. Sabe hasta qué punto ha sido difícil mantenerlos a salvo de las incursiones nyilas y cuántas veces ha tenido que protestar violentamente ante los funcionarios húngaros por los asesinatos, las vejaciones y el maltrato. Si estando él en Budapest las casas han sido a veces asaltadas, es fácil que imagine lo que puede suceder ahora. Varios años después, en junio de 1949, y en una de las dos únicas ocasiones que habló en los periódicos de aquel invierno húngaro, evocó su partida:

> Solo tenía una preocupación: qué podría ocurrirles a nuestros protegidos una vez que nosotros desapareciéramos de allí. El mismo quijotismo español que acude siempre en ayuda del débil y del desgraciado, sea quien sea, dio la solución a ese problema que me preocupaba. Cuando comenzaron a llegar, deshechos y famélicos, millares de campesinos húngaros en huida ante las tropas soviéticas, que arrasaban todo a su paso, me dirigí a la autoridad superior húngara que había quedado en Budapest, para saludarla y ofrecerle ayuda en lo que me fuera posible hacer en favor de esos fugitivos. Aquella autoridad, hombre duro, agradeció instantáneamente el valor humano que tenía el gesto: «Usted es el único diplomático que no se ha acercado aquí a protestar y a quejarse o a pedir algo: es el único que viene a dar». Todavía pude enviarle un donativo para los hambrientos húngaros. Estoy seguro de que desde entonces aquellos carteles que proclamaban la protección de España tuvieron un valor decisivo para que ante ellos se apaciguara el odio de los racistas exaltados y exacerbados por la inminencia de su final. En efecto, yo sé que hasta el mismo momento de la llegada de los rojos, apenas dos semanas después de mi salida de Budapest, todos los protegidos de España estaban con vida.

La invasión soviética no se produjo dos, sino tres semanas después. Y es posible que el joven diplomático calculase, a la hora de partir, que los soviéticos tardarían mucho menos en conquistar la ciudad y los judíos quedarían poco tiempo expuestos al último y sangriento coletazo nazi. La preocupación por las consecuencias que pudiera tener su partida para los refugiados está incluida en otra de las decisiones que dijo que tomó: la de abandonar Budapest sin dar cuenta a las autoridades. Todos estos datos centran el problema en el lugar pertinente: Sanz Briz abandonó Budapest antes de la invasión soviética para proteger su vida. Era un hombre responsable, inteligente e informado y comprendía que su marcha aumentaba el riesgo de los refugiados. Partió. Cuatro años después no olvidó incluir una significativa coda en su entrevista con *Heraldo de Aragón*: todos los protegidos de España salvaron la vida. Pero, evidentemente, él no podía saberlo. Ni después de que marchara (setenta años después nadie sabe, en realidad, cuántos refugiados salvaron la vida) ni antes. En la correspondencia de los últimos días con Lequerica no hay menciones a la suerte que podrán correr los judíos. Ni se evalúa esta circunstancia a la hora de tomar una decisión definitiva sobre la marcha. Cabe la conjetura de que el gobierno de Franco pensara dos cosas en ese momento. La primera, que no podía poner en riesgo la vida de su funcionario. La segunda, para decirlo casi con las palabras exactas que utilizaría Sanz Briz en su entrevista del *Heraldo*, que su compromiso moral con los judíos acababa con la entrada de las tropas aliadas (en este caso soviéticas) en Budapest: si, ante los nazis, España podría hacer valer su condición de nación neutral, ante los bolcheviques era pura y simplemente una nación fascista y enemiga.

El problema, ya digo, es que el 7 de diciembre, y a pesar de que Sanz Briz había informado al gobierno de la inminencia de la invasión, las tropas soviéticas aún tardarían veintidós angustiosos días en llegar y el terror nyila siguió manteniendo un desesperado y cruel control de la situación. Sanz Briz hubo de optar entre el riesgo de morir o su partida. Partió. Antes, insisto, dijo haber hecho todo lo que pudo para disminuir el riesgo de los que quedaban: pagó al gobernador de Budapest («gauleiter») y dejó la legación, su personal y sus protegidos, en manos de la embajada sueca. Y lo cierto es que, con independencia de que todos los refugiados salvaran la vida, su marcha no provocó más catástrofes. Pero fue letal para su memoria. Bastará para demostrarlo acudir a Hilberg, a Raul Hilberg. La mención a Sanz Briz es prácticamente ofensiva.

> En la capital húngara, los representantes de las naciones neutrales recurrieron a métodos poco ortodoxos para salvar judíos. [...] El cónsul honorario español era un italiano, Giorgio Perlasca, que había sido voluntario en la guerra de Etiopía y había luchado del lado de Franco con las tropas italianas en España. Sus recursos eran mucho más reducidos que los de sus colegas suizo y sueco, pero hizo lo que pudo, entregando pasaportes españoles a los «sefardíes» o a quienes tuvieran relaciones empresariales con España. Cuando el jefe de la misión española, Ángel Sanz Briz, quien se había interesado por el destino de los judíos deportados, salió de Budapest, Perlasca se quedó, haciéndose cargo de lo que quedaba de la legación. Cada día recogió huérfanos judíos, añadió protegidos a la lista y distribuyó medicinas hasta enero de 1945. El nuncio papal había entregado 20.000 pasaportes a los judíos bautizados. Estos judíos, dijo Veesenmayer en su informe, podían mar-

car sus casas con una cruz gigante en lugar de la estrella de David.

A la memoria no le gustan los héroes diplomáticos. Ya se ve, solo de escribirlo, el enorme tamaño del oxímoron.

46

La memoria adora a Jozef Gabčík, uno de los presuntos asesinos de Reinhard Heydrich, el gobernador nazi de la Praga ocupada. Hablo de él, porque hace poco que acabé de leer el libro de Laurent Binet sobre el atentado. Un libro escrito con vigor, que no rehúye los encontronazos entre *faction* y *fiction*. Pero que tiene un importante roto moral: el joven Binet no se atreve a hacer con sus héroes, ¡con su literatura!, lo que sí ha hecho la historia. O sea, demostrar que el asesinato de Heydrich solo sirvió para que murieran antinazis, entre ellos casi todas las familias y amigos relacionados con los asesinos, y también los habitantes de Lidice, el pueblo checo exterminado; no solo las gentes (incluso los forasteros que pasaban por allí) y las cosas, ¡sino el mismo lugar que ocupaba!; muerto y desaparecido todo en razón de una pista falsa que siguieron los nazis en su investigación del asesinato de Heydrich. En el peor momento de su libro Binet imagina cómo los autores sienten dolor de conciencia ante las consecuencias que ha generado su hazaña. Pero él está ahí para rescatarlos del pozo y asegurarle al lector que el impacto de Lidice desenmascaró a Hitler ante la opinión pública. Verano de 1942, Aly Herscovitz llega a Drancy, camino de Auschwitz, y al parecer Hitler lleva aún una máscara que el mundo le arranca al grito de ¡Lidice vive! Binet escribe textualmente que el asesinato de Heydrich ha servido para algo. Pero no logra confundir a nadie. Solo está diciendo que su libro tiene que servir. O lo que es peor. Vaya si ha servido el asesinato. ¿O es que acaso no está escribiendo él este libro? Este punto en que el narcisismo terrorista se confunde con el literario. Comprendo a Binet: uno ha de llevar al héroe de su libro en volandas. Cualquiera está en eso. En volandas, sí, siempre, aunque a veces cabeza abajo.

47

El héroe diplomático dedicó varios meses de su esbelta juventud a extender pasaportes y cartas de protección para los judíos de Budapest desde una rutinaria oficina; a conversar diplomáticamente con jerarcas nazis de medio pelo, a los que sobornó con afectos y hasta con dinero; a interpretar las oscilaciones de la incierta voluntad franquista, en su temporada de mayor zozobra, manifestada en cientos de telegramas, cartas y conversaciones telefónicas; y llegó a rebasar los límites de su competencia y las instrucciones de su gobierno alojando refugiados en su casa y en la casa de España. No mató a nadie ni se ofreció bellamente para que lo mataran y cuando vio los tanques en lontananza dio su misión por cumplida y aceptó el inexorable principio de realidad. Solo era un funcionario franquista, de estatus y de corazón, que había salvado la vida de miles de judíos: ni una cosa ni otra eran un salvoconducto eficaz ante el Ejército Rojo. Para saber hasta qué punto eso era cierto solo bastaba esperar que la sentencia del tiempo se pronunciara sobre Wallenberg, el enviado sueco al que asesinaron los soviéticos.

El héroe gris acabó de adquirir su color por la circunstancia política. Los mitos no pueden ser paradójicos. Un franquista contra los nazis puede que no sea un anacoluto, pero es claramente una paradoja. A Sanz Briz lo celebró durante un cierto tiempo la propaganda franquista en la medida que creyó que Israel podía contribuir al mantenimiento de un régimen que se sentía peligrosamente acosado por el triunfo de las democracias; pero en cuanto Israel se distanció de Franco, no solo lo dejó caer en el olvido, sino que procuró que la memoria de su gesta no entorpeciera los acercamientos entre España y los árabes. Ahora no debo ir por ahí; pero este relato no acabará sin dar cuenta concluyente de hasta qué punto el gobierno franquista puso sus razones de Estado por encima del reconocimiento que la Historia debía a su funcionario.

El antifranquismo, es decir, la historia española culturalmente dominante durante la segunda mitad del siglo xx, lo tuvo más fácil. Mientras pudo ignoró absolutamente a Sanz Briz. Y después presentó su conducta (y la de otros diplomáticos españoles) como el resultado de una acción individual desvinculada de las órdenes gubernamentales, un absurdo lógico que múltiples documentos desmienten. La cerril resistencia del antifranquismo a reconocer que el régimen de Franco salvó muchas vidas judías llega hasta los historiadores aparentemente más concienzudos y ecuánimes, como es el caso de Bernd Rother. Acosado por la documentación y los testimonios que ha logrado reunir en su panorámico trabajo de investigación concluye en la última línea, casi agónico, que es cierto, sí, irrefutable, que el franquismo salvó a muchos judíos. ¡Pero que pudo salvar muchos más! Quién podría dudarlo. Pero esa objeción solo tendría sentido si se aplicara a un gobierno moralmente inmaculado, es decir, antifranquista. Lo que se esperaba de los malvados, lo que cuadraba perfectamente con el mito del contubernio judeomasónico, una expresión, por cierto, que Franco no usó nunca públicamente, es que el gobierno colaborara activa y alegremente en el exterminio de los judíos. Y no fue así. De ninguna manera. Actuó con pasividad —criminal— cuando Hitler podía ganar la guerra o colaboró en su salvación cuando la tuvo perdida.

48

Releo las memorias de Bedoya. Su descripción de la caída de Budapest y de la evacuación de la embajada de España es pura fantasía. Debe de ser además el único hombre en el mundo, excluidos los asesinos, que pudo precisar el día exacto en que mataron a Wallenberg: el 10 de enero de 1945, dice, y a manos, de «una unidad mongólica». Realmente mongólica, en efecto. Pero como es habitual en su libro la fantasía convive de modo inquietante con la realidad. Esto es lo que escribe en su tronante conclusión del plan de salvación de los judíos diseñado con el ministro Jordana y ejecutado por él. Está en el despacho de Franco, a punto de marcharse:

> —Tengo noticias de que Hollywood prepara una serie de películas antialemanas, antijaponesas, antiitalianas y antiespañolas con deseo de explotar el filón del antifascismo y de la guerra. Creo que los judíos están en condiciones de evitar esto en lo que a nosotros se refiere.
>
> —Así lo espero —respondí.
>
> Y así fue. Que yo recuerde jamás, a partir de mayo de 1945, salió de Hollywood una película contra la España de Franco.

Recordaba bien. La última, y principal, había sido *Por quién doblan las campanas*, se había estrenado en 1943, y había preocupado profundamente a las autoridades franquistas. Nadie puede dudar de la influencia judía en el cine y la prensa norteamericanas. Insólitamente, ni Franco ni la Guerra Civil fueron un gran tema para las dos poderosas industrias creadoras de opinión en América. Y es difícil imaginar que la política pudiera tomar represalias contundentes y eficaces contra el franquismo sin una movilización previa de la opinión pública. En cualquier caso, ni el cine ni la prensa ni la política norteamericanos extendieron al régimen de Franco la derrota del Eje. Para Bedoya la actitud de Hollywood y de la prensa fue el resultado de sus acuerdos con las organizaciones judías. Un rasgo remarcable de su relato, y que merece el aplauso, es su nula disposición a adornarse con razonamientos morales: Bedoya no duda en atribuir (¡en atribuirse!) la salvación de los judíos al interés político de Franco. La inmensa mayoría de antifranquistas no ha leído a Bedoya. Ni tampoco Rother lo ha hecho. Y es una lástima: encontrarían abundante material empírico para sus moralidades. Pero aún así resultarían banales. El franquismo, mediante la eficaz actividad de algunos de sus diplomáticos, salvó a varios miles de judíos europeos, básicamente en Budapest. Las razones importan de modo secundario. La obediencia debida a la autoridad de los hombres o de las cosas es irrisoria. Y Núremberg liquidó la plausibilidad de ese concepto con la gran contundencia de la horca. Si el franquismo hizo el bien por obediencia debida debe aplicársele, y con todo el rigor, los principios de Núremberg, allí donde se juzgaron a los hombres por su texto y no por su contexto.

Sanz Briz nunca pudo aspirar al estatuto heroico del *cavalier seul*, como habría querido el antifranquismo. Se daba el grave inconveniente épico de su marcha de Budapest, un acto funcionarial, acordado, prudente, de lírica escasa. Y, además, la irrupción en la escena de un hombre mucho mejor dotado para esa función. Ante ustedes se presenta, señoras y señores, el caballero Giorgio Perlasca.

SEGUNDA PARTE

49

Tendría que seguir el viaje a Cracovia y llegarme hasta mi hotelito en Kazimierz. Debo hacerlo antes de que Kazimierz se convierta en un pequeño *village*. Pero ahora no puedo levantarme de la mesa y ni siquiera puedo calcular en qué momento podré hacerlo. La razón son las catorce mil palabras que en octubre de 1945 y desde la ciudad de Trieste, cuando la guerra mundial llevaba un mes acabada, escribió el comerciante en carnes Giorgio Perlasca al ministro español de Asuntos Exteriores, Alberto Martín-Artajo. Así que no puedo moverme. Tengo que despegar sus palabras una a una para saber qué fue el invierno en Budapest y cómo se construye un héroe. Las catorce mil palabras empezaban, canónicamente, con la descripción del objeto:

> La actividad que he desarrollado en la Legación de España en Budapest del 7 de diciembre 1944, fecha de la partida hacia Suiza del Encargado de Negocios Señor Ángel Sanz Briz, hasta el 16 de enero de 1945, fecha de la llegada de las tropas rusas al barrio de la capital húngara donde estaba la sede de la Legación.

Perlasca había dado noticia de sus intenciones literarias en una primera carta escrita en agosto de 1945 desde Roma a Sanz Briz, en su castellano vacilante pero inteligible:

> Si usted o su gobierno quieren puedo mandarle una relación que ya tengo hecha con todos los particulares de los acontecimientos pasados en la Legación durante mi... reino.

Una oferta que Sanz Briz aceptaría gustoso en su respuesta, algo tardía, de diciembre:

> Le ruego me escriba y, si le es posible, me envíe esa relación con todos los acontecimientos acaecidos en la Legación después de mi marcha.

Y que Perlasca finalmente satisfaría en abril de 1946, remitiéndole la relación citada. *Signore*, permítame hablarle. ¿Por qué escribe usted ese informe?

No siempre se debe empezar por los principios. En el invierno de 1946 tuvo usted alguna relación frecuente con el personal de la embajada de España en Italia, incluido el embajador, José Antonio Sangróniz. El motivo es que usted quería explicar a los funcionarios españoles su actuación en los días de Budapest y hacerles entrega, asimismo, del informe que había elaborado. Aquellas conversaciones tuvieron que ser francamente llamativas. No solo es una suposición. El 12 de marzo de 1946 el embajador Sangróniz escribió al director general de Política Exterior, José María Doussinague, un resumen muy detallado de aquellos encuentros. Creo que debemos disfrutarlo juntos. El resumen lo escribió después de que enviara su informe al ministerio español sin añadir ningún comentario y motivado por la petición de explicaciones de su superior. Saltémonos el punto 1, que es meramente protocolario:

> 2°. Estimé, al igual que la Dirección competente de ese Departamento del digno cargo de V.E., la relación del Señor

Perlasca de sumo interés, siempre que los hechos fuesen reales y veraces; pero como la comprobación de los mismos no me era factible y el interesado aseguraba que ya tenía conocimiento ese Departamento por los informes de los que fueron nuestros representantes en Hungría, me limité a dar simple traslado del documento que me entregó el repetido Señor.

3º. En el curso de las entrevistas que mantuve con el interesado, éste no estuvo parco en elogios a su propia persona. Me comunicó que también había entregado un informe similar al Ministerio competente italiano, con el fin de que las Autoridades diplomáticas de su país estuviesen al corriente de su actuación durante el derrumbamiento del frente militar húngaro y de la ocupación rusa en Hungría, y pudiesen otorgarle una recompensa.

4º. Mi opinión personal sobre el Señor Giorgio Perlasca, que V.E. interesa conocer, no es muy sólida pues se halla basada sobre la impresión que me ha dejado el interesado después de haberle oído durante el curso de dos largas entrevistas desarrolladas una, conmigo personalmente, y otra con el Ministro Consejero Señor Ranero que me dio cuenta detallada después de oírle. Ambos coincidimos después en la apreciación que nos ha merecido:

El Señor Perlasca es un hombre de constitución física muy fuerte y de verbo aún más fuerte con el que martillea despiadadamente a los diplomáticos profesionales y en particular a los españoles que se encontraban al frente de nuestra Legación en Budapest. No se recata en otorgar toda clase de adjetivos irónicos a los que fueron representantes de España en Hungría. Habla un español perfecto, aprendido durante los tiempos de su permanencia en España, como legionario italiano en la guerra de Liberación. Asegura que su intervención en Budapest al autonombrarse representante de España es un modelo de competencia y habilidad diplomática, muy digno de tomarse en consideración por los diplomáticos de Carrera: «que cuando las cosas se ponen feas son únicos para escabullirse».

Al preguntarle insistentemente al consejero Señor Ranero a qué obedecían sus desvelos en pro de la defensa de los intereses españoles, aquel haciendo puentes verbales encaminaba la conversación hacia extremos en que no lograba concretar razón alguna convincente. De pasada siempre, hacía alusión a la necesidad de indemnizar con 500.000 liras a un amigo suyo italiano que, según él, le había prestado su automóvil para el servicio de la Legación, y que más tarde, por los sucesos de la ocupación había desaparecido. Él no pedía nada para sí, solo deseaba quedar bien con el referido amigo. Con este fin dirigió una petición a ese Departamento, que esta Embajada cursó con Despacho n.º 219 —Contabilidad— de fecha 15 de septiembre de 1945.

5º. El Señor Perlasca recuerda mucho, cuando se exalta, a aquellos pseudorepresentantes diplomáticos que quedaron en zona roja española cuando el Cuerpo Diplomático extranjero acreditado en Madrid se replegó en San Juan de Luz, y que aprovecharon la investidura diplomática para salvarse ellos al propio tiempo que pescaban en río revuelto.

6º. En el curso de la última conversación que mantuvo con el Señor Ranero anunció que reiteraría por escrito la reclamación de indemnización sobre el automóvil perdido. Adjunto tengo a honra pasar a manos de V.E. copia de la carta que con tal fin me ha dirigido el interesado con fecha 26 de febrero.

En consideración a una posible veracidad sobre todo cuanto manifestaba el Señor Perlasca, tanto yo, como los funcionarios a mis órdenes, hemos procurado siempre exteriorizarle nuestra gratitud, aunque no he de ocultar a V.E. que siempre con determinadas reservas por los motivos expuestos.

No obstante, si V.E. con más elementos de juicio, y después de oír a aquellos funcionarios que estuvieron en relación con el repetido Señor, estima que la gratitud de España merece la pena de exteriorizarse en algo más que en palabras amables, me sería muy grato comunicárselo al interesado que quedaría con ello muy satisfecho y posiblemente rectificaría el mal concepto que tiene formado de la diplomacia profesional y en particular de la española.

Dios guarde a V.E. muchos años.

El Embajador de España

La carta del embajador tiene ese aliento incomparable de lo que ha sido escrito en directo. Y, por lo que a usted y su carácter afecta, coincide con lo que sus libros dicen y con lo que la gente que lo trató entonces dice de usted. Me gusta verle fuerte, poderoso, hiperbólico. Es verdad que el embajador insinúa que usted quería dinero. Pero el detalle no habría de preocuparle lo más mínimo. Al menos a mí no me preocupa. Si las autoridades españolas decidieron salvar a los judíos húngaros para contribuir a la salvación del régimen, estaría bueno que cualquiera le viniera ahora con moralidades por ese medio millón de liras, reclamado por persona más o menos interpuesta.

No le pagaron entonces. Y nunca con dinero. Más tarde, cuando otras autoridades españolas consideraron que por los hechos de Budapest convenía enaltecer antes a Giorgio Perlasca que a un franquista, le condecoraron. Pero esto sucedió mucho después y nos ocuparemos. Ahora tengo que enfrascarme con su informe, con ese documento que el embajador Sangróniz, aun con todas sus renuencias, hizo llegar a su Gobierno.

Inicia usted su relación explicándole al ministro que los nazis le perseguían y que Sanz Briz le proveyó de un pasaporte, fiado de su participación en la Guerra Civil como voluntario italiano al lado de Franco. Luego de informar que ya se conocían de antes no aclara, y yo tampoco puedo hacerlo, cómo y en qué circunstancias llegaron a conocerse los dos. Una vez en posesión del pasaporte, usted se ofreció a ayudar en las tareas de protección de los judíos.

> El encargado de Negocios me contrató de buena gana, por supuesto sin retribución, dándome las licencias necesarias para la administración y organización de las casas protegidas españolas [...] Se me otorgó, además, otro documento que me calificaba de funcionario permanente de la Legación.

No ha quedado rastro de ese contrato ni de esas licencias. Evidentemente el diplomático español debería haber dado cuenta a su gobierno de cualquier contratación formal. Admito que la suya no lo fuera. Admito que usted le dijera que quería ayudar y que él lo aceptara encantado. Admito que sean esas todas las licencias. Ahora bien: no me mencione ese documento que lo califica como funcionario, y además permanente. Si es que se refiere al papel que cuelga de la web de su Fundación, me atrevo a decirle que es una falsificación. El papel está escrito en húngaro. Dice:

> Acreditación
>
> En el nombre del Gobierno Español el Embajador de España le encarga al Sr. Jorge Perlasca tratar de los asuntos del Estado Español en Hungría al mismo tiempo que certifica que el Sr. arriba mencionado es empleado de la Lega-

ción de España. El Gobierno Español informa a las autoridades húngaras y solicita a las extranjeras que le permitan moverse libremente en todo el territorio y en caso que sea necesario le ofrezcan protección y apoyo. Budapest, 10 de noviembre de 1944.

Por orden del Gobierno Español
Oficina Jurídica de la Legación de España.
Válido por 180 días.

Vamos a dejar al margen el lenguaje que utiliza el documento, como si a un niño le dijeran, a ver, enséñanos cómo escribir en diplomático. Tiene una importancia relativa: la bestia nyila destinada a leer el papel bastante tenía con deletrear. Dejemos también la fecha imposible que lleva, 10 de noviembre de 1944, cuando Sanz Briz estaba aún en la legación y bajo cuya autoridad nadie podría haber estampado el sello de España en un papel semejante. E ignoremos su validez para ciento ochenta días, que lo equipara a un canje de tómbola. Comprendo que usted en diciembre, refugiado en la legación, con Sanz Briz ausente y en compañía de Zoltán Farkas, Elisabeth Tourné y su hijo Gaston, el chófer, el portero, el ordenanza, y el ama de llaves, tratara de blindar su vida y estampara uno de los sellos de la legación sobre el burdo documento que con ayuda de alguien que supiera húngaro, porque usted no lo sabía, *signore*, luego hablaremos de ello, había redactado; y que incluso decidiera ponerle fecha atrasada para que su autoridad resultara más verosímil. Usted sabe que ese documento tiene menos que ver con la protección de la vida de los judíos que con la protección de su propia vida. ¿Pero quién podría reprochárselo? ¿Quién podría reprochárselo en un lugar que, para decirlo con palabras de Sándor Márai, había dejado de ser una patria para convertirse en un coto de caza? El informe afronta rápidamente su cláusula fundacional. La del informe, y la suya, *signore*: la marcha del hombre en quien usted quería encarnarse y el principal drama derivado:

> Toda la organización protectora creada en favor de los judíos húngaros, que se habían puesto confiadamente bajo la tutela de la representación española, amenazaba así con disolverse, abandonando a millares de infelices indefensos a las persecuciones nazis.

Solo podría discutirse el optimismo: que la presencia de Sanz Briz en Budapest fuera la garantía de la protección de los indefensos. Hay en los archivos húngaros muchas quejas del diplomático por la pasividad de las autoridades ante el terrorismo nyila. ¡Cuando los nyilas y las autoridades no eran aún lo mismo, claro! Pero, en fin, se lo reconozco: es evidente que su traslado a Berna aflojaba la protección sobre los refugiados y hace usted lo correcto cuando lo señala. Pero su problema siempre acaba siendo de sobrepeso:

> En el momento de su partida, además, el señor Sanz Briz no me había dado particulares instrucciones al respecto.

Comprendo su desazón, pero no acabo de entender por qué había de darle instrucciones. Usted era un refugiado italiano que ayudaba en aquellos días difíciles, porque debía a Sanz Briz el favor de haberle provisto de un pasaporte español que le protegía de los nazis. Creo que él también le debía cosas a usted. No tengo pruebas, pero en aquel Budapest es probable que fuera usted un eficaz conseguidor de víveres o de cualquier otra mercancía complicada. Al que

Sanz Briz dio, no instrucciones, pero sí lógicas informaciones de funcionamiento, fue a Danielsson, que era el embajador de Suecia y al que, con previo acuerdo de los dos gobiernos, había dejado al cuidado de los asuntos españoles. Usted mismo hablará de ese acuerdo unas páginas más adelante. Pero hay más confusiones vinculadas con el sobrepeso:

> Finalmente no se tiene que descuidar el hecho de que el ministerio de Asuntos Exteriores húngaro no se hacía ilusiones sobre la causa efectiva que había inducido al señor Sanz Briz a partir hacia Suiza. Sabía que, con aquel expediente, el gobierno español quería evitar un hecho que comportaba el explícito reconocimiento del gobierno Szálasi, o sea el requerido desplazamiento de la legación a Sopron, nueva sede del gobierno húngaro.

No. Mire, *signore*. Voy a decírselo antes de lo que quizá convenga; pero es que tampoco me gustaría hacerle perder el tiempo, aunque sea el de su eternidad. Hace usted aquello que Carmen Baroja reprochaba tan precisamente a los personajes de su hermano:

> Hechos de retazos de aquí y de allá, el chaleco de uno, los pantalones de otro, una bota de cada color y la americana del de más allá. Gentes que van y vienen en la vida de un lado a otro, viendo cosas, tirando tiros, hablando, viajando. Todo verdadero, todo tomado de la realidad, pero no verdaderas personas.

Es la crítica más profunda que he leído nunca, no ya de las novelas de Baroja, sino de las novelas *tout court*. Lo que a Baroja le pasaba con los hombres le pasa a usted con los hechos. Es verdadera, y la he explicado, esa historia de Sopron, el gobierno Szálasi y su reconocimiento. Y es cierto que Sanz Briz se resistió a trasladarse allí, siguiendo el ejemplo del resto de legaciones neutrales. Pero todo eso sucedió en noviembre, un mes antes de los hechos que usted describe ahora. En términos del invierno de Budapest eso es una eternidad casi tan larga como la suya. No, *signore*. Sopron ya no significaba nada. Sanz Briz se marchó con el conocimiento y sospecho que hasta con el acuerdo de las autoridades húngaras, que ya no podían garantizar la protección de su vida ante la inminente conquista de la ciudad. El lector ya sabe que había escrito a su gobierno unos días antes diciendo que nadie, ni siquiera los diplomáticos, podían abandonar la ciudad asediada sin un permiso especial de las autoridades. Me dirá usted... ¡Pero si es el propio Sanz Briz el que dice que ocultó su partida a los húngaros! Es cierto que lo dice. En el relato de su invierno que hizo llegar en noviembre de 1963 al historiador judío Isaac R. Molho y que, por cierto, acaba así:

> Si para algo le sirve mi narración le ruego que no la utilice dando mi nombre ya que ningún mérito tengo en ella, pues me limité a cumplir las órdenes de mi Gobierno y del general Franco.

Pero disculpe, tengo que ir metiendo las cosas como puedo, y hasta a martillazos. El párrafo que a usted ahora le interesa es este otro:

> El hecho es que, a mediados de diciembre, salí de Budapest con dirección a Viena, sin anunciar mi marcha a las autoridades para que creyesen que yo seguía permaneciendo en la ciudad.

Bien. Habría que creerle. Sanz Briz habló dos veces, públicamente, de Budapest. En la entrevista de *Heraldo de Aragón* de 1949 y en este texto para Molho. Ninguna de las dos publicaciones tiene un gran interés; pero es su voz, desde luego. Habría que creerle. Yo no le creo. Creo a sus telegramas, donde la vida está narrada en directo, y donde se especifica que nadie podía abandonar la ciudad. Por creer, en mi retorcimiento, incluso creo que con su informe, que él leyó antes de hablar con el *Heraldo*, usted le dio a su memoria la oportunidad de corregir los hechos. Una salida clandestina de Budapest demostraba un cuidado máximo con los judíos vulnerables. No le creo. Ni a su Sopron ni a sus barojianas, tampoco.

El informe demuestra que usted no tuvo un solo minuto de respiro tras la partida del diplomático. La Historia salió vertiginosamente a su encuentro y lo encontró en la calle Légrády Károly, en un edificio de protegidos españoles, hacia las once de la mañana del día 7 de diciembre: la policía y las milicias nyilas estaban a punto de deportar a los refugiados cuando llegó Perlasca y mandó parar:

> El dramático espectáculo que se me presentó y la idea del menoscabo que habrían padecido, por consiguiente, la Legación española y mi nombre abandonando en manos de aquellos bandidos a los protegidos, después de que se hubieran hecho ilusiones durante tanto tiempo, me convenció de que alguna cosa se debía hacer. Por lo tanto mandé volver a sus pisos a todos los protegidos que me habían rodeado llorando e implorando y les dije que esperaran allá con confianza y serenidad. Alcancé después al oficial de policía encargado de la deportación y le hice la declaración siguiente: la casa estaba protegida por el gobierno español y tal protección era reconocida por el gobierno húngaro y, por lo tanto, en cali-

dad de representante del gobierno de España me oponía a su deportación. Añadí que solo cedería delante de una orden escrita del ministerio de Asuntos Exteriores pero que, sin ella, me pondría delante de la puerta para impedir la evacuación de la casa. Para ejecutar esa medida se habría hecho necesario usar la violencia en contra de mi persona. Frente a mi postura enérgica el oficial aceptó suspender la evacuación para darme tiempo a tratar con las autoridades de la policía y del partido que supervisaban las operaciones de deportaciones en la zona del gueto internacional. Después de una viva discusión y de una llamada telefónica que el delegado del partido hizo al ministerio del Interior obtuve de estas autoridades la suspensión, durante cinco días, de cualquier tipo de operación de policía en contra de los protegidos españoles y la restitución inmediata de alrededor de 300 protegidos que, mientras tanto, se había hecho salir de otras dos casas; y la certificación, por parte de los exponentes del partido que sus organizaciones habrían respetado, mientras tanto, nuestras cartas de protección. Durante este tiempo se habrían tenido que aclarar las relaciones entre la Legación de España y el ministerio de Asuntos Exteriores húngaro y llegar a un reglamento definitivo sobre la cuestión de los protegidos cuyo número, decían la policía y el partido nyilas, no tendría que sobrepasar los 300.

Signore, una cuestión antes de embarrarnos. Su informe es un testimonio valioso del invierno en Budapest y estoy satisfecho de que por vez primera se publique en castellano. Debo añadirle que me parecería lógico y necesario que hubiera llegado en su momento a los archivos del ministerio de Asuntos Exteriores español y que lamento no haberlo encontrado allí. Creo que los hechos que usted cuenta sucedieron de alguna forma. El problema es la forma. Es indiscutible que en muchas ocasiones las milicias nyilas acosaron las casas protegidas. El propio Sanz Briz da cuenta de ello en varios telegramas. No solo casas protegidas. Los nyilas llegaron a asaltar la embajada sueca en busca de empleados judíos. Eran unos asesinos a merced de las drogas del miedo y de la muerte. No dudo que usted ayudara en aquellos días a la legación española en mil trámites o llevando víveres y consuelo a las casas del gueto. Por eso merece el aprecio de toda persona civilizada, e incluso el mío.

No dudo tampoco que se viera envuelto, con el propio Sanz Briz en Budapest, en alguna negociación, como la que narra. Maneja usted bien el número 300; aunque es un número de noviembre, como Sopron, y corresponde a la primera cifra de pasaportes autorizada por los nazis a Sanz Briz. Es llamativo que la cifra aparezca dos veces en el párrafo. Pero ya comprendo que usted escribía sin ficheros a mano. Y hasta comprendo el redondeo en términos no estrictamente aritméticos.

Sin embargo, lo que comprendo menos es por qué aparta de la escena al resto del mundo. Del relato de sus frecuentes diálogos, y retos, con los nazis nyilas, en la calle o en los despachos, siempre me sorprende la facilidad con que usted conseguía sus propósitos ante los bichos peores y más acosados de Europa. No traería esta admirada sorpresa aquí, no obstante, si no la sostuviera un hecho objetivo. Usted no hablaba húngaro. Es improbable que los policías y la milicia nyilas hablaran otro idioma además del húngaro. Y es más improbable aún que cualquiera de los vehementes encuentros con las bestias que usted describe pudieran desarrollarse en italiano o español, las únicas lenguas en las que usted podía manejarse. Falta alguien a su lado, *signore*. Hablaba húngaro, conocía la política húngara y era un experimentado conocedor de las leyes de la diplomacia húngara. A veces, es verdad, no tiene más remedio que mencionarle en su informe. Pero siempre apartándole. Un acompañante. Debo serle sincero: creo más bien que el acompañante fue usted. El acompañante del abogado Zoltán Farkas. Hay algo, *signore*, que no podré perdonarle, se lo anticipo. El tratamiento que da en sus relatos a dos de los héroes de la embajada de España: el abogado Farkas y madame Tourné. Ninguno de los dos escribió su crónica del invierno de Budapest. Pero, contrariamente a lo que sucede con usted, los hechos y el relato de los otros hablan por ellos. La verdad es esta, escuetamente: en la crónica general del invierno nadie ni nada habla de Giorgio Perlasca. Con una excepción importante: usted mismo. Luego iremos por ahí. Ahora solo quería iluminar con un documento a esos dos héroes oscurecidos por la historia y por su informe: el abogado y la canciller.

El 16 de noviembre de 1944 la legación de España dirigió una nota verbal al ministerio de Asuntos Exteriores húngaro en protesta por el trato que estaban recibiendo los refugiados españoles, que a pesar de tener cartas de protección habían sido sacados de su casa y llevados a las marchas de la muerte. La nota, escrita en francés, está firmada por Elisabeth Tourné. No tengo la seguridad de que la redactara ella. Pero es probable que pertenezca a la misma comprometida mujer que a finales de los años treinta ya proveía de pasaportes a los judíos perseguidos. Hay incrustado un adjetivo en esta prosa legal demasiado veraz para un dictado diplomático:

*Cette caravane sinistre continue donc sa route**

* 'Esta caravana siniestra sigue, pues, su ruta.'

En el borde superior de la nota hay escritas unas frases en húngaro, encabezadas por la frase latina *Pro domo*, y que hay que atribuir a funcionarios del ministerio húngaro. En su descargo dicen:

> Según órdenes del ministro de Relaciones Exteriores, el Sr. Batizfalvy, consejero general de la Policía y el abogado de la Legación de España, recorrieron en coche, durante los días 17 y 18 de noviembre, la ruta indicada.

El abogado era Farkas y llevaba judíos de vuelta a casa, tras librarlos de la caravana siniestra. Podemos seguir. Me temo que hay un serio problema respecto a la primera vez que usted reconoce haber salido con Farkas en visita diplomática.

> El mismo día, en aplicación inmediata de las decisiones tomadas [nadie podrá negarle nunca que conoce los mecanismos del énfasis, aunque no tanto de la posibilidad de que le delaten], acompañado por el abogado Farkas visité al jefe del Partido de la Cruz Flechada [nyila], Dr. Gera, con el cual ya había tratado antes cuestiones relativas a los judíos protegidos, y le entregué 25.000 pengös que el señor Sanz Briz había dejado con la finalidad de entregarlos al Partido en favor de los prófugos de guerra.

Luego escribe que mantuvo una alta conversación política con el doctor Gera, sobre las deportaciones y la actitud del gobierno español, y que se dio «un paso adelante en ganar la comprensión y el apoyo de la única persona que en esos momentos tenía influencia sobre el gobierno». Bien, felicidades de nuevo. El problema es comparar su visita al doctor Gera con el siguiente fragmento del manuscrito que Sanz Briz escribió para Molho en los años sesenta.

Por los periódicos me enteré de que había sido nombrado un nuevo *gauleiter* para Budapest y su provincia y, al verlo, decidí hacerle una visita de cortesía ya que de su buena o mala voluntad dependería el éxito de mi gestión. Un buen día fui a verle, acompañado de un intérprete, y fui recibido por dicho señor, cuyo nombre he olvidado, en forma descortés y hasta brusca. Sus primeras palabras, proferidas en tono muy destemplado, fueron: «¿A qué ha venido usted aquí?». Le contesté con suavidad y corrección que mi presencia en su despacho obedecía únicamente al deseo de hacerle una visita de cortesía, ya que, en su calidad de autoridad importante en Budapest, creía era mi deber ponerme en contacto con él. Mi interlocutor, ante mi respuesta, cambió súbitamente de actitud y en tono normal me dijo: «Perdone usted mi brusquedad. Hasta la fecha todos los diplomáticos extranjeros que han venido a verme lo han hecho para protestar del trato dado a los judíos. Ninguno de ellos ha pensado en los sufrimientos que padecen los húngaros de las regiones de Transilvania y Besarabia, invadidas por los soviets, que han sido desposeídos de sus bienes y viven dónde y cómo pueden, en la más absoluta miseria». No eché en saco roto las observaciones del *gauleiter* y cuando volví a la legación de España le envié una carta muy amable en la que incluía una importante cantidad de dinero con el ruego de que fuese utilizada para ayudar a los refugiados de las zonas ocupadas por la Unión Soviética. Desde ese momento conté con la ayuda y colaboración más decididas de tan importante autoridad, quien dio orden expresa a sus milicianos de que respetasen todos los edificios en los que apareciese un cartel indicativo de ser anejos o dependencias de la Legación de España.

Habrá visto, *signore*, que Sanz Briz no olvidaba al intérprete, ni siquiera años después de los hechos. ¡Aprenda! Y perdóneme. Empiezo a cogerle la temible confianza. Lo sustancial es aclarar a quién de los dos, si a usted o a Sanz Briz, debe adjudicársele la visita al *gauleiter* y la entrega del dinero. No es probable que hubiese dos dulces sobornos en unas cuantas semanas, a cuenta de lo mismo. Pero, a mi juicio, no hay mayor drama. Estas líneas de Sanz Briz son la clave:

> No eché en saco roto las observaciones del *gauleiter* y cuando volví a la Legación de España le envié una carta muy amable en la que incluía una importante cantidad de dinero.

Así es; y yo apuesto a que Farkas llevó esa cantidad en mano y usted lo acompañó a hacer el recado. Es verdad que usted sitúa esa escena semanas después, cuando el diplomático español ya había marchado y usted ya gustaba llamarse *l'impostore*. ¡Pero es que a usted, *signore*, hay que saber leerle!

He pensado a menudo en la reacción de Sanz Briz cuando en abril de 1946 recibió este informe. Su lacónica sorpresa postal de unos meses antes —«No sabía que se hubiese hecho V. cargo de la Legación»— se mudaría en viva sorpresa ante algunos de los detalles que usted incluía. No sé si contestó o no a su envío. Si lo hizo, no ha quedado rastro ni en los archivos de su familia ni en la del diplomático. En principio me pareció mal que Sanz Briz no enviara (si es que no lo hizo) la copia de su informe a los archivos de su ministerio. Pero con la misma franqueza he de decirle que yo también me lo habría pensado, vistos y leídos algunos fragmentos de su relato. Vuelvo a la carretera. No se me olvida que usted estuvo allí. Usted será Zelig. Y como Zelig, aparecerá sobreimpresionado en los grandes acontecimientos. Pero, al margen de los acontecimientos y del papel que pretenda arrogarse en ellos, usted estuvo allí. De su informe me interesa el lado oscuro. Cuando dobla la esquina. Su conocimiento cierto, peligroso, heroico, del peor crimen del siglo:

> La persecución de los judíos, que en aquellos últimos tiempos eran considerados como verdaderos bandidos, ofrecía amplias posibilidades a toda una numerosa fila de ladrones, asesinos, sádicos e invertidos de encontrar en la expoliación, en la muerte y en los atroces sufrimientos de estos desgraciados, la ocasión de enriquecerse y, al mismo tiempo, el alivio a sus instintos bestiales. Más de una vez tuve que conversar con individuos de los cuales se conocía la costumbre de pasar la noche torturando y matando hombres, mujeres y niños. Judíos protegidos por España que, presos por los nyilas, yo conseguía liberar después de que hubieran pasado algunas horas en una de aquellas innumerables prisiones del partido, volvían a las casas en condiciones gravísimas; generalmente tenían la cara desfigurada por los golpes recibidos y múltiples fracturas en las articulaciones del tórax. En el cuartel Radeski [Radetzky], todas las noches, un grupo de sádicos violaba, previas fustigaciones y otras torturas, a decenas de jovencitas, algunas de poco más de diez años, que luego mataban; en otros lugares grupos de invertidos hacían la misma cosa con chicos. De estos bárbaros tratos fueron víctimas también, desgraciadamente, algunos protegidos españoles de ambos sexos.

Yo le agradezco de su crónica, *signore*, hasta el *name dropping*, esa técnica que consiste en disponer un tendido eléctrico de nombres para que el cronista reciba de ellos su luz. O para decirlo con el Webster: «La costumbre de intentar impresionar a otras personas mediante una estudiada pero aparentemente casual mención de nombres de personas o amigos prominentes». Yo le agradezco que se ilumine, por ejemplo, con el policía Tarpataki, que fue uno de los organizadores del gueto internacional. Al fin y al cabo, usted saca a Tarpataki del hoyo del olvido.

> Con la finalidad de preservarme de cualquier sorpresa me aseguré la colaboración del comandante de policía, de aquel barrio, el mayor Tarpataki. Ya que él un día me confesó que se le obligaba a cumplir aquella ingrata tarea bajo amenaza de muerte y que estaba preocupado por lo que le pasaría cuando los rusos ocuparan Budapest. Puesto que yo había podido conocer y apreciar su obra moderadora durante aquellos atormentados días, le aseguré que lo defendería (de hecho cuando le prendieron presenté al jefe de la policía política húngara un memorial en su defensa).

Un memorial. Una cuartilla manuscrita, escrita a mano en lengua italiana, repleta de tachaduras donde usted defiende a Tarpataki cuelga de la página web que mantienen sus herederos. No hay fecha, ni mayor información paratextual. Quién sabe de dónde viene ese papel. No puede discutirse. Esas huellas de su vida que no deben discutirse, porque son, en puridad, indiscutibles. En efecto, prendieron a Tarpataki. Fue objeto de un proceso. Y condenado a ocho años de cárcel, a pesar de que un gran número de personas testimoniaron a su favor. Su actitud le honra, *signore*. Es una lástima, aunque no una sorpresa, que el profesor húngaro László Karsai, un especialista en la historia del gueto internacional y del propio proceso a Tarpataki, nos escribiera terminante después de una inspección de sus documentos:

> En ninguna parte se menciona al señor Jorge Perlasca.

Vamos a acabar agobiados uno del otro. Déjeme salir un momento.

50

Kazimierz, donde vivían la mayoría de los judíos asesinados de Cracovia, es uno de los lugares más agradables de la ciudad. Ya he dicho que le falta poco para convertirse en un pequeño *village*. Aunque queda mucho todavía por reconstruir y por limpiar. Al salir del hotel esta mañana, camino de la fábrica Schindler, una madre rolliza pone a cagar a su niña, casi mocita, en un rincón próximo a la sinagoga Stara. Pasan los transeúntes y yo soy un transeúnte. La niña evacua y la madre le limpia el culo con unas cuartillas y con cierto detenimiento. Luego se sube las bragas, grandecitas, y juntas entran en la sinagoga. Me fijo mucho en todo y sigo hacia la Schindler.

La antigua fábrica es un museo extraordinario que reconstruye la vida de la ciudad entre 1939 y 1945. La reconstrucción, hecha con periódicos, objetos cotidianos, voces, muebles, maquetas, películas, parte de un hecho violentamente aritmético: antes de la guerra vivían en Cracovia unos 20.000 judíos de los que murieron alrededor de 18.800. El museo fue concebido por el éxito impresionante de la película de Spielberg. Yo estoy escribiendo este libro por la película, y la memoria de los diplomáticos europeos que trataron de salvar la vida de las comunidades judías cuajó por esa película. Se trata del mérito de *La lista de Schindler* y de las ficciones sobre la Historia, en general. La otra cara del mérito son los problemas que tiene cualquier escritor cuando vuelve sobre un hecho que el cine ha narrado y comprueba con desesperación que escribir es corregir. Y que su único trabajo es decapar los mitos sucesivos que las exigencias emocionales del cine han ido acumulando. Porque es verdad que el cine rescata muchos hechos del olvido; pero generalmente para trasladarlos al otro pozo profundo de la ficción. *La lista de Schindler* adolece del problema señalado por Álvaro Lozano: a diferencia de lo que sucedió en la vida, casi todos se salvan. Como si de los veinte mil judíos de Cracovia solo hubiesen muerto doscientos. No. Todo el mundo murió. Y el problema tecnoemocional de las películas es que no pueden narrarse con un fundido en negro. Murieron. También murieron los principales de sus altísimos verdugos. Qué grave derroche la pena de muerte. El interés que habría tenido Eichmann encerrado de por vida, examinado cada cuarto de hora por los científicos de la conducta y sometido a la probabilidad de abrirse a la verdad que trae el envejecer, ¡ese aflojamiento general de esfínteres! Qué dilapidación. Una de estas noches de viaje, de vueltas y duermevelas, cuando una idea se prende obsesiva y tú solo quieres dormir como una blanca tabla rasa, pensaba proponer formalmente al mundo legal la obligación de que todo psicópata entregara su cuerpo a la ciencia. La pena de muerte que necesita nuestro tiempo.

51

Cassio [Casimiro Florencio Granzow de la Cerda], durante sus días como diplomático en Polonia.

Salgo temprano de Cracovia, porque quiero llegar a media tarde a Budapest. Los caminos más razonables pasan por Brno y Bratislava. Pero el mapa muestra una línea recta casi irresistible, que atraviesa Eslovaquia y llega a la capital de Hungría empleando unos doscientos kilómetros menos, aunque más difíciles. Voy a coger esa carretera. Será larga, calurosa, pesada. El atasco tendrá un volumen formidable y durará horas, porque es sábado y toda Polonia ha venido a refrescarse a la sombra de los Cárpatos. Pero la carretera pasa lo suficientemente cerca de Zakopane para que ese nombre convoque otro nombre: Cassio. Hay cerca de siete horas hasta llegar a Budapest y creo que, *on the road*, habrá lugar para explicar su historia. Un bien colateral que este libro va a permitirse, entre otras cosas porque *Los héroes de la embajada de España* es un título de amplio espectro y Cassio un héroe desconocido.

Fue Sergio Campos el que dio con su nombre anotado en los legajos de la embajada de España en Berlín que se guardan en el archivo del ministerio de Asuntos Exteriores español. Una firma, una transcripción (Cassio) y una función: Encargado de los Intereses de España en Varsovia. Y tres informes, mejor tres cartas, dirigidas a su amigo y embajador en Berlín, Ginés Vidal y Saura, escritas a dolorida uña de caballo en plena huida de Varsovia camino de Praga. Las cartas eran algo más que el desahogo de emociones del que abandona una ciudad caída. Y añadían al carácter franco de una correspondencia entre amigos la ordenada estructura del informe que se remite a un superior jerárquico: mientras Cassio le describía a Ginés las escenas de descomposición moral entre quienes esperaban aterrados la llegada de los rusos, el encargado de intereses le informaba al embajador de las consecuencias políticas del caos. Lo hacía, además, con orden y mesura; es decir, subrayando el inmenso drama del modo más eficaz. Por lo demás las cartas traían una agradable novedad a la historia de la solidaridad humana: de ellas se deducía que Cassio había salvado varias vidas de judíos.

Cassio venía de Casimiro, de *Kazito* en polaco, pronunciado en español como Casyito. De Casimiro Florencio Granzow de la Cerda, políglota, nacido en Varsovia en 1895, de padre polaco y madre de Valencia, duque de Parcent, grande de España, cuya bella cara de niño pintó Sorolla. Ejerció de aristócrata, de empresario, de cosmopolita y de patriota. Su vida diplomática empezó en 1919 al crearse la representación de España en Varsovia: hasta la llegada de la República fue agregado y cónsul honorario. Después de trabajar a favor de la insurrección franquista volvió en 1938 a su puesto diplomático polaco. Lo que allí vivió quedó escrito en un libro insólito y desconocido, *El drama de Varsovia (1939-1944)* (1946). Ningún otro diplomático español en guerra, ni en Budapest ni en Atenas ni en Rumanía ni en Berlín ni en Viena, escribió sobre lo que vivió al punto desesperado de este libro, a veces un álbum de estampas del infierno, otras un ensayo político y siempre un relato de la historia cuajándose en la sangre del presente. Para escribirlo Cassio se basó en documentos, testimonios de personas que eran de su confianza y a veces en sus propios ojos, como en esta escena del verano de 1942 en Konstancin, una estación balnearia con fama de calmar a los que tienen destrozados los nervios por la vida:

> Después de haber efectuado un paseo me senté a descansar cerca de un pequeño bosque de pinos. De pronto, a unos pasos de mí, salió de unas matas una niña de unos diez años. El aspecto era esquelético. La expresión de sus ojos y de su rostro, color de cera, reflejaba el hambre y el agotamiento. A duras penas arrastraba a un hermanito suyo, de unos seis años, completamente extenuado. Tímidamente se acercó a mí y me hablaron. Eran judíos y sus padres habían sido exterminados en un pueblo cercano. Ellos pudieron huir milagrosamente y esconderse. Así llevaban ya dos semanas, acechándoles constantemente la muerte y el hambre. Solicitaron les socorriese. Tres terrones de azúcar llevaba en el bolsillo, y me apresuré a dárselos, juntamente con un puñado de *zlotys* para que pudiesen adquirir algo de comida o de leche en la tienda más cercana. Con muestras inequívocas de agradecimiento, se alejaron. A los pocos instantes oí dos detonaciones. Al volver rápidamente la cabeza pude ver el espantoso cuadro. Los cuerpos de los dos inocentes se sacudían frenéticamente en el suelo: eran los estertores de la muerte. Entre tanto un uniformado, orgulloso de haber cumplido la orden

recibida de exterminar judíos donde los encontrase, se alejaba de aquel lugar silbando, a la vez que jugaba y acariciaba a un soberbio perro que le acompañaba.

El drama de Varsovia pasó para su publicación en España el pertinente informe de censura. Lo primero que hizo el censor fue responder a las preguntas habituales y codificadas:

> ¿Ataca al dogma o la moral? No.
> ¿A las instituciones del régimen? No.

Es comprensible que también negara valor documental o literario al libro. Sobre todo, porque inmediatamente incluiría el siguiente comentario manuscrito:

> Libro crudísimo y durísimo. Muy apasionado y a mi juicio parcial. No obstante la superior jerarquía determinará la oportunidad de su publicación.

El libro, que en efecto era parcial porque estaba en contra del asesinato, se publicó con supresiones en trece páginas. Un año después el ministerio español de Asuntos Exteriores convocó a Cassio y a otros tres diplomáticos para que relataran sus experiencias en la salvación de judíos. Por desgracia, la respuesta de Cassio, si la hubo, no parece que quedara en los archivos ministeriales. El aristócrata tenía, en efecto, mucho que contar. Lo demostraba su libro y las tres cartas, precisas y conmovedoras, que escribió a Ginés Vidal. La primera estaba datada en Zakopane, el 31 de julio de 1944. Acababa de cumplir los cuarenta y nueve años. Y así describía el momento:

> Querido Ginés:
>
> He salido de Varsovia el día 26, en uno de los últimos trenes para Cracovia, en medio de un desbarajuste general y con una sola maleta de mano. En Cracovia he estado dos días descansando pues el viaje había sido terriblemente cansado (dos días de pie y sin comer) [...] Perdona que escriba esta carta con una mala pluma y bastante deshilada en las ideas. Estoy cansadísimo y lo hago en fatales condiciones, apoyado sobre una maleta como escritorio. No quiero, sin embargo, dejar de mandarte estos renglones cuanto antes, por temor que ya no puedan llegarte por estar cortadas las comunicaciones, lo que se teme que puede suceder de un momento a otro.

La peor de las hipótesis que esbozaba en esa carta acabaría por cumplirse. La insurrección de Varsovia del primero de agosto no recibiría el apoyo de los aliados y la matanza que los nazis desencadenarían en la ciudad impedirían su retorno. Un mes después, el 28 de agosto de 1944, escribiría a Ginés Vidal su segunda carta, desde Praga. Su descripción de la matanza es exhaustiva. Para comparar la resistencia polaca frente a los nazis acude a inequívocos héroes españoles:

> La epopeya varsoviana actual habrá de pasar seguramente a la historia como un testimonio de lo que un pueblo es capaz de realizar para reconquistar su anhelada libertad, y solo puede compararse por su bravura, heroísmo y tenacidad a los gloriosos episodios españoles del 2 de Mayo o la inolvidable hazaña de los defensores del Alcázar.

Cassio rendía homenaje a los antinazis en nombre de Franco. Lo mismo que Sanz Briz y la gran mayoría de diplomáticos españoles implicados en la tragedia. Lo importante de la segunda carta de Cassio estaba, no obstante, en su impecable análisis de la realidad, que ha resistido el paso del tiempo incluso en episodios tan siniestros y manipulados como la matanza soviética del bosque de Katyn.

> No conviene olvidar la matanza de Katyn, pues a pesar de cuanto digan en Moscú se puede dar por seguro que sobre los soviets ha de recaer la culpabilidad de esa tragedia, cometida contra oficiales y militares polacos. Ello no significa que Alemania no tuviese conocimiento de ello, cuando tuvo lugar y mantenía con Rusia relaciones de estrecha amistad, aunque solo diese a conocer la noticia con carácter sensacional cuando mejor convino a su propaganda. Por eso en Polonia se culpa sobre este acto tanto a Rusia como a Alemania, que al fin y a la postre ha empleado los mismos métodos que aquella, pero aún en mayor escala, y por tanto no se la puede considerar investida de ninguna autoridad moral para hablar y condenar los métodos bolcheviques.

Cualquier lector de *El drama de Varsovia* evaluará hasta qué punto Cassio fue testigo de los tremendos acontecimientos que narraba. No era un escritor profesional y las estrategias narrativas de su libro pecaban de vacilantes. Un párrafo de esta segunda carta a Ginés Vidal también servía para despejar dudas concretas:

> Yo mismo he presenciado en los alrededores de Varsovia, en Otwock, e involuntariamente como es natural, una de estas *razzias* que costó la vida a un par de miles de israelitas. También a pocos metros de mí, en las afueras de Varsovia, vi matar fríamente por un policía alemán, a una niña de diez años y a su hermano menor de unos cinco, que pedían limos-

na por el solo hecho de ser judíos. Casos como estos podría citarle por cientos.

La carta describía también cuál había sido la actitud de Cassio frente a la tragedia. No puramente descriptiva. No puramente diplomática. Aunque nunca de modo puramente individual, y siempre en el explícito nombre de España.

> Durante estos cinco años me cabe la satisfacción de haber llevado a efecto, en nombre de España, una obra humanitaria, tratando de salvar muchas vidas, a veces con fortuna, y otras sin ella [...] Y esta gestión no siempre era fácil, teniendo que maniobrar con gran habilidad para mantenerme dentro de una estricta corrección y neutralidad, sin despertar sospechas, que pudieran acusarme de simpatizar en exceso con el vencido. Me cabe la alegría de haber salvado bastantes vidas, a fuerza de almuerzos y comidas con abundancia de bebida. Todo ello me ha costado bastante dinero y muchos nervios, pero he hecho lo que consideraba un deber elemental, y con ello ha salido también ganando el buen nombre de nuestra Patria.

Obviamente, y como en algún otro caso célebre, se trataba solo de la palabra de Cassio. Pero estaba dicha a un amigo y cuando la actitud de España hacia los perseguidos por la barbarie nazi no estaba aún completamente definida por el sesgo de la guerra. Traté de precisar el qué y el cómo de esa ayuda. Pero todo fue inútil. Incluso la visita al hijo.

52

El actual duque de Parcent vivía en Madrid y cuando fui a verle había cumplido ya los ochenta y ocho años y acababa de salir de un ataque vascular. Su memoria era escasa. Y los dramas del siglo le habían obligado a pasar demasiado tiempo alejado del padre. Cuando Europa recobró la paz Cassio emigró a la Argentina: sus propiedades polacas habían caído en manos del comunismo. El hijo quedó en Madrid, al cuidado de la madre. Un día de septiembre de 1968 sonó el teléfono y una voz le dijo de golpe: «El duque ha muerto». Tenía setenta y tres años. El hijo guardaba algunas cartas familiares y varias fotografías. En la mayoría Cassio muestra la apariencia del hombre feliz y *bon vivant* que siempre quiso ser. Corpulento y subido de peso, por su refinado amor a la comida.

—Su padre le contó alguna vez que invitaba a comer a oficiales alemanes y que en el calor de la conversación...

—Sí, algún ágape o almuerzo.

—Y que como resultado había conseguido la liberación de judíos y presos políticos polacos.

—Sí, a veces la liberación, a veces una suavización del castigo. Que, por ejemplo, a los que iban a matar los condenaran a cadena perpetua.

Tampoco pudo ayudar mucho a la memoria Karol

Meissner, monje benedictino en Lubin y nieto de la escritora Sofía Casanova. Cassio la citaba en su segundo informe:

> Volviendo a Varsovia, ya te he dicho en mi carta anterior que de la colonia española solo han quedado allí Sofía Casanova y su vieja doncella Josefa López, ambas ancianas, y que en modo alguno podían emprender un viaje en medio de las dificultades existentes, pues se hubiesen quedado en el camino. Además Sofía no quería separarse de sus hijas y nietos, que constituyen una numerosa familia. Todos ellos los he dejado viviendo en el campo, en las cercanías de Varsovia, y es de esperar que nada habrá de sucederles ya que todo estaba previsto para que estuviesen debidamente amparadas.

Eran dos ancianas, en efecto. Aunque Sofía, que había cumplido los ochenta y tres años, y ya estaba casi ciega, sería una mujer longeva y moriría en 1958, a los noventa y siete años. Al final de la guerra, y parece que sin su consentimiento, se editó *El martirio de Polonia* (1945), notas autobiográficas sobre su experiencia en Varsovia en los años 1939 y 1940. Fue también su martirio, y el de su memoria:

> En la catástrofe de Varsovia salimos de la casa ardiendo, habiéndolo perdido todo. Ni un retrato de mi madre tengo, ni nada que hable de mí a mis nietos.

La vida de Sofía Casanova fue un incesante ejercicio de supervivencia. Su último artículo publicado en *ABC*, datado el 9 de junio de 1944, se titulaba «Lejos y cerca». Un adolescente de dieciséis años está leyéndole en voz alta el *Quijote* en la Varsovia destruida hasta que se apaga la luz del día y suena «la última campana de las ocho. Es la hora de queda en la ciudad». Pena que Sofía Casanova fuese ya tan vieja y esa fuera su última palabra sobre Polonia.

Era razonable creer que su nieto Meissner, al cuidado de una página web sobre la escritora, pudiera ofrecer nuevos datos sobre Cassio. Meissner hablaba español y era monje benedictino en Lubin. Sergio Campos trató de ir a verle, pero, extraviado por las carreteras de Polonia, nunca dio con Lubin. O eso dijo. Cuando logró hablar por teléfono con Meissner me envió esta nota:

> Querido Arcadi:
>
> El convento estaba más lejos de lo que creí. Llegué a un pueblo llamado Lubin, pero era otro Lubin. Al final pude hablar por teléfono con el monje. No conserva documento alguno, ya que el archivo de la escritora ardió durante la insurrección de Varsovia, en agosto de 1944. Me ha contado que Kazito tenía muchísimo contacto con los alemanes, gracias a que hablaba el idioma perfectamente, y que conocía a muchos de ellos, aunque «nunca quiso entrar en los ojos de los alemanes». No sabe cómo huyó Cassio de Varsovia, ni tenía idea de que hubiera salvado judíos, aunque «era un personaje que podía hacerlo», por carácter y por dinero, ya que le sobraba, y «no ganaba dinero para sí mismo».
>
> Un abrazo,
>
> SERGIO

La última carta de Cassio estaba datada así: «Provisionalmente en Praga a 31 de octubre de 1944». Sus primeras líneas eran lapidarias: «Varsovia es una ciudad muerta». Entre sus espantosos detalles estaban los párrafos dedicados a la actividad de calmucos y cosacos, a los que los alemanes encargaron tácitamente la limpieza de la ciudad:

Los actos de violencia, principalmente contra jóvenes y muchachas y hasta niñas, desencajadas por el terror de cuanto ya llevaban viviendo, han sido también muy numerosos, y se han realizado con una barbarie y salvajismo, acompañado de cinismo difícil de describir. Ante la vista de los propios alemanes, que nada han hecho para impedirlos, fueron convertidos algunos tranvías en verdaderos lupanares. En varios de los que fueron lugares céntricos de la ciudad, en plena calle y entre ruinas, instalaron estos vehículos y los amueblaron con camas, sofás y butacas robadas en las casas, y se dedicaron a la bebida y a violentar con los más bajos instintos a mujeres y niñas indefensas acompañando estas orgías con canciones a los acordes de «balalaikas». Las autoridades alemanas, como digo —y tengo confirmadas estas referencias por un amigo mío, director de un banco varsoviano—, presenciaban sin inmutarse todas estas escenas, respondiendo a veces a las voces de socorro y súplicas que les dirigían estas inocentes víctimas; que nada podían hacer, por no estar bajo sus órdenes directas, aquellas hordas de salvajes...

Lo curioso es que, una vez terminado este saqueo organizado de la ciudad, y de sus habitantes, y después de haber capitulado los sublevados de Varsovia, los calmucos y cosacos fueron retirados a unos cuarteles situados en los alrededores de la ciudad, con sus bolsillos repletos de dinero y alhajas. Una vez allí, con la excusa de hacerles pasar por una desinfección, les hicieron desnudarse y dejar sus ropas, obligándoles a salir por otra puerta, en donde les dieron ropa limpia, pero ya no volvieron a entrar en posesión de sus tesoros.

53

Cassio escribió, entre sus informes y sus libros, una notable crónica contemporánea de Polonia. Vio y sufrió junto a muchos polacos, y pudo contarlo. Su testimonio incide en los dos misterios fundamentales de la última guerra europea. El primero ha sido muy descrito: cómo fue posible. El segundo, menos: cómo y por qué pasó Polonia, y Europa entera, de la destrucción a la larga paz. Cualquiera que atraviese Centroeuropa, como yo ahora mismo, no deja de pensar en el misterio de la reconciliación. En este inmenso subsuelo de sangre, alemanes, franceses, polacos y rusos viven ahora en paz y comercian, y eso sucede cuando hay aún millones de hombres que recuerdan el odio y la muerte y muchos que participaron directamente en él. Las atrocidades que cuenta Cassio sobre la destrucción final de Varsovia suponen el nivel mayor de envilecimiento que mi época habrá conocido. Y sin embargo un nuevo pacto de civilización ha sido fundado a partir de un rápido olvido. Esta recuperación apoya la tesis del psicólogo Steven Pinker, desarrollada en *Los ángeles que llevamos dentro* (2011), de que la Segunda Guerra Mundial fue un pico anómalo, ¡casual!, en un proceso de civilización profundo, duradero e imparable, cuyas raíces están en la Ilustración. Y también es compatible con la tesis de diversos historiadores y politólogos de que la barbarie nazi fue, principalmente, la obra audaz de una banda de criminales. Dice el politólogo John Mueller, citado en el libro de Pinker:

> Las circunstancias históricas no requerían esencialmente esa contienda, y los principales países europeos no se hallaban en una trayectoria de colisión susceptible de conducir a la guerra. Es decir, si Adolf Hitler se hubiera dedicado al arte y no a la política, si hubiera sido gaseado algo más a fondo por las trincheras de 1918, si hubiera sido él, no el que marchaba a su lado, quien hubiera sido tiroteado en el golpe de Estado de Beer Hall de 1923, si no hubiera sobrevivido al accidente de automóvil que sufrió en 1930, si no se le hubiera otorgado el puesto de líder en Alemania o si hubiera sido destituido de su cargo en cualquier momento antes de septiembre de 1939 (y quizá incluso antes de mayo de 1940), la guerra más importante de Europa seguramente no se habría producido jamás.

El proceso de civilización abonó la tierra del olvido. Una tierra, en cualquier caso, ya fértil. El que se dedica a la reconstrucción del pasado vive una incómoda paradoja. Sabe que la memoria es una conquista moral, un fruto de la civilización. Pero al mismo tiempo no puede ignorar que el olvido es un fruto de la evolución, adoptado por selección natural. La especie no sería sin olvido.

54

Los viajes son muy entretenidos para la cabeza. Tengo que entrar ya en Budapest, pero queda ahí algo colgando, tal vez un ahorcado. La atribución del curso de la historia a un hombre, como en el caso de la interpretación que hace de Hitler y su banda los responsables principales del Holocausto y que insiste en que sin Hitler no habría optado Alemania por la hecatombe, obliga a redefinir la moral del magnicidio y del terrorismo en general. Entre todos los supuestos que cita Mueller, accidente, gaseado, destitución, falta el que plantea un asunto moral inquietante. Es el asesinato. Si la muerte de un hombre puede detener un genocidio no es fácil ver qué precaución ética impediría propinársela. La hipótesis de que tragedias como el nazismo tengan un autor descarta la confortable elusión del problema que plantean muchas interpretaciones de las ciencias sociales, especialmente vinculadas con el marxismo y que sostienen que, en una circunstancia histórica determinada por la infraestructura, la superestructura y sus siempre esotéricas relaciones, la aparición de un hombre que ejecute el plan de la historia es inexorable, lleve bigote o no. Este punto de vista descarta el terrorismo no solo por razones morales, humanitarias, sino también por cuestiones de eficacia: la liquidación del hombre no supone la liquidación del problema. De vuelta al caso de Heydrich, la oportunidad del magnicidio podría evaluarse entonces en términos de coste/beneficio: si la muerte del genocida compensa o no el reguero de muerte que va a desencadenarse. La única reserva es kantiana, naturalmente: el imperativo de que el hombre, tú o cualquier otro, sea fin en sí mismo y no mera herramienta de las acciones. Pero acudir a Kant supone siempre ir justo de gasolina.

Y es en estos coloquios como llego al lugar de los hechos, respetando la vieja ilusión de mi oficio según la cual hay otro lugar aparte del tiempo.

55

Signore, aquí estoy de nuevo. Y en un pasaje clave de su informe.

> El 22 de diciembre las legaciones tuvieron una reunión preparatoria para la redacción de una nota de protesta firmada a la mañana siguiente por los cinco Jefes de Misión (SE Rotta, Nuncio Apostólico; SE Danielsson, ministro de Suecia; doctor Feller, encargado de negocios de Suiza; conde Pongraz, encargado de negocios honorario de Portugal; Perlasca para España).

Era diciembre y Budapest estaba a punto de caer en manos de los soviéticos. Es probable que la inminencia de la derrota llevara a muchos nazis húngaros a la desmoralización y la huida. Pero también al crimen y a la venganza hasta niveles difíciles de comprender, que se mantuvieron hasta el último aliento. Baste saber que tres días antes de la llegada de los rusos, ya a mitad de enero, los nyilas entraron en un hospital judío y asesinaron a 154 personas, entre ellos 130 pacientes. Desde principios de diciembre partidas de nyilas iban buscando judíos, incluso en los edificios de la Cruz Roja, fueran oficinas u hospitales. Y a mediados de mes las autoridades nazis empezaron a trasladar niños al gueto común, incluyendo también los protegidos por la Cruz Roja. Cientos de ellos fueron llevados allí. Las protestas del organismo humanitario y de las legaciones neutrales lograron paralizar los traslados, que se reanudaron a partir del 20 de diciembre. En este contexto hay que inscribir la reunión a la que alude Perlasca en su informe y que acabó con la redacción de un comunicado donde se imploraban comprensión y piedad al gobierno nazi:

> Sería incomprensible castigar a inocentes o tomar medidas de represalia contra seres absolutamente incapaces de hacer el menor daño. [...] Se oye decir que los judíos son los enemigos de Hungría, pero incluso en un Estado de guerra el derecho y la conciencia condenan cualquier acto de hostilidad contra los niños.

Naturalmente, la importancia del comunicado está en su noble propósito. Sin embargo, y para el asunto que nos afecta, el documento también es importante. Probaría que usted ejerció en algún momento como representante de la legación española y que merece el título de *impostore*. He de advertirle que he investigado hasta la raya de la estupidez el citado documento. El texto completo está en el Vaticano, reproducido en las *Actes et documents du Saint-Siège relatifs à la Seconde Guerre Mondiale*. Una nota al pie dice:

> Cette fois-ci, les signataires étaient: «Angelo Rotta, nonce apostolique; Carl Jvan Danielsson, ministre de Suède; Harald Feller, chargé d'affaires de Suisse; Jorge Perlasca, chargé des affaires d'Espagne; Compte de Pongrac, chargé des affaires de Portugal».

Sin embargo, en los archivos del Vaticano solo consta la transcripción, no el documento original ni su copia. Y en los archivos húngaros ni una cosa ni otra. Las actas de reuniones recogidas en el Vaticano son tres, de agosto, noviembre y diciembre. En la de agosto se incluye la firma de Miguel [*sic*] Sanz Briz, en la de noviembre no hay firmas y es en la de diciembre donde aparece transcrita la firma de Perlasca. Todo esto es muy engorroso y confuso. Si tiene curiosidad, vaya hasta los créditos de libre elección, al final del libro, donde la historia prosigue por veredas aún más enrevesadas y viciosas. Me disgustaría que dedujera de todo esto que quiero echarle de aquel Budapest. Voy a repetirlo una vez más: estuvo y merece la honra. Pero debo precisar sus pasos y mientras el original del acta vaticana no aparezca con su firma hay que poner en suspenso una transcripción que pudo hacer cualquiera, en circunstancias que se desconocen. Debo precisar sus pasos, además, porque la autoficción que usted practica supone siempre echar a patadas a alguien que también estuvo. Cualquiera que lo leyera, solo a usted y hasta el final, hasta esa voz de ultratumba que resuena en la última y patética propaganda del libro de Hallenstein y Zavattiero, pensaría que en aquel invierno solo estaba usted frente a los criminales. Y que los inutilizó a todos con el franco poder perlasca de su mirada. No logrará que crea que usted suplantó a Sanz Briz, que puso firme cada mañana a la peor banda de asesinos de aquella Europa terminal, que mantuvo altos coloquios diplomáticos, y hasta filosóficos, con las autoridades nazis veinte minutos antes de que la ciudad cayera en manos soviéticas, que liberó a dos niños judíos de las garras del propio Eichmann, como llegó a contar en alguna entrevista, ya de viejecito, dando diferentes versiones del hecho. Pero, en cambio, y como ya le he dicho, no dudo de que acompañó y alentó y apoyó al abogado Farkas en sus trámites. Aquel abogado que, después de veinte años al servicio de la legación de España, sabía los idiomas necesarios, conocía a los funcionarios necesarios y tenía en la cabeza las leyes necesarias. Y que no tuvo necesidad de mayor impostura para seguir haciendo su trabajo en la legación en los últimos días del Budapest nazi. Ni siquiera la relativa impostura del sacrificio personal. Farkas, como madame Tourné, había pedido refugio a Sanz Briz en la legación porque allí se sentía más seguro que en su propia casa. Creo que fue Farkas el hombre que sustituyó a Sanz Briz, *signore*. No solo lo creo. Está la carta, un viejo trozo de papel húngaro:

> A la atención del Sr. Dr. Farkas
> Embajada de España
>
> Por la presente, le informo al Dr. Farkas que esta mañana a las 6 horas ha empezado la evacuación de las casas protegidas. En estos momentos la evacuación se está llevando a cabo en la calle Pozsonyi. Según fuentes no identificadas, todas las personas de las casas protegidas serán trasladadas al gueto. Teniendo en cuenta la pretensión del Dr. Farkas referente a la salvación de los protegidos españoles se necesitan gestiones inmediatas ya que los policías están actuando en nuestra calle. Se supone que la orden ha sido dada durante la noche porque ayer por la tarde al hablar con el comandante adjunto de la comisaría del barrio, él aún no estaba enterado de nada. La evacuación y el traslado de las personas se está realizando conjuntamente por policías y crucifle-chados.

Reiterando la urgencia de gestiones inmediatas, quedo de usted.

Atentamente,
Szebenyi (?)
4 de enero de 1945

Ps./ Actualmente en nuestro barrio no hay bombardeo ni cañoneo.

No sabemos quién escribió la carta. Es probable que fuera el portero de esa casa de Pozsonyi. Pero la carta, un raro y milagroso vestigio, prueba el determinante papel de Zoltán Farkas y Astorga en la gestión del salvamento de los judíos. Nada más lejos de mi intención, sin embargo, que usar a Farkas para sacarle de la escena. Estuvo, *signore*, lo sé, una vez más. Conozco aquella carta que le escribieron con el Budapest ya liberado de los nazis, cuando ya estaba a punto de volverse a Italia.

Señor:

Nos enteramos con pesar que va abandonar Hungría para regresar a Italia, su patria. Querríamos aprovechar la ocasión para expresarle el afecto, el reconocimiento y la estima de varios miles de judíos perseguidos por los nazis alemanes y por los fascistas húngaros, que se encontraban bajo la protección de la Legación española.

Nunca, nunca olvidaremos que no solo trabajó incansablemente donde estábamos alojados para que tuviéramos víveres, sino que también tomó a su cuidado los niños, los ancianos y los enfermos con una ternura que no podemos expresar en palabras. Nunca olvidaremos que usted alentó a los desesperados y actuó en nuestro interés con la más grande astucia y el mayor coraje, cuando nuestra situación era

> tan desesperada; y sabemos también cuántas veces arriesgó su seguridad y su vida para salvarnos de los asesinos. Nunca, nunca omitiremos su nombre de nuestros rezos y rogamos al buen Dios que le bendiga porque solo él puede recompensarle.

Y la otra carta, también, que una veintena de refugiados en la embajada le dirigieron el 16 de enero de 1945, el mismo día que las tropas soviéticas controlaron la zona de la legación española. Una carta similar, aunque firmada por menos personas, a la que pusieron en manos de Farkas, y tal vez del resto de empleados de la legación, incluyendo a madame Tourné. Los dos documentos estaban destinados a evitar problemas con los nuevos ocupantes del país, a certificar un pasado honorable y a facilitar la salida de una Hungría acosada por la inminencia comunista. Pero su carácter instrumental, de salvoconducto, no disminuía el calor ni la gratitud que los inspiraban.

No solo estuvo, *signore*, sino que supo narrarlo, y a veces provocando una conmoción que atraviesa indemne el tiempo. No creo que haya en ningún idioma demasiadas crónicas comparables a la suya de aquel invierno. Especialmente cuando echándose a un lado permite que veamos el paisaje de un modo veraz y tristísimo:

> El día de Navidad, preocupado porque la residencia de Buda [donde vivía Sanz Briz y que estaba ocupada por decenas de refugiados] no respondía a las llamadas telefónicas, pedí al comando alemán permiso para cruzar el Danubio y al obtenerlo me fui con el abogado Farkas a Buda. La residencia estaba en la zona de batalla y había padecido ya daños en la parte superior. Pudimos entrar andando a gatas e hicimos lo que pudimos para animar a los refugiados. [...] Volví a

Pest, dimos una vuelta por la ciudad para ver lo que estaba pasando: la ciudad estaba bajo el dominio de bandas armadas nyilas, que mataban judíos y sospechosos de antifascismo por las calles. El abogado Farkas y el chófer, a pesar de que estaban provistos de pasaporte ordinario español y de la tarjeta del ministerio de Asuntos Exteriores húngaro, se arriesgaron a ser asesinados en el mismo coche, mientras recorrían la avenida Andrássy. La confusión fue tan grande que durante muchos días no se supo quién había asumido el gobierno de la ciudad. Siendo peligrosísimo salir de casa después del amanecer, desde aquel día me alojé en la Legación. No tuvimos noticias de la residencia de Buda, sino dos meses más tarde, es decir, después de la capitulación de Buda. Supe que el día 26 de diciembre a las 8 había sido ocupada por las tropas rusas y que a las 9, golpeada por una granada incendiaria alemana, se había quemado, quedando completamente destruida y que no había sido posible salvar los muebles, ni otras cosas, ni el coche del señor Sanz Briz, ni un pequeño Fiat que me había dejado dos días antes el señor Santelli, ciudadano italiano.

[...] Mientras se esperaba de hora en hora la llegada de las tropas rusas en la ciudad asediada había desaparecido la más mínima forma de legalidad. El comando alemán no se interesaba más que por la línea de fuego y había abandonado todo poder en manos de cuatro o cinco mil milicianos del Partido de la Cruz Flechada, los cuales, en ausencia de enérgicas directivas impartidas desde lo alto, mangoneaban sanguinariamente en la ciudad con la excusa de proteger las espaldas a los combatientes alemanes y húngaros. Cada mañana en las calles, en los alrededores del gueto común y en las orillas del Danubio se podían ver centenares de cadáveres de ciudadanos sacrificados al furor racial y político de los terroristas nyilas. La policía, institución tradicional, seria y moderada, no participaba en el control de la ciudad y llevaba a cabo pocos servicios. Alrededor de tres mil policías estaban encerrados en algunos cuarteles a la espera, se decía, del momento oportuno para dar la vuelta a la situación. La policía, consciente de las graves consecuencias que habría tenido para el pueblo húngaro una masacre de los judíos, intentaba proteger por lo menos el gueto internacional, situando en aquel barrio un centenar de hombres. La vida de las pocas personas que habían sido obligadas a desplazarse estaba sometida a las voluntades de las bandas nyilas.

[...]

La situación alimentaria era la más preocupante; nuestros protegidos estaban desprovistos de cualquier tipo de abastecimiento de alimentos y en el gueto común ocurrían a diario centenares de fallecimientos a causa del hambre y del frío. [...] Cada noche bandas de terroristas invadían el gueto matando, y robando los pocos alimentos que todavía quedaban. En la legación la mayoría de las veces nuestra comida se limitaba a una sopa de zanahorias. Con el fin de proveer a nuestros protegidos de lo indispensable para vivir, creamos a toda prisa una organización que nos permitió la compra, a precios astronómicos, de pan, grasas, azúcar y otros alimentos que diariamente con el coche de la Legación escoltado por los gendarmes se llevaban a las casas protegidas.

Permítame que le interrumpa, *signore*, pero el párrafo de su crónica que viene a continuación es una expresión perfecta de su ambivalencia, de su valor y de su vicio. Escribió:

El 1 de enero de 1945 la ametralladora de un avión ruso dio de pleno en nuestro coche Buick, que el día anterior había sido dañado por la explosión de una granada mientras me dirigía a inspeccionar y proveer de alimentos nuestras casas: el señor Szamosi, nuestro valiente colaborador que hacía también la función de chófer, quedó herido en la cabeza. Un empleado de la Cruz Roja y un gendarme de la escolta fueron heridos mortalmente.

No dudo de que usted fue uno de esos valientes que llevaba la comida a las casas. Pero es realmente digno de mención cómo se mete a codazos en el instante cenital del heroísmo hasta el punto de que el lector con prisa creerá que usted iba en aquel coche ametrallado, gracias al artificio de incrustar en la escena otra del día anterior donde nos informa, sin más detalles (si estaba usted dentro del coche, si el coche estaba aparcado o circulando, etcétera), que una granada dañó el Buick mientras se dirigía a cumplir una misión humanitaria. Tampoco comprendo bien por qué le parece poco llevar el alimento a las casas y tiene que ponernos a todos firmes con el verbo «inspeccionar». Para qué galones, ejerciendo como ejercía la autoridad del consuelo y la solidaridad. Esa, por cierto, por la que otros murieron, según usted mismo cuenta, aunque en este caso con parquedad de detalles:

> El coche quedó inservible. Desde aquel momento el abastecimiento de alimentos se haría de modo improvisado. Jóvenes protegidos se ofrecieron para venir a la Legación y efectuar traslados cargando a hombros los alimentos y en carretones. Muchos de ellos perdieron la vida porque reconocidos en el camino por bandas terroristas eran inmediatamente ejecutados: pero rápidamente eran sustituidos por otros voluntarios.

No sé tampoco si usted escribió al ministro Vajna, la única autoridad en el Budapest terminal, la carta que dice haberle escrito. De todos sus pasos, digamos superestructurales, no hay constancia en los archivos húngaros. Ni de sus pasos ni de usted mismo. Pero no importa. Yo busco estos párrafos que usted escribió en 1945, cuando nadie los había escrito todavía, cuando no era un sobrecogedor lugar común de la barbarie europea que a las orillas del Danubio ataban a los judíos en parejas, disparaban una bala sobre un solo cuerpo y la pareja caía al agua helada. Yo busco a ese hombre que ni escribía ni vivía de oídas. Y no al que hubo de inventarse la impostura consular para reforzar la posibilidad de obtener un rédito de las autoridades españolas en la hambrienta posguerra italiana. Lo sé. No deja de ser una interpretación. Pero no es solo mía. También es de Sanz Briz, recuerde: «Y no espere usted nada de nadie. Ni su gobierno ni ningún otro reconocerá sus méritos». Esto busco:

> [...] en mis excursiones diurnas en las distintas partes de la ciudad había visto millares de cadáveres asesinados abandonados en las calles y la nieve en las orillas del Danubio enrojecida con la sangre de tantos hombres, mujeres y niños bárbaramente muertos, cuyos cuerpos, atados de dos en dos, se podían ver flotar en el agua cerca de la orilla porque los hielos dificultaban su hundimiento: tenía bajo mi protección personal [personal: ¡ha de remacharlo!: ni aquí, siquiera, es capaz usted de apearse de la marcialidad] a una mujer joven que se había salvado en el último momento tirándose al agua cuando habían golpeado con una pistola en la cabeza a la hermana a la que no estaba perfectamente atada.

El problema es que el paisaje, también el moral, desaparece cada vez que usted ve la posibilidad de sacarle provecho. La madrugada del 5 de enero, por ejemplo. Las autoridades nazis habían decidido acabar con el gueto internacional y enviar a los protegidos al gueto común. Como recoge en su informe, el gueto era ya una fosa común:

> En tiempos normales vivían allí siete u ocho mil personas y ahora acogía a ochenta mil. Allí faltaban agua, gas, luz, leña, carbón, alimentos y medicinas. Por las calles, en las plazas y en muchos almacenes yacían, insepultos, varios millares de cadáveres de personas muertas de hambre y de fatiga, asesinadas por los nyilas o muertas por los bombardeos y ametrallamientos aéreos. Meter en el gueto común a unas veinte mil personas más habría significado la muerte en pocas semanas de la casi totalidad de los reclusos y la creación de un foco de epidemias.

La madrugada del 5 un grupo de nyilas llegó a la casa de Szent István Park 35. Así lo contó usted:

> El día 5 a las 5.30 horas de la mañana un joven protegido llegó a la Legación para avisar de que algunas casas habían sido ocupadas durante la noche por la policía con el objetivo de transferir los habitantes al gueto. El abogado Farkas y yo juzgamos que la cuestión ya comprometía el prestigio del Estado español, en nombre y por orden del cual siempre habíamos dicho que actuábamos. [...] Enseguida el abogado Farkas y yo nos fuimos, acompañados por cuatro gendarmes armados. Encontramos la casa ocupada por la policía, que ya había formado a los protegidos y esperaba una orden para llevárselos. Envié inmediatamente un policía a decir al mayor Tarpataki que el encargado de Negocios español se encontraba *in situ* y que esperaba explicaciones: poco después llegaba un oficial llevando una orden en virtud de la cual se suspendía la deportación.

Su retórica, *signore*. «La cuestión ya comprometía el prestigio del Estado español, en nombre y por orden del cual.» «Esperaba una orden para llevárselos.» «Envié inmediatamente.» Inmediatamente. «Esperaba explicaciones.» «*In situ*.» «Llevando una orden.» «Suspendía la deportación.» No dudo que fuera allí. Que colaborara decisivamente en su salvación. Pero atienda, por favor. Esta carta insustituible que había ido a buscarme Jaime Vándor.

> [...] Yo, Anna Vándor, vivía con 52 personas en un piso de dos habitaciones y media. Mis dos hijos y yo dormíamos y pasábamos el día en el suelo sobre unos colchones. Encima de la bañera se puso una tabla de madera y también allí dormían dos personas. En los últimos tiempos no había agua, lo que dadas las necesidades (WC) era catastrófico. Casi todos teníamos piojos y pulgas, pero por vergüenza evitábamos hablar de ello. Un día cayó un paracaídas sobre el edificio, se originó un incendio y se derrumbó una parte de la casa, con lo que aún tuvimos que albergar a más vecinos. Las bombas iban cayendo, pero no se nos permitía bajar al sótano. Los inquilinos cristianos tuvieron compasión y dejaron que los niños y los ancianos bajaran al refugio. Un día, a media mañana, contamos 96 impactos de metralla en nuestras dos habitaciones, cuatro personas resultaron heridas y las sacaron del piso. Otros ciudadanos húngaros pudieron trasladarse a zonas más seguras, pero nosotros éramos prisioneros, bajo una protección que no era tal. Un vecino llamado Berger fue requerido a bajar a la portería y nunca más se supo de él.
>
> Los días 5 y 6 de enero de 1945 todos los menores de 70 años debíamos estar preparados para ser evacuados. Ya habíamos podido observar diariamente escenas desgarradoras desde nuestras ventanas. Judíos sacados de otras casas protegidas, con mochilas, precariamente vestidos, niños peque-

ños, viejos y enfermos expuestos al hielo y a la nieve durante horas en espera de una muerte segura.

Nuestra desesperación, nuestros lloros y lamentos son inolvidables. La salvación de la deportación la debemos en primer lugar al portero que, pese a la prohibición, nos confió la noticia con anticipación, y en segundo lugar a un teniente y jurista judío llamado Georg Bárdos que, disfrazado de «cruz flechada», fue a las cuatro de la madrugada a la Legación de España. Allí solo quedaba la secretaria, Mme. Tourné, su hijo Gaston y un italiano que hablaba perfectamente el castellano y que vivía en el Consulado escondido como refugiado político. La secretaria instó a este señor a asumir el papel de un alto funcionario español, el cual, en representación del cónsul que ya había abandonado el país, vino a nuestra casa protegida y parlamentó con los policías, logrando un aplazamiento de 24 horas. Al día siguiente ya nadie vino por nosotros. Se decía que esto se debió al señor Bárdos. Desgraciadamente el salvador de 420 personas, al regresar la segunda noche, fue parado por los nazis que lo desnudaron en una portería y lo fusilaron en el acto. Sus padres se enteraron por un amigo cristiano que lo había acompañado.

Después de la guerra, el 30 de noviembre de 1947, en la misma portería de Szent István Park 35 fue descubierta una placa conmemorativa en memoria del heroico sacrificio de Georg Bárdos. La invitación fue firmada por el antiguo comité de vecinos de la casa protegida española: el catedrático de la Universidad Dr. Zoltán Aszódi, el abogado Dr. Hugó Dukesz y los directores Manó Gonda y Rezsö Ney [...].

Este es un fragmento de la carta que a principios de los años sesenta dirigieron Helene Devai y Anna Vándor al presidente de la República Federal de Alemania. Convendrá conmigo en que hay muchas cosas interesantes en esta carta. La presencia del joven Bárdos en primer lugar. Usted lo cita, sin dar su nombre. Pero, sobre todo, sin mencionar su papel. La secuencia que describe comienza con el aviso de madrugada del portero, que vienen a por vosotros. Continúa con el protegido Bárdos, disfrazándose de nyila para ir a buscar ayuda a la embajada española. Son cerca de las cuatro de la madrugada de una ciudad bajo cero, batida por los cañones del asedio, por completo a oscuras y sometida al toque de queda. Por la ciudad camina un judío disfrazado de nazi. Observo en el mapa la ruta que debió de tomar. Hay dos posibles. Bien por la calle Csanády bien por el bulevar Térez. La distancia es la misma: casi tres kilómetros. La diferencia estriba en cruzar por un extremo u otro la Estación del Oeste. No sabemos por dónde pero el valeroso Bárdos llega a la legación de Eötvös. Está madame Tourné, está Farkas, probablemente, aunque el relato no lo cite, y está un italiano que habla el español y que es usted, *signore*. La secuencia entra en un momento delicado, porque las señoras Devai y Vándor están afirmando algo importante y sorprendente: que madame Tourné le está instando, *signore*, a asumir el papel de un alto funcionario de la embajada. Hombre, hombre. ¡Madame Tourné! Usted escribió varias veces sobre ella. Y de maneras distintas. Tanto le parecía «brava vecchia funzionaria» como una pequeña mujer que siempre le fue un obstáculo. Con el hijo Gaston le sucedía algo parecido: tanto era un joven valiente, que «salía a recuperar los protegidos apresados» como «un idiota». Creo que usted tuvo problemas con ellos, especialmente con madame, pero no puedo precisar de qué naturaleza. Por desgracia para mí no he encontrado ningún rastro firme de madame Tourné ni de su hijo, y su voz, que habría sido, *signore*, tan espléndido contrapunto a sus excesos, solo puede escucharse en forma de eco lejanísimo. Concédame que serían sorprendentes dos cosas. La primera que hubiese sido idea de madame Tourné, allí en aquella noche amenazadora del 5 de enero, el que usted se convirtiera, no tanto en el sustituto de Sanz Briz, como en un alto funcionario de la legación española. Fíjese en la frase de la carta de las dos mujeres refugiadas: «La secretaria instó a este señor a asumir el papel de un alto funcionario español, el cual, en representación del cónsul que ya había abandonado el país...». Si eso fuese así significaría, también, que hasta esa fecha usted no había ejercido de impostor y que su feliz juego duró poco más de una noche: no se le debe escapar, *signore*, que los rusos estaban a poco más de una semana de tomar Budapest.

Argumentará que se trata de un testimonio, y que los testimonios se confunden, mezclan hechos, personas, etcétera. Tiene usted razón. Pero el testimonio de Helene y Anna tiene valor. En primer lugar porque no habla de ellas mismas, sino de otros, y de otros cuya hipotética gloria no les concierne. En segundo lugar porque está bastante pegada a los hechos: recuerde que la carta fue escrita en el invierno de 1960, y recuerde, sobre todo, que entonces el relato de aquellos hechos no formaba parte de la discusión pública, como sucedería treinta años después, y la memoria de los otros aún no contaminaba la propia. Por lo demás, hay en la carta de Helene y Anna datos muy precisos (los nombres de la secretaria de la legación y de su hijo) que demuestran un conocimiento del medio. Y a este respecto, por cierto, no puedo evitar la malicia de hacerle ver que, buenas conocedoras del medio y de los nombres, no transcriben el suyo. Un italiano.

Toda esta hojarasca puede que tenga un punto desmoralizante para las mentes rápidas. La cuestión, enfatizarán, es que Bárdos fue a buscarles en la noche, y Farkas y usted se fueron con él y la deportación de los protegidos de Szent István Park pudo evitarse.

Sí, la hojarasca. Al cabo de dos días, y enmascarado probablemente en su disfraz, el judío Bárdos fue detenido por una patrulla nazi, desnudado y fusilado en un portal. Sí, la hojarasca. El interlineado podrido por el que se escriben los libros. Allí donde, si no se escarba, brota la venenosa faloide de la leyenda.

56

László Szamosi en 1945.

Hay un nombre en el interlineado, *signore*. Usted lo llama Samogyi, tal vez porque se trata de una ortografía difícil, tal vez porque la memoria es una lepra. Pero se llamaba László Szamosi. En realidad, había nacido con el apellido Slesinger. Pero lo cambió en época de entreguerras para que pareciera más húngaro. Un judío húngaro, nacido en 1913, que se dedicaba a los negocios inmobiliarios y que en octubre de 1944 empezó a colaborar con la delegación del Comité Internacional de la Cruz Roja. Como usted, aunque de modo mucho más modesto, dejó testimonio escrito de su epopeya. Un cuaderno de 21 páginas, escrito a finales del año 1945, y que creo que usted no llegó a conocer nunca. Le interesarán estos párrafos:

> Establecí contacto con Zoltán Farkas, asesor legal de la embajada española, un cristiano que era un viejo conocido mío. [...] Convencí a Farkas [...] de que él también se pusiera en contacto con el Comité [de la Cruz Roja Interna-

cional] en la frontera, darles dinero y hacer que se respetaran nuestras listas. Farkas prestó aún más atención a mi solicitud cuando reforcé mis argumentos transfiriéndole uno de mis valiosos terrenos edificables en Buda. [...] Nuestra mejor baza era un farol que impresionaba incluso al más alto cargo de los cruces flechadas: concretamente, que el gobierno de Franco era el único que había reconocido al gobierno húngaro de los cruces flechadas, y que por tanto, como estado amigo —y amigo del primer ministro Szálasi— España tenía derecho a un tratamiento especial. Hungría estaba entonces tan aislada por las tierras extranjeras, que les decíamos que Franco estaba enviando tropas para apoyar a los cruces flechadas, y esto también se lo tragaron [...].

Las fuerzas rusas estaban ya tan cerca de la ciudad que se podía oír el estruendo de las armas por la noche, podíamos ver los destellos. Entonces estaba prácticamente luchando durante días, teniendo la sensación de que cada día de gracia podía significar la vida: en los primeros días de diciembre, cuando el frente estaba a tan solo 30 kilómetros de la ciudad, el encargado de negocios español dejó la ciudad. Ahí estábamos con una embajada española sin un encargado de negocios, pero gracias a Dios, con sellos de caucho, formularios impresos ¡y un coche privado con matrícula diplomática! Para guardar las apariencias, había un ciudadano italiano, un tal Perlaska [*sic*] que había vivido en el edificio de la embajada, y sin más vueltas lo nombramos encargado de negocios.

Entre los ataques aéreos, intentábamos asegurar la relativa seguridad de las casas protegidas españolas insistiendo todo el tiempo en que estábamos representando al único país que había reconocido al régimen de Szálasi. [...] Junto con Perlaska iniciamos acciones de rescate privadas. Éstas fueron llevadas a cabo hasta el 13 de diciembre aproximadamente. Siempre usando la «historia española», íbamos a ver con frecuencia a las autoridades de los cruces flechadas y entrábamos incluso en las diferentes casas donde los prisioneros eran brutalmente torturados antes de ser ejecutados. En muchos casos, logramos liberar a personas de las garras de las bandas de los cruces flechadas [...].

El bombardeo —por entonces solo aéreo— se hizo incesante. En las calles ya había comenzado la construcción de barricadas, ya que los alemanes lograron hacer creer a los cabezas cuadradas de los cruces flechadas que su heroico ejército no solo era suficientemente bueno para defender la ciudad, sino también para obligar a retroceder a los hasta entonces irresistibles rusos. Aparecieron zanjas antitanques y barricadas en toda la ciudad, y para poder usar el coche diplomático necesitaba un permiso especial que debía renovar cada día. El 24 de diciembre convencí a Perlaska de que me acompañara a la oficina del gobernador militar, donde se tenía que renovar el permiso. Pero nunca llegamos allí; en el puente Margaret el coche fue rodeado por una turba que huía de soldados y civiles: el ejército Rojo estaba en Buda. Di la vuelta al coche y regresé a Pest con las felices noticias: dos o tres días más, y todo el circo habría acabado.

Comprendo, *signore*. Usted lo llamaba Samogyi y él le llama Perlaska. Pero no se distraiga en menudencias y vayamos recto. Tengo material suplementario. Unos cuantos párrafos traducidos del inglés de *Righteous Gentile*, un libro del periodista inglés John Bierman publicado en 1981:

Cuando las marchas de la muerte comenzaron a principios de noviembre de 1944, [Szamosi] entabló otro contacto crucial: Zoltán Farkas, un antiguo conocido gentil que por entonces era asesor legal de la Embajada española. A través de Farkas, le fue rápidamente presentado el encargado de negocios, Sans-Riz [*sic*: Sanz Briz]. Apelándole con toda la autoridad moral de la Cruz Roja, Szamosi consiguió que Sanz Briz accediera a ayudar, además de a los pocos judíos descendientes de españoles que ya estaban bajo la protección de su país, a otros judíos, emitiendo un sustancial número de pases protectores extra, sin investigar demasiado en los antecedentes. [...]

Szamosi tuvo constantes batallas con el personal de la embajada, que se quejaba de que el número de personas protegidas parecía superar excesivamente el número de pases que habían emitido. Sencillamente se negaron a lidiar con el exceso. Szamosi resolvió éste y otros problemas con el simple recurso de incorporarse al personal de la embajada, gravemente desbordada. Esto se logró en parte mediante sus propios contactos con Farkas y Sanz Briz y en parte mediante la intervención del representante de Cruz Roja Internacional Born, que había escrito al encargado español instándole a dar un estatus diplomático oficial tanto a Szamosi como a Komoly [Otto: presidente de la Federación Sionista húngara y colaborador destacado de la Cruz Roja Internacional en Budapest, asesinado posteriormente por los nazis húngaros]. Esto solo pudo suceder tal vez en las caóticas condiciones que imperaban entonces en Budapest; pronto Szamosi y Komoly fueron parte del personal de la embajada y poseedores de los pasaportes diplomáticos españoles. [...]

La primera semana de diciembre las cosas mejoraron aún más: Sanz Briz y sus compatriotas huyeron de Budapest, en vez de arriesgarse a ser capturados por los soviéticos, dejando a Szamosi como único responsable a todos los efectos de una misión extranjera que reconocía el régimen de Szálasi como legítimo. Szamosi y Komoly tuvieron por tanto todos los tampones, sellos e impresos a su disposición, además de las propias oficinas, un coche con matrícula diplomática, un stock de banderas españolas, y una considerable provisión de buena voluntad con sus colegas fascistas de la Cruz Flechada y el gobierno húngaro.

Szamosi no perdió un instante para aprovecharse plenamente de los magníficos frutos que le habían caído. A los setecientos pases españoles que se habían emitido hasta entonces, él añadió cientos más. Izó la bandera española sobre la casa infantil en la calle Dob, y también en las oficinas centrales de Komoly en la calle Munkács, declarando por tanto un estatus extraterritorial así como protección de la Cruz Roja para ambas. Una noche, cuando unos hombres armados de la Cruz Flechada irrumpieron en la casa de la calle Dob, leyó con indignación un discurso sobre la extraterritorialidad antes de recordarles lo buen amigo que era Franco de Hitler y Szálasi. Murmurando una disculpa, los intrusos se marcharon.

Al moverse constantemente por las calles —ahora armado con tres series diferentes de documentos y vestido al estilo Cruz Flechada con un abrigo ribeteado de piel y un sombrero de compatriota— Szamosi mostraría similar audacia, cruzando arrogantemente a zancadas los cordones de los Cruces Flechadas en vez de intentar evitarlos. «Yo trataba con gente primitiva y la mayoría de las veces bastaba con una voz firme y unos modos autoritarios», recuerda.

Para mantener las apariencias en la embajada, Szamosi sabía que no podía hacerse pasar por un verdadero español para actuar como encargado de negocios. Incapaz de encontrar a un español en Budapest, se decidió por un sucedáneo, un italiano que conocía llamado Giorgio Perlasca, que había estado viviendo durante algunos años en un apartamento en la embajada española. «Sin dar muchas vueltas», dice Szamosi, «le "nombramos", y debo decir que fue un excelente testaferro». En las muchas notas de protesta que las misiones neutrales iban a enviar colectivamente a las autoridades húngaras en lo sucesivo, el nombre de Perlasca aparecía como firmante junto a los verdaderos líderes de la misión, como Monseñor Rotta y el ministro Danielsson. Acompañado de Szamosi, iba a las misiones de rescate para recuperar a los judíos protegidos españoles que habían sido capturados por los Cruces Flechadas, a veces marchando hacia las casas del partido donde los Cruces Flechadas torturaban a sus presos antes de matarles. Mientras continuaban estas desesperadas misiones de rescate, seguía existiendo el problema constante de encontrar comida para las casas infantiles y llevársela bajo los bombardeos, los fuegos de artillería y las barricadas de los Cruces Flechadas.

Ha sido largo, *signore*. Pero convendrá conmigo en que se trata de unos párrafos sorprendentes. No solo por lo que a usted se refiere. Szamosi, por ejemplo, atribuye a Farkas un origen gentil, lo que le contradice a usted, y una operación inmobiliaria que de ser cierta, y yo he de decirle con franqueza que no sé si lo es, introduce matices en la filantropía de nuestro héroe. Pero lo más interesante le alude a usted directamente, que estuvo, y que arriesgó la vida: nunca me cansaré de recordarlo. Para empezar, hay un misterio gracioso en el relato: las arrogantes zancadas, la voz firme y los modos autoritarios que Bierman atribuye a Szamosi en su trato con los Cruces Flechadas son los mismos que usted suele atribuirse. Pero, en fin, debieron ser ustedes dos hombres enérgicos, valientes y de piernas largas y fuertes, porque tampoco encuentro otra explicación razonable a semejante coincidencia. Es innecesario que subraye lo que, más allá de misterios más o menos humorísticos, es importante: Szamosi cuenta cómo le nombraron. Que Jorge Perlasca fue la creación de él y de Farkas. ¡Una ventriloquía, *signore*! Y una grafía también: leyendo a Bierman sospecho que no fue necesario que asistiera usted a las reuniones de las embajadas neutrales, coordinadas por Monseñor Rotta, y que bastaba con su firma. Y, por último, recuerde sus problemas con las lenguas: como Farkas, Szamosi podía hablar de tú a tú con la bestia nyila.

Por fortuna no es necesario que me pregunte, como de costumbre, qué es lo que diría usted de todo esto. Lo sé. El 23 de diciembre de 1989 el periódico holandés *Algemeen Dagblad*, editado en la ciudad de Rotterdam, le encaró a usted con la historia de László Szamosi, explicada por su viuda. Los periodistas Theo Gerritse y Joop Meyers empezaban así su reportaje:

> Es aún temprano cuando suena el teléfono la mañana del lunes 20 de noviembre. Al otro lado de la línea, la voz excitada de una mujer: «Señor, está hablando con la Sra. Szamosi en Rotterdam. Usted sacó una bonita historia el sábado sobre la ayuda de un segundo y olvidado Wallenberg, que salvó miles de judíos en Budapest. Solo se cometió un gran error. No fue el italiano Giorgio Perlasca —como usted escribe—, esta persona, sino mi suegro, László Szamosi».

En efecto. Días antes el periódico había publicado la historia de los últimos días de Budapest según Giorgio Perlasca. Tras la llamada de la viuda los periodistas se interrogaban retóricamente:

> ¿Ha exagerado Perlasca de forma gigantesca su papel? En la conversación de cuatro horas que tuvimos con él en

Padua hace cinco semanas no mencionó jamás el nombre de Szamosi.

Y hacían luego referencia a las memorias que escribió Szamosi, y con las que su viuda pretendía corroborar su historia: «Una historia de 21 páginas (en húngaro, y traducida hace solo unos años al inglés), que incluyen sus vicisitudes y las de su familia en el periodo entre octubre de 1944 y enero de 1945». El relato de la viuda es punzante, *signore*. Respecto a lo que Farkas y Szamosi hicieron con usted esto fue lo que les dijo a los holandeses:

> Usaron a Perlasca durante solo dos semanas. Él iba sentado entonces en el coche junto a mi marido, que conducía. Eso le daba un tinte más oficial cuando había que organizar algo. Pero no tenía permitido abrir la boca. [...] Perlasca era en ese momento una perfecta fachada y eso es lo que vuelve a ser ahora.

En cualquier caso, *signore*, lo interesante es que los holandeses volvieron a Padua, donde semanas antes le habían entrevistado:

> El viejo italiano (81) está claramente menos complacido con esta segunda visita. ¿Puede recordar a Szamosi? Sí, el nombre le parece familiar. «Era mi chófer, nada más» [...] El hecho de que no mencionara el nombre de Szamosi en nuestra anterior entrevista tiene según él fácil explicación: «Hay tantas cosas que simplemente no surgen. Además de eso, el papel de Szamosi fue inútil. En un determinado momento le ofrecí ser mi chófer y yo le hice el favor». Todas las imputaciones que se le hacen de haber jugado un papel sin importancia como hombre de paja las rechaza con un gesto de la

mano. «Yo era el agregado de negocios y todo sucedió bajo mi responsabilidad directa. Yo era el jefe de toda la organización.»

Naturalmente el problema no fue que ignorara a Szamosi en aquella entrevista. Ya era usted un hombre envejecido y es verosímil que en esas circunstancias haya tantas cosas que simplemente no surgen. El trago amargo es que usted no lo citó nunca en los centenares de páginas de sus escritos o de sus dictados. El grave problema, *signore*, no es lo que Szamosi dice de usted, sino lo que usted no dice de Szamosi.

57

Saldré de nuevo. Estoy en Budapest, le repito. Hace sol. Un calor agradable. Iré al muelle del Danubio a ver el monumento de los zapatos. Conmovedor y concreto. Contiene, además, la noción del aprovechamiento, que, colocada en el centro del horror, clarea de modo subversivo la naturaleza del hombre. No iban a fusilar los zapatos. El asesinato colectivo alude al descontrol, a la orgía eufórica, al descuido ebrio. Matar es un placer, aún. Pero esa práctica burocrática a la orilla del río, sobre la nieve. Quítate los zapatos. Coge de las manos a tu padre. Esa única bala para los dos, que, como es fama, fue fruto de la escasez de municiones, tantos como había por matar. Acabaré por tomar unas fotografías de los zapatos de hierro en el muelle. Con resquemores. Fotografiar me resulta violento. Imaginar me resulta antipático y cada vez más inmoral. No sé qué voy a hacer en esta vida.

58

En las primeras páginas de este libro, *signore*, ya he escrito sobre la daga póstuma que clavó en el corazón de la memoria de su antiguo amigo Sanz Briz, esa frase del libro de Hallenstein y Zavattiero, que voy a reproducir en italiano para que se les vea todo:

> È venuto il momento di dire la verità. Ho coperto Sanz Briz per quarantacinque anni. Per molto tempo si è preso tutto il credito del lavoro svolto a Budapest dalla legazione, che lui abbandonò alla fine di novembre del 1944. Era diventato un uomo senza volontà, senza iniziativa e senza voglia di agire. Era demoralizzato, ma soprattutto era scettico: riteneva che tutto ciò che si faceva fosse inutile. Lui aveva un solo scopo: lasciare l'Ungheria e portare in salvo la sua amante, una bellissima signora ebrea, la baronessa Podmaniczky, proprietaria della casa di fronte alla legazione spagnola dove aveva sede la legazione dell'Uruguay, i cui interessi erano protetti dalla Spagna.

No he ido a ver a Hallenstein ni a Zavattiero para que den cuenta de este párrafo, para que muestren, por ejemplo, si esa primera persona se corresponde con una grabación de su voz, con unas notas, o con un recuerdo. La mayoría de los periodistas tienen un extraño pudor. Perro no muerde perro, dicen. Yo lo tengo un poco distinto: perro no se alimenta de perro. Pero es que, además, cuando fui a ver a su hijo y a su nuera a la casa de Padua, les pregunté si usted había dicho alguna vez que Sanz Briz abandonó Budapest con y por la baronesa. «Muchas veces», eso dijeron, y ya no había por qué preguntar a nadie más.

Además, usted, *signore*, no mentía. Usted no suele mentir. Lo que usted hace es tratar de tal modo la verdad que al final quede irreconocible. He tenido que preocuparme de la baronesa. Su daga. No le culpo. Ha sido arduo y lentísimo, pero como de los viejos tanques de revelado ha acabado emergiendo un rostro humano. ¿Bellísima...? Probablemente exagera, aunque siempre es difícil juzgar la belleza antigua. *Bellissima*, en cualquier caso, es algo menos objetivo que un dato que puedo darle, y son los 11 años de diferencia, a favor de la baronesa, que ambos se llevaban. En cualquier caso, la señora Attilané Piroska, hija de Maximilian Schiffer y Charlotte Grunwald, judía por parte de madre y nacida en la ciudad de Budapest el 7 de julio de 1899 y muerta en Lausana el 14 de febrero de 1990, esposa que fue del barón Podmaniczky, del que conservó siempre su apellido, aunque no su matrimonio, estuvo en el mundo y en aquel Budapest y habitó el mítico palacete rosa, frente a la legación de España, donde también hallaron refugio diversos perseguidos. Y es cierto: la mañana del 7 de diciembre de 1944 abandonó la ciudad en el coche particular que conducía el diplomático español Ángel Sanz Briz. La cuestión, importante cuestión desde el punto de vista de la postal romántica y que usted hábilmente elude, es que no iban solos. Les acompañaba Gabriela Podmaniczky, la hija de veinte años de la baronesa.

El viaje duró, aparentemente, dos días y medio. Cruzaron a finales de otoño una Europa bombardeada (Viena,

Salzburgo, Múnich, hasta llegar a Suiza por el paso de St. Margarethen) con Sanz Briz como probable único conductor. Conducir un coche no era fácil entonces y estaba expuesto a frecuentes averías. En carreteras de hoy el viaje dura nueve horas más las pausas. Ellos no emplearían muchas más de treinta. Me parece un tiempo más que notable. Raramente notable. Pero es el tiempo que indican los documentos.

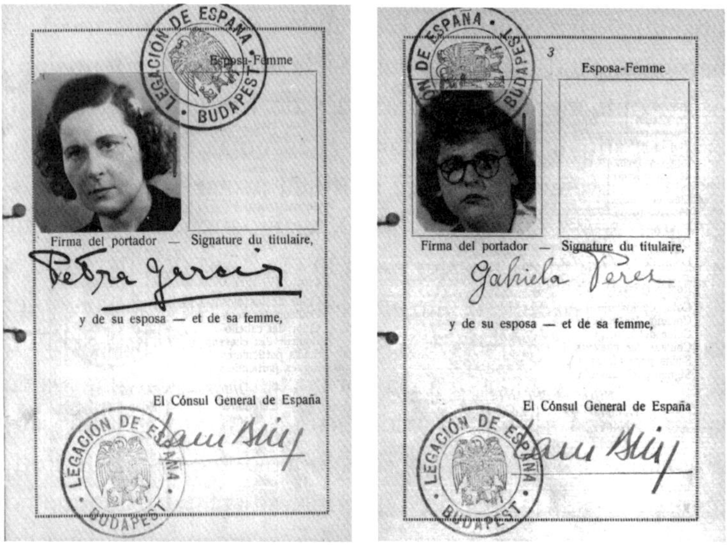

Pasaporte falsificado de la baronesa Podmaniczky, a nombre de Petra García (izquierda), y de su hija Gabriela (derecha).

El 19 de diciembre, diez días después de su llegada, la baronesa era sometida a un minucioso interrogatorio por la policía suiza. Ahí declaró quién era en realidad. Un asunto no menor porque Sanz Briz, aparte de declarar que las dos mujeres estaban a su servicio doméstico, había convertido a la baronesa en Petra (¡Piroska!) García en el falso pasaporte que le había expedido, todo él manuscrito con su propia e inconfundible letra. Y otro tanto había hecho con la hija, haciéndola una Gabriela Pérez, y confirmando una escasa querencia por los conflictos onomásticos de sus personajes. La baronesa declaró que su religión era la «israelita», pero que a partir de ahora iba a ser la católica. Que estaba sana y llevaba 25.000 francos encima y algunas joyas. Y que en Hungría había dejado casas y una finca. En la parte de su declaración que tenía mayor interés la baronesa describía «Los motivos y circunstancias de la huida, así como la ruta seguida».

> Amenaza de deportación o de muerte por parte de las tropas de ocupación. Por mediación del cónsul general español en Budapest, señor Sanz Briz, se me proveyó de un pasaporte falsificado donde constaba mi nacionalidad española. El diplomático me acompañó personalmente en su coche hasta Suiza. No es posible continuar el viaje hacia España porque no tengo la nacionalidad española y la legación de este país en Berna no sabe de la existencia de este pasaporte. Éramos conocidas como desafectas a los alemanes. No sé dónde se encuentra actualmente mi marido en Hungría debido a que no he tenido noticias suyas ni contacto con él. Mi marido es húngaro. Lugar, fecha y hora del paso por la frontera: St. Margarethen (en el automóvil del Sr. Sanz Briz, cónsul general de España en Budapest), el 9.12.1944 por la tarde.

La baronesa y su hija se instalaron en Berna, en el Hotel City. Dado que se hallaban en posesión de pasaportes españoles comunicaron a las autoridades de la frontera que su intención era viajar a España. Pero al llegar a Berna desmintieron rápidamente su propósito. Un informe del jefe de Departamento de Extranjeros, un Dr. Schürch, lo deja perfecta e irritadamente claro.

> El Sr. Sanz Briz ha aclarado que las señoras no solo no quieren permanecer con los nombres falsos, sino que desean registrarse con los suyos propios. A su vez, tanto el Sr. Sanz Briz como el Sr. Rothkugel me informaron de que las damas no quieren continuar su viaje hacia España sino permanecer en Suiza. Les expresé enérgicamente a ambos que eso no era posible. Ya que había renovado el plazo del visado de tránsito con nombres falsos, el encargado de negocios español debía responsabilizarse por ello. Le permitiríamos sin más que les expidiera un visado de tránsito a España a través de Francia. Insistí especialmente en que el Sr. Sanz Briz debía tomar las medidas necesarias de inmediato, y le entregué los pasaportes a él y al Sr. Rothkugel después de tomar nota de ellos. El Sr. Sanz Briz rogó insistentemente en que no diera cuenta de este asunto a la embajada española y dijo que trataría de obtener el visado de tránsito para España. Le expliqué que no podía entender por qué él no podía poner al corriente a la embajada del asunto de los pasaportes falsos, ya que gracias a ellos había podido salvar la vida de las dos mujeres. Si él había logrado obtener el visado para Suiza, también podía hacerlo para España.
>
> El Sr. von Jennen, a quien informé de la conversación, protestará ante la embajada española en Berna por la manera de proceder del Sr. Sanz Briz e insistirá en que las damas continúen su viaje. Conminé al Sr. Sanz Briz a que se pusiera en contacto con el Sr. von Jennen.

La intención de las dos mujeres era perfectamente razonable. En Suiza tenían amigos y conocían la lengua. La baronesa había entregado a la policía una larga lista de sus conocidos en Suiza. La encabezaba un barón Baczacs Bessenyey, residente entonces en Montreux, y que había sido primer ministro de Hungría. A los pocos días de su llegada el barón escribía una pormenorizada carta a las autoridades, dando cuenta de la nobleza y fiabilidad de la baronesa. Sus conclusiones, *signore*, solo pueden escribirse en francés:

> Je m'interesse beaucoup au sort de ces deux Hongroises, qui sont d'anciennes amies personnelles et appartiennent au meilleur monde de Budapest.

La madre y la hija pasaron la Navidad en la ciudad de Lausana. Al menos allí consta su estancia el 20 de diciembre. Es probable que su salvador, Sanz Briz, hubiese también abandonado Berna, una vez cumplidos los trámites de redacción de sus informes al gobierno de España sobre la última peripecia de Budapest, y lógicamente interesado en volver a casa para las fiestas entrañables. A partir de ese momento se producirá un duro forcejeo burocrático entre las autoridades y las mujeres. Unas dispuestas a echarlas del país, las otras obstinadas en quedarse. El forcejeo durará dos años y en su resolución, favorable finalmente a las mujeres, será importante el casamiento de la hija Gabriela con un conde de origen italiano y su consecuente instalación en Lausana. Entre los argumentos más utilizados por las autoridades para negar las residencias estaba el dinero. Los 25.000 francos que la baronesa declaró a la entrada en el país fueron pronto insuficientes. Como mujeres del gran mundo que eran se alojaban en el Lausana Palace (luego en el Hotel Byron), y las facturas no solían bajar de 400 francos a la semana. Para su fortuna dispusieron, sin embargo, de una decisiva ayuda económica. Sé, *signore*, que en este punto hinchará usted el pecho. Voy a leerle una parte del informe que el agente Paturel, de la policía local de Lausana, libró a sus superiores el 24 de mayo de 1946:

> Bajo la orden del señor comandante de Policía y a petición de la oficina cantonal de control de los habitantes y de la Policía de los extranjeros, se proporcionan las informaciones siguientes sobre la llamada Attilane Podmaniczky, refugiada húngara, 47 años, sin profesión, domiciliada en el hotel Byron en Lausana. La interesada es favorablemente conocida en nuestra ciudad y goza de buena reputación. A la vista de los recibos justificativos, la señora Podmaniczky recibe regularmente 825 francos por mes de un señor Sanz Briz Ángel, súbdito español, actualmente en San Francisco. Este último es después de numerosos años un amigo de la familia P. y fue en su época encargado de negocios en Budapest. La señora Podmaniczky retira esta suma a través del Crédito Suizo de Lausana.

El documento aún continúa, pero ya sin informaciones de mayor interés. Usted explicó siempre, *signore*, que la baronesa y el diplomático fueron amantes. No sería un asunto de mi incumbencia, como usted comprenderá, si no fuera porque usted asociaba ese amor a la marcha de Sanz Briz de Budapest. Repítamoslo: «Lui aveva un solo scopo: lasciare l'Ungheria e portare in salvo la sua amante, una bellissima signora ebrea, la baronesa Podmaniczky». Es cierto: salieron juntos de Budapest. La baronesa, Sanz Briz y la hija Gabriela. Es cierto: el diplomático logró su salida facilitándoles pasaportes falsos y haciéndolas pasar por sus criadas. Probablemente por su criada y su ama de llaves, fantaseo moderadamente. Y aún menos, fantaseo, cuando veo el coche detenido al alba del suburbio, ante el último control de los nyilas en la ciudad, y el siniestro tarugo examinando la documentación y los rostros de los tres, ¡pasen!, que en húngaro debió de ser *Jöjjenek!* Es cierto: una vez a salvo en Suiza, Sanz Briz ayudó económicamente a la baronesa y no de un modo simbólico. Fuese cual fuese su carácter, la relación entre ambos fue estrecha. Pero usted no puede sostener que esa relación le obligara a abandonar Budapest. Yo sí puedo sostener, en cambio, que Sanz Briz retrasó una y otra vez su marcha de la ciudad hasta sincronizarla con las instrucciones de su gobierno. Lo prueban los telegramas cruzados con su ministro, pero lo insinúan también los propios pasaportes de las dos mujeres que incluyen varios permisos de salida de Budapest, el primero de noviembre, sucesivamente renovados. Por lo demás, *signore*, hay una evidencia que está por encima del amor, y es la vida. No hay duda de que Sanz Briz, exponiéndose primero ante la bestia nyila y luego ante sus propios superiores españoles, puso a salvo con sus propias manos a dos mujeres judías cuyo riesgo era manifiesto. Es probable que le asistieran razones poderosas para hacerlo. A diferencia de usted, y por desgracia, yo no las conozco con precisión. Lo indudable es que, en el Budapest asediado, y entre la primavera de 1942, cuando Sanz Briz llegó a la ciudad como secretario de segunda clase a las órdenes de Muguiro, hasta la mañana del 7 de diciembre de 1944, cuando la abandonó para siempre, algún vínculo de amor, de amistad o de gratitud, o de todo ello al mismo tiempo, debió de establecerse entre el diplomático y la baronesa.

Después de las Navidades Ángel Sanz Briz volvió a Berna. El 27 de enero fue nombrado secretario en la Legación de España. Para entonces la baronesa y su hija ya estaban instaladas en Lausana. El diplomático permanecería allí apenas dos meses, pues el 8 de marzo fue trasladado al consulado de San Francisco, desde donde tramitó las ayudas económicas a la baronesa. No es probable, dado el camino que uno y otra siguieron, que coincidieran físicamente (y ya sabrá, *signore*, qué acento ponerle a ese tipo de coincidencia) salvo el año que entre 1950 y 1951 volvió a pasar Sanz Briz en la legación de Berna. Sin embargo, puedo asegurarle, *signore*, que siguieron manteniendo alguna relación, aunque fuera tenue. Lo sé, y con seguridad. Y lo más llamativo: gracias a una pequeña historia de amor que, conociéndole, sé que le interesará.

59

La nieta de la baronesa Podmaniczky vive en Lausana. Hoy es Beatrice von Roten, pero nació Giansanti Coluzzi. Cuando me habló por teléfono, después de una de esas búsquedas tan enloquecedoras que me hacen suplicar por Dios no encontrarla, porque si no qué va a ser de mi vida, me dijo que no tenía recuerdos ni de su abuela ni de su madre relatando la huida de Budapest, aunque sí había oído vagas alusiones a un diplomático español. Pero también me dijo que la baronesa había dejado algunos papeles y amablemente se comprometió a buscar en ellos alguna información de interés. Pasaron algunos días.

> Bonjour Monsieur Espada,
>
> je vous prie d'accepter toutes mes excuses pour cette réponse tardive. J'ai demandé de l'aide à mon mari et nous avons cherchés ensembles dans les «archives» des traces de ce voyage d'Hongrie en Suisse, mais n'avons malheureusement pas trouvé de documents. Les seuls éléments qui pourraient vous intéressé sont:
>
> 1 photo de Gabrielle (ma mère) en compagnie d'un jeune homme datée de 1943
>
> un échange intense de lettres avec ma grand-mère Piroska «avec Monsieur El Conde de Aguilar datant de 1952».

Gabriela Podmaniczky aparecía en un paraje húngaro no identificado en compañía de un hombre. Aunque no era joven: se trataba de su padre, el barón Podmaniczky. Días más tarde llegaron más fotos. Entre ellas, algunas de la baronesa. No hay momento comparable al de ver por primera vez la cara de alguien cuyo nombre has escrito decenas de veces: lo que desmiente, ¡por supuesto!, que una imagen valga más que mil palabras. La baronesa era lo que hace mucho tiempo se llamaba «una señora», y parecía saberlo. Insistí ante Beatrice si no había cartas cruzadas entre ella y un Ángel Sanz Briz. No, solo el *échange intense* con el llamado Conde de Aguilar, que estaba datado a principios de los años cincuenta.

Busqué quién tenía entonces el título y apareció, como suele, la noticia de su muerte. Alberto Aguilar y Gómez-Acebo, conde de Aguilar, había muerto en Madrid el 14 de julio de 1953. La necrología del *ABC* daba cuenta de que nació en 1885 y que a los veinte años había ingresado en la carrera diplomática. Sus destinos y rangos indicaban que más bien desempeñó una carrera ornamental, al contrario de la intensa filiación monárquica que le había procurado, entre otras solemnidades, la de ser jefe de la Casa Civil de la reina Victoria Eugenia. El periódico añadía que la muerte del conde había sido muy sentida en los medios sociales de Madrid, y que toda su familia, y en especial su viuda, Emilia Aramayo, había recibido numerosas muestras de pésame.

Por lo tanto, el *échange intense* se había dado poco tiempo antes de su muerte. Era hora de preguntarle a Beatrice qué quería decir *intense* exactamente.

—Hay alrededor de cien cartas en pocos meses. Y son inequívocamente amorosas.

Así pues, el adjetivo estaba escogido con acierto. La información me sorprendió. Teniendo en cuenta la hipótesis de Perlasca, cabía concluir que la baronesa se había especializado en el cuerpo diplomático y, aún más, en el español. La familia Von Roten (el marido, Lambert, se había añadido entusiásticamente a la investigación) se prestó a enviarme el centenar de cartas, por si yo descubría alguna información que se les hubiera pasado por alto. Llegaron al cabo de unos días. Mientras las disponía en montoncitos sobre la mesa pensaba dubitativo hasta qué punto el tiempo resuelve los problemas de la intimidad. Pero en vez de pensar mucho, me puse a leerlas con avidez. La correspondencia se extendía entre el 2 de febrero de 1952 y el 9 de marzo de 1953. Algo más de un año de cartas y telegramas del conde, escritas en francés con algún párrafo en inglés, y una carta de la baronesa, probablemente no enviada, escrita en inglés. Se trataba de la correspondencia amorosa de una mujer de 53 años y un hombre de 67, marcada por la necesidad de discreción a que obligaba el adulterio del conde. Casi todas las cartas son, por así decirlo, banales, y aluden a la logística de los encuentros, la mayoría de las veces consumados en el bellísimo Meurice, de París, en habitaciones que se comunicaban. Varias veces le pide el conde que destruya las cartas que le envía como él hace con la suyas. Desde el principio aparece la enfermedad, diabetes, que será, probablemente, la causa de su muerte. A partir de las primeras semanas de 1953 las cartas adquieren un creciente tono pesimista. El conde se va despidiendo. Sus citas no acaban de concretarse y el 9 de marzo le pide que suspendan la correspondencia, porque el médico le ha recomendado reposo; se va al campo y allí no podrá recoger con la discreción necesaria las cartas de su amante. El conde morirá cuatro meses después.

En algunas de las cartas había algunas alusiones a Ángel Sanz Briz, relacionadas con los problemas burocráticos de la residencia, que prueban que el diplomático, el conde y la baronesa se conocían. La única carta que he podido leer de la mujer lleva el encabezamiento *My Angel*. Un sustantivo cariñoso. Y que inevitablemente hace pensar en el impudor que supondría utilizarlo (hay que pensar que muchas otras veces) si hubiera amado a otro Ángel, nombre propio.

60

Giorgio Perlasca e Irene Boroviczeny, en los años cuarenta.

Ahora, *signore*, debo preguntarle por qué permaneció usted en Budapest. Ya sé que se quedó para salvar a los judíos, y que rechazó la posibilidad de poder salir de la ciudad con el pasaporte diplomático que le ofreció el suizo Feller al día siguiente de marcharse Sanz Briz. Pero ya sabe que sus argumentos en este punto nunca han acabado de convencerme. Con independencia de que, en efecto, estuvieran dispuestos a proveerle del pasaporte, salir de Budapest, ciudad cercada, ya no era fácil en diciembre. En todo caso antes y después de aquel invierno, y de su labor humanitaria en defensa de los judíos, usted tenía una hermosa razón para no abandonar la ciudad. ¡Sepa de qué le hablo! Tantos nombres como hay en sus crónicas, tantos detalles y, en cambio, qué laconismo al referirse a una persona fundamental en aquel Budapest suyo. Irene, que quiere decir Paz. Irene. Irene Denes, que fue mucho después Boroviczeny.

Lo que sé sobre su importancia en aquel invierno viene de usted mismo. De este párrafo de una carta a Sanz Briz, escrita desde la ciudad de Milán, con la guerra ya acabada:

> Cuando llegaron los rusos yo me hallaba sin dinero, sin casa y sin comida. En el tiempo en que me quedé en Hungría fui ayudado por mi amigo Weyerman, delegado de la Cruz Roja Internacional, por unos amigos italianos y suizos, y por la señorita Irene que, como usted sabe, fue siempre mi ángel tutelar.

O bien, permítame un largo salto. Sé de la importancia sentimental de Irene también por esta línea en una carta que usted le escribiría casi medio siglo después, en abril de 1989, describiéndole su retorno a la ciudad, dorado de homenajes:

> En todas las calles y plazas de Budapest estabas siempre delante de mis ojos.

Ya Irene Denes tenía en aquel invierno veintiún años y era una muchacha fina y bella. Su familia, originaria de la Bácska húngara, se refugió en Budapest y se instaló durante el asedio en un edificio de apartamentos casi vacío debido a las deportaciones judías. La plaza Liszt estaba muy cerca de la embajada española y usted era, todos lo sabemos, un italiano treintañero, alto, guapo, de ojos claros y desvanecidos. Traigo, *signore*, una larga carta de Sergio Campos sobre Irene.

> Querido Arcadi:
>
> Me arreglé la barba con esmero. Y decidí no quitarme los pendientes, a pesar de que las razones de los ancianos

son inescrutables. Pueden darte una patada en el culo por cualquier detalle que altere sus vidas hormigonadas por la costumbre. Si detestan la ferretería juvenil, estás perdido. Pero si detectan, ¡con su buenísima vista de cerca!, agujero sin colgantes pueden pensar de ti que eres un falso, un esquinado y un mezquino. Y los dejé puestos. Elegí con mucho cuidado los calcetines, lo más importante del atuendo. En Alemania es costumbre descalzarse al entrar en una casa.

Tenía algo más de una hora para localizar una floristería. Tras unas vueltas di con una muy cerca de la casa. Elegí un ramo que me pareció elegante. Ya en la calle me di cuenta de que el papel llevaba impreso el nombre de la floristería. Si Irene detestaba esa floristería, porque consideraba que no le vendía las petunias adecuadas para el tipo de tierra de su jardín, estaba perdido.

El barrio era muy agradable, frondoso y recoleto. Por si fuera poco lo cruzaba un riachuelo. No le he dicho que vive en Friburgo, Britzinger Str., en una casita. La ventana que da a la calle estaba abierta. Una mujer se asomó, me sonrió y salió a abrirme la puerta. E inmediatamente se encerró en la cocina. Irene me esperaba en el salón y lo primero que me dijo fue que no debía haberle llevado nada. Colocó las flores en el jarrón y empezó a hablarme de sus achaques. Tenía el libro de Hallenstein y Zavattiero sobre la mesa, lo que me desagradó profundamente. Comenzó a contar su vida. De vez en cuando soltaba la coletilla de que lo que me explicaba nada tenía que ver con Giorgio; y que a mí no me interesaba su vida. Traté de desmentirla con la máxima cordialidad.

Creo que lo conseguí. Solo de vez en cuando lograba que volviéramos a aquel Budapest.

—¿Por qué no se fue Perlasca?

—No es interesante.

—Perdone, pero.

—No quiso.

—¿Por qué?

—Punto.

Luego volvía con gran animación a la historia de su vida. A veces ella se interrumpía sola.

—Antes de llegar a Budapest, Perlasca tuvo una amante transilvana. Y otra, quizá.

En esos momentos yo volvía a preguntarle por qué Perlasca no se fue de Budapest.

—...

—...

—Lo primero que hacía Perlasca cada día al despertarse es comprobar que yo seguía viva.

Irene tiene una palabra para definir la conducta de Perlasca: «Überlegung». El significado del término recorre el camino estrecho que hay entre la sensatez y la arrogancia. Eran tiempos peligrosos, mastica. Ahora debo contarle cómo conoció a Perlasca. Perdone que no le ponga directamente con ella, pero es que he ido cortando y pegando de aquí y de allá.

Un día, en octubre de 1943, fue a una oficina del gobierno para un trámite. En uno de los pasillos se encontró con el director del Instituto Italiano de Cultura, un poeta originario del sur de Hungría. Dijo que era un Frauenjäger, un cazador de mujeres, un donjuán. Ella tenía 20 años y él la invitó a un espresso. En el café estaba Giorgio Perlasca. El poeta los presentó y luego se despidió de ellos.

Al día siguiente el poeta la invitó al cine. Al salir, ella se deshizo de él y entró en el vagón de segunda clase de un tranvía. Se sentó. Se cerraron las puertas. Se volvieron a abrir. Entró Giorgio Perlasca, que llevaba un billete de primera clase, pero que al verla se quedó con ella. Hablaron en algo parecido al francés. Antes de bajar Giorgio le dio su dirección y su teléfono.

Otro día fue a ver, sola, una película italiana. En aquellos años solo ponían películas italianas y alemanas en el cine. A la salida del cine, ahí estaba Giorgio. Eran las siete de la tarde y la invitó a cenar. No le pareció adecuado, pero estaba hambrienta.

Le parecerá que tantos encuentros no podían ser fortuitos; pero así lo contó ella. A partir de la cena, en cualquier caso, los encuentros quedaron establecidos. El siguiente fue también en el cine. Era domingo y llovía mucho. Al salir ella lo llevó a su pensión de estudiante. En el salón había preparado algo de comer. Un panecillo viejo, un poco de carne enjuta y una nuez de mantequilla. Giorgio se quedó muy sorprendido por la cena que le ofrecía su amiga y a partir de entonces todos los domingos invitó él a cenar. Ella era joven y vivía en una ciudad espléndida, la más libre, alegre y tolerante de la Europa en guerra, eso creía ella. No había militares alemanes ni odio generalizado contra los judíos. Budapest era su patria. Las compañeras de estudios querían volver a la provincia; pero ella, que pronto empezaría a trabajar de enfermera en la Cruz Roja, quería quedarse en la capital para siempre. Y aún no pretendía casarse, contrariando la opinión de su madre que le repetía que después de la guerra todos los hombres estarían muertos.

Giorgio amaba España. Nunca hablaba de Italia. Solo de España. Se había querido casar allí, pero solo era un soldado extranjero que en algún momento debía volver a su patria. A veces señalaba a una mujer por la calle y decía que le recordaba a su española. Entonces él ya estaba casado. Aunque no llevaba el anillo y su mujer jamás lo visitó en Budapest.

En este punto, Irene cambió de tema con rapidez. Ya no recuerdo a qué momento de su vida volvió. Mientras hablaba de cosas ajenas a Budapest recordé una historia de trenes que Irene le había contado a una periodista alemana. Una mujer casada, muy bella, empezó a ser cortejada por un diplomático en el Budapest salvaje de la guerra. Llegaban flores, regalos, mensajes. Un día ella y su marido fueron detenidos por los nazis. Mientras esperaban su deportación lograron ponerse en contacto con el diplomático. Ya estaban en la estación, dentro del tren, cuando el diplomático apareció. Localizó a la pareja, pero la mujer se negó a bajar del convoy: creía que solo llevaba salvoconducto para ella y que se trataba de un acto de amor antes que de humanidad. Así fueron deportados. A Auschwitz. Solo ella sobrevivió. Acabada la guerra el diplomático logró encontrarla. Le demostró, con testigos, que el día de la estación llevaba dos salvoconductos en el bolsillo. Y el diplomático y la mujer fueron felices.

Irene seguía hablando. El salón era muy elegante, dispuesto con un orden clásico y con grandes ventanales abiertos al jardín. Había mucha luz, y calma. De pronto Irene volvió a Budapest y a un recuerdo que había subido como un absceso. El 12 de enero de 1945 había cumplido 22 años. Se reunieron en su casa siete amigos. Perlasca le regaló un chal de tela italiana y una botella de vino añejo español. Comieron unos puñados de macarrones y les bastó esa botella para emborracharse. Todos terminaron debajo de la mesa. Alguien la besó, pero ella nunca supo quién fue. Solo que eso la avergonzó enormemente. Fuera, iba diciendo, estaban los muertos sobre la nieve. Alguien había traído también carne de caballo congelada. Se les ocurrió la idea absurda, alcohólica, de calentarla con el chal de Irene, que quedó manchado de sangre.

Se hizo un poco de silencio. Yo contribuí porque estaba rumiando todas las cosas que había en ese trozo de memoria, la sangre de caballo, el vino y los besos. Luego Irene volvió a otras vidas suyas. Ya no recuerdo a qué palabra de su monólogo me agarré para interrumpirla, casi bruscamente, llevado por mi propio y secreto monólogo.

—Primero se fue el embajador, luego Sanz Briz. ¿Por qué no se fue Perlasca?

Me contestó suavemente, sin sorpresa, casi con resignación.

—No quería irse...

—Estaba en la lista de los protegidos con pasaporte, el número 38.

—Lo cierto es que no se fue. No sé por qué.

—¿Tiene usted alguna hipótesis... personal?

—No lo sé. No es relevante. Él no quiso. Sé que no es comprensible. Pero no le puedo ayudar.

—Ya.

—No era adecuado para su familia. Punto.

Y volvió a sus asuntos. Al cabo de ocho horas abandoné la casa.

Querido Arcadi, quizá usted tenga alguna hipótesis sobre el porqué de que los viejos, dado el tiempo que les queda, no cultiven la esencialidad.

Un abrazo.

SERGIO

Estará de acuerdo conmigo, *signore*, que al cabo de los años Irene Denes, ya Boroviczeny, mantiene una exquisita discreción. Usted también es discreto. A veces, sin embargo, con retorcimiento. Ya sabe que de los textos que dejó, el que uso, porque es el único que me ofrece las necesarias garantías, es el informe *A sua Eccellenza*. Sin embargo, de vez en cuando me doy alguna vuelta curiosa por los otros. En *L'impostore* habla de Irene. Es la única vez. Sitúa usted la escena en diciembre de 1944, después de la marcha de

Sanz Briz. Y cuenta que se dirige al número 10 de la plaza Liszt, donde ahora vive Irene, ya reunida con sus padres en la ciudad. El edificio donde habita era propiedad de judíos deportados. Y escribe usted:

> Sobre el portón de la calle y sobre la puerta del piso había colgado un cartel que declaraba que en aquella casa vivía la señorita Irene Denes, novia del encargado de negocios español: por tanto la casa está discretamente vigilada por la policía.

Signore, es usted un hombre formidable, y vuelva a perdonarme la confianza. Quiero decirle que estamos ante un novelista. Su párrafo me parece una forma elegante, y desde el punto de vista familiar, muy prudente (¡usted era un hombre casado y siguió siéndolo!), de anunciar que Irene Denes fue su novia. ¡Porque deducir que era la novia de Sanz Briz sería algo exagerado! La escena ocurre cuando usted *ya es*, compréndame la cursiva, el encargado de negocios. El *impostore*. Está bien. Aunque creo que esta vez le traiciona el pacto de verosimilitud. Budapest, bombardeada. Asediada. Muertes diarias. Asesinatos. Hambre, sangre, nieve. Un gobierno inexistente. La devaluación vertiginosa de la vida. Y usted coloca un cartel en el portón de una casa de refugiados, y espera que surja efecto. Pero no solo eso. Aprieta mucho, Perlasca. Es que además estaba vigilada (y lo mejor de todo, lo que hace de usted un puro genio: ¡¡«discretamente vigilada»!!) por la policía. Pero, en fin. Sergio se armó de valor veraz y una tarde llamó a Irene y le preguntó por el cartel.

—No sé de qué me habla. Nunca vi ese cartel.

61

El 16 de enero a las ocho de la mañana las tropas soviéticas entraron sin resistencia en la calle Eötvös, sede de la embajada. Fiel al estatus que se confiere a sí mismo, dice usted que hizo arriar la bandera española sustituyéndola por la bandera sueca. Y que en algún lugar de la fachada colocó una placa en lenguas rusa y húngara que decía: «Real Legación de Suecia — Sección protección de intereses españoles». La única explicación que encuentro a la palabra «placa» radica en su carácter y en esa forma subida de llamarle a las cosas, incluido un cartel apresurado y probablemente manuscrito. Al parecer entregó usted ¡el mando! a un refugiado italiano, Ermanno Naric, que estaba en posesión de un documento oficial húngaro, escrito en ruso, que lo calificaba como funcionario de la legación sueca para la protección de los intereses extranjeros. Pero como siempre sucede, su crónica supera con bien sus énfasis.

> A las 12 horas todos los refugiados de la Casa Podmaniczky se trasladaron al edificio de la Legación porque los soldados rusos habían empezado a violar a las mujeres.

Los primeros oficios. Leyéndole, *signore*, me acordé de un trozo de la conversación que mantuve con Jaime Cándor, refugiado con su madre y su hermano en la casa de Szent Istvan Park. Yo le había preguntado por sus recuerdos de la entrada de los rusos:

—El primer ruso lo vi el 14 de enero. Vivíamos en un bloque de casas que tenía un gran patio interior y yo, asomándome a ese patio, vi en una casa del otro lado a unos rusos con ametralladora, que se asomaban por un balcón, o por un lavadero, para ver si había peligro. Eso era el 14 de enero: el 15 ya ocupaban nuestra casa. Y el 18 de enero ocuparon el gueto, donde encontraron condiciones de vida indescriptibles. Habría que decir que el Ejército soviético nos salvó la vida, pero los primeros días fueron de horror, porque ellos lo expoliaban todo. Además los oficiales dieron a la tropa unos días para desfogarse. Por lo visto los ejércitos que asedian una ciudad acumulan una enorme tensión. Y mi madre se salvó por poco de una violación, lo recuerdo muy bien.

—¿Qué recuerda?

—Vinieron los rusos y dijeron que necesitaban unas mujeres que después de cenar bajasen al sótano para pelar patatas. Todo el mundo sabía lo que eso significaba. Mi madre tenía entonces cuarenta y cinco años, que en aquella época era ya una cierta edad. Pero se conservaba bien, era bastante vistosa. Entonces las señoras de la casa la disfrazaron de anciana, la tiznaron con carbón y la metieron en la cama como si estuviera en las últimas, y nos metieron a los dos niños con ella, bajo las mantas. Recuerdo perfectamente cómo los tres temblábamos y yo estaba a su izquierda y mi hermano a su derecha. Y entraron los rusos y la vieron como la vieron, y pasaron de largo.

—Uf.

—Pero evidentemente alguien tenía que bajar al sótano, y eso lo recuerdo siempre con vergüenza, porque había allí una mujer joven, un poco rellena, que procedía de una clase un poco inferior y no tenía a nadie en el piso que la protegiera. Entonces decidieron que ella tenía que bajar al sótano.

—¿Quién lo decidió?

—No lo sé.

—Pero no fueron los rusos.

—Los rusos se marcharon diciendo que alguien tenía que bajar. Y al final, bajó ella. La solidaridad tenía sus límites. Aún recuerdo su nombre. Mancy.

—¿Mancy?

—Un diminutivo de Margarita.

Mancy, un poco rellena, dice Vándor con su correcto y elegante pudor. Hay algo enormemente poderoso en las mujeres. Más poderoso aún que el sexo y la belleza. Limpian a los enfermos. Cuidan a los viejos. Paren a los niños. Apaciguan a los soldados. Sangran puntualmente. Su doble contacto con la escatología es turbador. Va bajando Mancy hacia la soldadesca, como a la que le han encargado que limpie los váteres. Las mujeres han tenido que encargarse de las letrinas de la Historia. Saben cosas que ni usted ni yo sabemos, *signore*. Al menos las mujeres que habremos conocido los dos. Quizá esto cambie en el futuro o esté cambiando ya. Nuestra naturaleza es incierta y no está claro cómo se reparte los papeles con la costumbre y la cultura.

Salgo.

62

Iván Harsányi ya está esperando en la puerta del museo del Holocausto. Ayer fui a verle a su casa y se ofreció amablemente a acompañarme a la visita. Harsányi es un hispanista jubilado, profesor de Historia y especializado en las relaciones entre España y Hungría, a las que ha dedicado libros y artículos. Él y su familia gozaron, aquel invierno, de la protección de la legación. Tuvimos una conversación genérica en su precario español. Yo, en cambio, el español lo hablo muy bien. Me gustó mucho lo que dijo sobre la Historia.

—Hay cosas que nunca vamos a saber. Pero pocas.

Luego hablamos de Perlasca.

—Todo lo que sabemos de Perlasca lo sabemos por Perlasca.

—Sí... Asunto difícil.

Y luego hubo un momento de incertidumbre.

—¿Por qué se cambió usted el apellido? Usted se llamaba Hirsch.

—Después de la guerra hubo una oleada de cambios de apellidos. Era costumbre. No puedo explicarlo mucho más.

—Hirsch es un apellido muy judío.

—Sí, sí.

—¿Fue por eso?

—Quizá, quizá.

—[...]

—En realidad, con la llegada de los comunistas, no hubo persecución de judíos. Por eso no podemos explicar esa oleada de cambios de apellidos.

Cierto. A veces las cosas no se pueden explicar. En realidad casi nunca se pueden explicar directamente. Como máximo se pueden poner unos sucesos al lado de otros. Incluso dislocando la cronología. Ahora cuando escribo, en este presente que no es convención, un diputado de la extrema derecha húngara, Márton Gyöngyösi, acaba de proclamar en el parlamento, durante un debate sobre la guerra entre judíos y palestinos: «Hay que hacer listas de los judíos que viven aquí, sobre todo de los judíos que están en el gobierno y en el parlamento, que suponen, de hecho, un riesgo para la seguridad de Hungría». Listas. ¡La obsesión posmoderna! Hungría ha sido un extraño país para el antisemitismo. Por un lado fue el primero de Europa en dictar leyes antijudías. Pero al mismo tiempo y hasta el golpe de Estado de los nyilas fue, entre los aliados de Alemania, donde menos se dejó sentir la persecución racista. Harsányi no lo puede explicar, yo tampoco. El antisemitismo debe de ser como un ácido fondo de armario de algunos pueblos. Y reviene.

El profesor Harsányi fue un convencido comunista. Tuvo un papel relevante en la Universidad y fue premiado por el régimen. El apartamento donde estuvimos hablando es el mismo donde vivió durante cuarenta años y donde crió a sus dos hijos. Un par de piezas de suburbio, baño y cocina, con un máximo de cincuenta metros. Se proclaman con gran alegría conceptual los privilegios de la nomenclatura comunista. Este hombre fue nomenclatura. Observar la huella de estos privilegios sirve sobre todo para especular con los que no gozaban de ellos. Pero aun así yo tengo mis dudas: lo que más bien creo es que el comunismo repartió su fabulosa miseria de un modo bastante equitativo.

La visita al museo del Holocausto acaba en la vieja sinagoga adyacente. Diáfana. El cicerone del museo echa una mirada de admiración y tristeza.

—Bella, pero vacía.

Ya no hay culto. La comunidad que la levantó y la sostenía desapareció. El vacío es la más eficaz de las representaciones del nazismo. La inmensa estepa de Birkenau. Las sillas viudas de la plaza Zgody, en Cracovia. Este templo sin culto. El director del museo me indica el camino hacia el friso circular de los héroes, donde están los retratos de los diplomáticos que salvaron la vida de tantos judíos húngaros. Ahí están, en efecto, Wallenberg, Perlasca... Humm... No veo a Sanz Briz. Le digo a nuestro amable profesor Harsányi que le pregunte al director por la ausencia. Hasta entonces el director se había comportado de modo amable. Pero ahora murmura algo en húngaro, hoscamente. Nuestro profesor pone cara de circunstancias y no sabe qué traducir. El director aprovecha para darme las gracias con sequedad y salir de escena.

No hay mayor misterio. Sanz Briz era un administrativo franquista. Un héroe diplomático, repárese de nuevo en el machihembrado. El guion de los homenajes húngaros lo ha escrito la izquierda más o menos comunista. Además hay graves cuestiones icónicas. Sanz Briz nunca llevó la gabardina bogartiana de Wallenberg, ese heroico desaliño. Su envarada iconografía dominante oscila entre el uniforme y el Príncipe de Gales. Y el bigotillo. Era un hombre guapo, pero solo para la época: su apostura no cruza el tiempo. Una de las fotografías tipo de Perlasca, usada con mucha inteligencia por su familia, lo muestra de espaldas caminando con una maleta entre las vías mientras se cruza con un niño; no se sabe si inmediatamente después de bajar del tren que está a lo lejos o de subirse a él. En realidad, y aunque la familia diga que se trata de Perlasca, ni siquiera puede asegurarse que sea él. Pero la seducción de la imagen, él sí, *cavalier seul*, es irresistible.

Me despedí de Harsányi y me fui andando, bajo el sol, hasta la embajada de España. Al entrar me acometió el clásico temblor en las piernas del que penetra en el lugar de los hechos. El temblor me gustó, porque no lo ha hecho desaparecer ni la edad ni la costumbre. Me recibió el cordial y bien instruido encargado de negocios, el señor Pablo Zaldívar. Antes de movernos por aquel lugar, le conté la ausencia del friso de los héroes. Mi ira de español.

—Si no en nombre de la Patria, que sea en nombre de la Ciencia. Pero protesten ustedes, por favor.

63

He llegado a Eötvös, *signore*. Nunca pensé que los muros de la Casa Podmaniczky, enfrente, tuvieran este rosa tan delicado. La calle es corta y, como antes, sigue llena de embajadas. Los funcionarios me aseguran que las estructuras fundamentales del edificio no deben de haber cambiado mucho desde las 9 de la noche del 16 de enero, y ahora ya voy a escribir con su letra, sin cursivas ni comillas ni grilletes, porque ya es mía, sin más, proteste, pero no voy a soltarla, cuando algunos soldados rusos penetraban en el edificio de la legación y, a mano armada, se hacían entregar de los refugiados relojes y joyas. La intervención de un capitán soviético los hizo alejarse previa restitución de los objetos robados. A las 11 algunos oficiales de artillería pidieron instalar un teléfono en el local del conserje; el señor Naric observó que tratándose del edificio de una legación neutral habría sido preferible que se fueran a otro lugar. El capitán contestó que en la guerra no podían hacerse distinciones. Poco después, mientras los soviéticos estaban colocando los cañones en las proximidades de la legación, estallaron dos granadas alemanas que mataron a dos de ellos. Inmediatamente los rusos tuvieron la sospecha de que nosotros éramos nazis y que, por radio o por teléfono, habíamos dado informaciones al enemigo. Tras la invitación del señor Naric efectuaron una inspección de todo el edificio, pero no encontraron nada sospechoso. Luego, tras la petición del capitán, el señor Naric garantizó que en el edificio no había tampoco armas de ningún tipo. Por desgracia en una sucesiva inspección se descubrió en la carbonería una caja de pistolas automáticas. El abogado Farkas dijo que se trataba de una colección de pistolas que él mismo había depositado en la carbonería de acuerdo con la señora Tourné y con los funcionarios de policía y que no había dado excesiva importancia al asunto.

Habrá comprobado, *signore*, que de su informe me he saltado unas cuantas frases en las que usted reprocha a Farkas y a Tourné que no me hubieran informado, así lo dice, de la existencia de las armas. Naturalmente. ¡Piense por qué no le informaron! ¡Y sobre todo piense por qué no habían de informarle! *Impostore*, *impostore*. A veces me resulta usted de una ingenuidad llamativa. En cuanto a las pistolas, el adjetivo «automáticas» que incorpora a su relato, moderno e inquietante, no se corresponde con la versión que da de ellas en su *Promemoria*, cuando dice que se trataba de una caja de pistolas de colección, propiedad del ministro Muguiro. Pero tiene poca importancia. Lo que importa es que el descubrimiento de las armas había persuadido a los rusos de que éramos un grupo de nazis y francotiradores en contacto con el enemigo. Los soldados, que estaban todos borrachos, me pegaron a mí y a otros refugiados y separaron a los hombres de las mujeres, diciendo que iban a colgarlos en breve. En esta trágica situación pasamos dos horas. El abogado Farkas, que había dado señales de haber quedado muy impresionado por cómo estaban evolucionando los acontecimientos, teniendo en cuenta su temperamento nervioso y el desgaste psicológico de aquella semana, desapareció y también los dos policías húngaros. Gran parte de los que quedaron perdieron la cabeza y dieron lugar a escenas de terror y miseria humana.

El abogado Farkas. He guardado para este momento un trozo de la carta que Sergio Campos me escribió, poco después de ver a su hijo en Viena. Necesidades retóricas, comprenderá. Usted está perfectamente dotado para comprenderme.

> Mientras Janos Farkas busca incansable entre sus papeles, le pregunto por la muerte de su padre. Empieza a responder con otra pregunta: «¿Ha estado usted en el lugar de la embajada española?». Y continúa: «Mi padre se encontraba en la embajada. Tenía a su mujer y a su hijo refugiados en los sótanos. Tuvo miedo de que algún soldado ruso le disparara, así que huyó con un amigo, cuyo nombre no recuerdo, y le destrozó una bomba, o una granada. Murió en la calle». Insiste en que murió fuera, en la calle, y que no murió por un disparo. No sabe si cayó o no desde el tejado, aunque es una hipótesis razonable, siempre que el estallido de la granada o la bomba se hubiera producido allí. Tras contarme la historia me alargó el certificado de defunción.

Así Farkas murió. Como usted dice, después de haber colaborado durante muchos meses, con valor e inteligencia, al salvamento de millares de personas, cuando ya faltaba poco para llegar al final de la triste odisea, Zoltán Farkas había sido traicionado por los nervios.

> La versión más segura de su trágico fin es aquella que me dieron dos funcionarios de policía de mi equipo [¡su equipo!], que fueron los últimos en verlo con vida. Según ellos, cuando los rusos descubrieron la caja de las pistolas reaccionaron violentamente y los agentes y el abogado Farkas, que

se encontraban en aquel momento en la conserjería, fueron maltratados por los soldados. Poco después, cuando la ira de los rusos se dirigió hacia otras personas, los tres aprovecharon para llegar al atrio y, desde allá, a la escalera central que llevaba al segundo piso, donde se encontraban las cocinas y las habitaciones del personal de servicio. Oyeron unos pasos en las escaleras y creyeron que se trataba de los rusos. Los tres alcanzaron el tejado a través del tragaluz. Los policías pensaban en llegar, a través de los tejados, a una casa perteneciente a la oficina de pasaportes de la policía húngara e invitaron a Farkas a seguirlos. Farkas rehusó y se encaminó solo en la dirección contraria. Los policías afirmaron que no habían vuelto a verle desde aquel momento. Yo creo que el abogado Farkas, que ya no era joven y que era poco ágil, en el intento de pasar al tejado de la casa adyacente, resbalaría precipitándose al patio de abajo. Hacia la una del mismo día 17 yo había escuchado un fuerte grito seguido de un batacazo; en aquel momento pensé que los rusos habían sorprendido a uno de los refugiados en el piso superior y que algo grave había pasado. Fue probablemente la última voz del abogado Farkas.

No estoy del todo seguro sobre la veracidad de su versión de la muerte del heroico abogado Farkas, a quien la historia de la solidaridad humana y la tragedia concreta de los judíos de Budapest deben homenaje. No me parece que la una de la madrugada de una ciudad en guerra, a mediados del siglo xx, sea el mejor momento para que un hombre que ya no era joven (tenía cuarenta y cuatro años y no parecía ligero de peso) anduviera por los tejados. Aunque es cierto que ya había linternas a pilas y pudo haber usado alguna. Es probable también que en la decisión de huida hubiera ese punto de desesperación que usted deja entrever, motivado por un terror al bolchevique que se maceró en el tiempo infernal de la dictadura de Béla Kun y que habría dejado una huella profunda en el abogado. Farkas huía, no sabemos bien adónde, ni con exactitud el porqué; y huía, además, dejando en los sótanos a su mujer y a su hijo Janos, de tres años. Ya dije que por su ascendencia judía se encontraba probablemente más seguro en la legación. Sin embargo, y respecto al bolchevique, la legación española, aun enmascarada bajo bandera sueca, no ofrecía ya la antigua seguridad.

El certificado de defunción que guarda su hijo Janos introduce precisiones relevantes sobre la muerte.

> Certificamos que el abogado Dr. Zoltán Farkas fue encontrado el 18 de enero de 1945 en el patio de luces del número 11b de la calle Eötvös.
>
> Hemos reconocido personalmente al fallecido; además lo ha hecho su esposa y ha sido identificado por documentos encontrados en sus bolsillos. Los datos personales del Dr. Zoltán Farkas son los siguientes:
>
> Lugar y fecha de nacimiento: Cinkota, 27 de marzo de 1900.
>
> Religión: católica romana.
>
> Nombre de la mujer: Baronesa María Pittner.
>
> Nombre del padre: Dr. Martin Farkas.
>
> Nombre de la madre: Rosa Hirschler.
>
> Causas de la muerte: Desangrado.
>
> La cara del fallecido, así como la mitad derecha del cuerpo estaban llenas de contusiones, en el frontal derecho un agujero del tamaño de una manzana; de la parte derecha de la mandíbula faltan unos diez centímetros y en esa parte hay un gran hematoma. El cadáver se encontró en condiciones de rigidez cadavérica, especialmente en las extremidades su-

periores. No se han encontrado ni heridas externas en el resto del cuerpo ni en las ropas. Con todos estos vestigios se puede deducir que la muerte ocurrió aproximadamente el 17 de enero a primera hora de la mañana.

Se le enterró bajo el rito de la iglesia católica romana en Budapest el 20 de enero de 1945 en el patio de la casa del número 11b de la calle Eötvös, ya que fue imposible hacerlo en el cementerio debido a los sucesos propios de la guerra.

Certificado en Budapest el veintiuno de enero de mil novecientos cuarenta y cinco.

Así pues, Farkas no murió de la caída sino de las heridas que le causó la metralla y que abrieron el boquete del tamaño de una manzana en su cabeza. No hay en su relato, *signore*, rastro de que hubieran estallado en la legación más granadas que las alemanas que habían matado a dos soviéticos varias horas antes de la muerte de Farkas. Las heridas me traen a la cabeza, aunque nunca dejó de irse, la explicación que Eugenio Suárez me dio sobre la muerte del que fue buen amigo.

—Yo ya no estaba en Budapest cuando murió Farkas. Pero unos amigos italianos me aseguraron que lo acribillaron junto a la puerta de la legación.

Pocas, pero hay cosas que nunca sabremos. El certificado trae también la noticia de que el judío Farkas murió cristiano. Es probable que su apostasía tuviera que ver con su matrimonio con la baronesa Maria Pittner. Por lo demás, la muerte, reina de aquel Budapest, había inutilizado el cementerio y tuvieron que enterrarlo, provisionalmente, en el patio de la legación española. Aquí, en ese mismo patio estoy ahora, con el encargado de negocios Zaldívar. Después de la conquista soviética el edificio fue destinado a hospital, y otra vez a representación española, cuando se restablecieron en 1976 las relaciones diplomáticas. Es probable que el patio haya sufrido transformaciones, pero yo llevo todo lo que falta.

Zoltán Farkas y Astorga fue uno de los héroes singulares de la embajada de España y su vida acabó aquí. Dispongo, *signore*, de una carta de Sanz Briz, dirigida al que fue cónsul de la legación de Portugal en Budapest, Jules Gulden, cuando el invierno había acabado. Precisa algunos detalles económicos del heroísmo de aquel abogado.

> Supe de la muerte de mi querido amigo Zoltán Farkas. En relación con sus asuntos, intervine en efecto en una ocasión. En uno de los viajes que hice a Suiza me confió un paquete de monedas de oro cuya cantidad ignoraba. Siguiendo sus instrucciones, alquilé en su nombre una caja de seguridad privada en el Banco Popular suizo, en Banhofstrasse, en Zúrich, donde deposité dicho paquete. Es más, recuerdo que en varias ocasiones el Sr. Farkas trajo a la Legación española paquetes que depositaba en la caja de seguridad de allí, y que contenían objetos de valor de algunos de sus amigos. [...] Estoy seguro de una cosa, y es de la perfecta honradez de mi amigo Farkas, que durante todos los terribles sucesos en Budapest previos al final de la guerra siempre intentó ayudar a sus amigos y conocidos, valiéndose de su posición en la Legación española.

Y aprecio mucho, en fin, *signore*, esto que dice de él en *L'impostore*, un trozo de vida devuelta.

> Recuerdo haberlo visto en la Nochevieja del 43, en el hotel Hungária: era con su mujer, una cristiana que pertenecía a una familia aristocrática de Viena. A pesar de sus cincuenta años [aún estaba lejos de tenerlos: Farkas iba con el siglo y

por lo tanto no había cumplido los 44] bailaba el vals como un jovencito: ante mis felicitaciones por su incansable alegría contestó que quizá fuera aquella su última Nochevieja.

Del patio, Zaldívar me lleva a los sótanos. Aquí los cambios serían mínimos. En el último mes del invierno, la legación acogió decenas de refugiados, y la mayoría fueron instalados aquí, en las condiciones de frío, humedad y angostura que imagino con meras palabras de aliño, porque para qué. Inevitablemente vuelve aquel párrafo de la carta que le dirigió Sanz Briz desde San Francisco y donde le recomendaba prudencia en la exposición de hechos que pudiera hacer ante las autoridades españolas:

> No olvide V. que la decisión de meter gente en los locales de la legación fue de mi propia iniciativa, sin previo permiso de Madrid, y motivada por el terror que entonces reinaba en la capital húngara.

Y aquellos párrafos también de una Laura, italiana, que le escribía a San Francisco:

> Pasamos el terrible asedio de Budapest en los sótanos de la embajada de España [...]. Gracias, amigo, por todo lo que hizo por nosotros, hace ahora justo un año. No he olvidado las innumerables veces que fui a molestaros a la Eötvös Utca y todo lo que trató de hacer en nuestro favor.

De nuevo arriba le pregunto al encargado Zaldívar por la cancillería. Indica su lugar actual, pero advierte que es improbable que fuera el mismo que en el pasado. Voy buscando a madame Tourné, no hace falta decirlo. Mi búsqueda está llena de fracasos. Es verdad que gracias a una miserable denuncia anónima pudimos saber que fue la primera que salvó judíos en aquella embajada; pero desde aquel febrero de 1945 en que usted la acompañó a ver al conde Tolstoi, funcionario de la legación de Suecia y nombrado por los rusos representante de los intereses de las legaciones neutrales, sus huellas se desvanecen. Madame Tourné ni siquiera asistió unos días después al inventario de los bienes de la legación: había dejado las llaves de la caja fuerte a la camarera. Aquel inventario en que se encontraron trescientas ochenta monedas de oro, de veinte francos cada una, *napoleones*, les llamaban, en el despacho que había ocupado el ministro Muguiro. Después de aquel febrero, solo encontré a Madame en este trozo de la carta que un doctor Friedrich escribió en 1946 a Sanz Briz:

> Madame Tourné está bastante bien, está ahora sin ocupación, solo con las tareas de la casa. Gaston consiguió un nuevo trabajo en la Legación francesa. Pero creo que madame Tourné ahorró mucha moneda extranjera y oro, ¡así que ahora no tiene problemas! Excepto el Dr. Farkas, fueron salvados todos los habitantes de la Legación.

Cuando Sanz Briz contestó esta carta lo primero que hizo fue pedirle al doctor Friedrich la dirección de madame Tourné, y así escribirle. Pero no he encontrado la hipotética respuesta del doctor ni tampoco ninguna carta de Madame. En realidad, ayer perdí mis esperanzas de encontrar datos fiables de ella y de su historia. Había ido hasta un suburbio de Budapest en busca de un hombre, Tibor Gérgely, pariente de Jaime Vándor, y como él un protegido por la legación de España. Tibor estaba enfermo de cáncer y era difícil mantener una conversación articulada. Antes de la guerra había sido vecino de madame

Tourné y amigo de su hijo Gaston. Pero sus recuerdos eran confusos.

—¿Por qué piensa que madame Tourné amaba tanto a su hijo?

—Se decía, la gente lo decía. No sé. Han pasado más de sesenta años. Lo cierto es que lo trataba de un modo especial...

—¿Madre e hijo eran simpáticos, eran cultos?

—Sí.

—¿Y atractivos?

—Sí, del tipo francés.

—¿Vivieron siempre en Budapest?

—No, se fueron a Francia después del 56. Yo visité al hijo en París, a principios de los años ochenta. Ya no vivía la madre.

—¿Dejó hijos Gaston?

—No.

—¿Se sentía herido porque nadie hubiese reconocido lo que hicieron?

—No eran del tipo de personas que buscan reconocimiento.

En aquel momento Tibor Gérgely dijo que tenía alguna foto de la joven madame Tourné y que iba a buscarla. Se me aceleró el corazón porque quería ver esa cara francesa. Tardó. Volvió con un semblante desalentado y las manos vacías.

El encargado de negocios me acompaña hasta la calle soleada. Usted, *signore*, también va a abandonar Eötvös, donde ha vivido los meses más importantes y dramáticos de su vida, cuyo recuerdo y exaltación no le abandonarán jamás. El doctor Gabor, un protegido, ya está al frente de la comisión que convertirá la legación de España en un hospital, después de haber sido uno de los escasos asilos de humanidad en la colosal destrucción europea. Estas son las últimas líneas de su informe.

> Considero haber dado hasta aquí amplia relación de mi labor durante las trágicas semanas que precedieron y acompañaron el asedio de Budapest. Me permito creer que la gravedad de la situación y la necesidad inderogable de poner a salvo por cualquier medio la vida de millares de personas puedan justificar la singularidad, puede que sin ejemplo, de la posición de la que me he hecho cargo en la Legación de España en Budapest. El pleno éxito de mi labor, que por sus altas finalidades humanitarias me atrevo a pensar que no desentonaba al decoro de España y de sus grandes tradiciones civiles, me anima de todas formas a presentar este informe definitivo con la segura conciencia de haber llevado a cabo mi deber.
>
> Crea, Excelencia, con mi más alta consideración.
>
> Giorgio Perlasca

64

Le veo, *signore*, saliendo de Eötvös y le compadezco. Su situación general quedaría descrita en las primeras líneas de aquella carta que ya habíamos leído dirigida a Sanz Briz:

> Cuando llegaron los rusos yo me hallaba sin dinero, sin casa y sin comida.

Era la misma carta, escrita en un español espontáneo, donde unos párrafos más atrás describía lo que había sucedido con Villa Széchenyi, la antigua residencia del diplomático español.

> En cuanto a la villa de la Buda puedo decirle que yo me fui de allí por última vez a las 13 horas del día 25 de diciembre de 1944 y que se combatía ya cerca de la misma. Me detuve allí solo unos minutos por dar coraje a los refugiados y hasta el 25 de febrero no tuve más noticias. Todos se han salvado excepto la vieja tía de Rados que fue violada por los rusos y más tarde matada por un golpe de fusil llegado desde la línea de combate. El día después de su salida tuve que trasladar mi residencia en la villa para protegerla contra los nyilas que querían entrar. Se refugiaron allí también los condes Szecheni y Sziraki huidos del ejército húngaro y otras

personas. En el incendio de la villa todo fue perdido. De mis maletas, con trajes, dinero y un poco de oro no se salvaron más que cinco pañuelos.

La vieja tía de Rados.

Aún hay más detalles de su desamparo en las líneas finales de su *Promemoria*.

> No pudiendo llegar a la plaza Liszt [donde vivía Irene] retrocedí y anduve hacia el número 44 de la calle Izabella. La mañana del 18 los rusos me pusieron a trabajar para limpiar la calle Király. Hacia mediodía acerté a escabullirme y me reuní con mis amigos en la plaza Liszt. Llevaba conmigo 3.700 pengös, una bolsa de cuero, un kilo de spaghetti, unos frutos secos y dos paquetes de cigarros. La aventura se había acabado, pero comenzaba la del hambre.

Miro en el mapa sus caminos. La larga calle Király, que tuvo que limpiar. Todo le ocurrió en un palmo de ciudad. Una de las esquinas de Király da a la plaza Lizst. Es probable que allí se despistara de la brigada y pudiera llegar al refugio de Irene, que estaba a pocos pasos. Hasta finales de mayo permaneció en la ciudad. Meses difíciles. Volvió a Italia dando un largo rodeo por Turquía: hasta septiembre no empezarían a despejar de cadáveres las carreteras de Europa. En Budapest, las despedidas debieron de tener la emoción incontenible de los que sobreviven juntos a la muerte y luego no pueden evitar la separación en vida. La emoción llegó hasta la prensa, bien lo sabe, *signore*.

Tengo un ejemplar del periódico húngaro *Kis Újság*, que traducido literalmente significa *Pequeño Periódico*. Lo encontró el inverosímil Campos en un trapero de Europa. En junio de 1945, con usted ya fuera de Budapest, nuestro *Kis Újság* abría una de sus páginas con esta información.

Cómo salvó la vida de 5.200 personas Giorgio Perlasca «encargado de negocios español en Budapest»
Kis Újság, 12 de junio de 1945

Esta mañana, en un acto solemne, despidieron a Giorgio Perlasca. Giorgio Perlasca, en el tiempo del terror de Szálasi puso en peligro su propia vida para salvar a otras personas de las garras de la muerte.

Pocas personas saben de verdad quién fue Giorgio Perlasca. Después de varias décadas de ir y venir, de vida ambulante, al estallar la Segunda Guerra Mundial llegó a Hungría. Él, como otros compatriotas italianos que estaban en contra de Mussolini, estuvo internado en un campo. El año pasado [1944], un poco antes de los acontecimientos del 15 de octubre, lo pusieron en libertad, y fue en ese momento cuando conoció a Erlach [*sic*: por Sanz Briz], secretario de la Legación española. Gracias a la amistad surgida entre ellos consiguió, después del golpe de los cruces flechadas, la protección española, y se quedó allí hasta el último momento en que los españoles dejaron la capital. Erlach [*sic*] era el último que abandonó la embajada de Budapest; en aquel entonces el único miembro del personal de la embajada era la cocinera que quedó en el palacio. Ese fue el momento en que Perlasca salió a escena.

Utilizó o aprovechó los formularios y los sellos que quedaban en la embajada para falsificar y a continuación distribuir las cartas de protección española. Lo que ocurrió después no ha podido hacerse público hasta ahora. Solo ahora podemos enterarnos de los méritos sumamente extraordinarios de esta persona. Él, antes perseguido, desempeñó un papel en la vida pública y asumió la función de «encargado de negocios español». Visitó a Szálasi. Y hasta tuvo la audacia de tomar o firmar y llegar a acuerdos en nombre de España con el «ministerio del Interior», Vajna Gábor, el «ministro de Asuntos Exteriores», Kemény Gábor, y el temido «comandante» Kovarcz Emillel y otros bandidos [los tres ahorcados por el nuevo régimen].

Al comenzar la persecución planeada de los judíos, entregó en poco tiempo 5.200 cartas de protección para los perseguidos y de forma por completo desinteresada. Consiguió cartas, alquiló casas protegidas en las calles Phönix y Hollán, donde los gendarmes de Baky [un cuerpo que no pertenecía a la policía convencional, reclutado en el campo, arbitrario y muy cruel] tenían prohibida la entrada.

A principios de diciembre, cuando el terror de los cruces flechadas era más cruel, la vida en estas casas españolas transcurría con relativa tranquilidad y los habitantes que vivían allí ni siquiera sospechaban que todo eso se debía a Perlasca, quien estaba en contacto permanente con Szálasi y sus matones, a quienes sobornaba o simplemente engañaba. Ahora que acabó, al terminar su misión voluntariamente emprendida, vuelve a su patria libre. Perlasca se fue y su recuerdo nunca se borrará, se queda aquí para siempre.

Bien, *signore*, una hermosa y solemne despedida, sin duda alguna. Naturalmente no le tendré en cuenta el párrafo de una carta que escribió algunos meses más tarde a Sanz Briz, desde Milán:

> Después de mi salida la prensa húngara escribió cosas muy simpáticas; pero si usted tiene ocasión de leer algo que los diarios húngaros dicen que son mis declaraciones no hay nada de verdad.

Cuánta modestia, *signore*. Pero usted mismo se traiciona. La nota, firmada por el periodista Sándor Mátrai, no recoge ninguna declaración entrecomillada suya. Pero usted, como yo, como el oscuro Mátrai, sabemos que toda la información proporcionada sobre su hazaña proviene, como de costumbre, de usted mismo, y que por lo tanto su voz está ahí camuflada. Pero hizo bien curándose en salud. Si Sanz Briz hubiese leído el recorte no habría dado crédito. Lo de menos es el extraño Erlach que usurpa su nombre. Eso parece un simple error del periodista o del tipógrafo. Tampoco tiene importancia que el periódico diga que en Eötvös solo quedaba la cocinera cuando Sanz Briz marchó. Jamás hubo cocinera. Pero que usted se atribuya la salvación de 5.200 personas es un error de apreciación grave. Del profundo aprecio que se tiene, *signore*.

No le discutiré demasiado el número, porque me parece que hacerlo roza lo obsceno. En esto soy un clásico: aquel que salva a un hombre salva la Humanidad. Sobre el número de supervivientes solo hay un documento fiable: el informe que Sanz Briz envió a su gobierno, una vez a salvo en Berna, y donde se da la lista de las 2.295 personas que de uno u otro modo gozaron de la protección de la embajada de España. Es probable, en efecto, que quepa añadir algunas más. Pero el número, sea el que fuere, ha de compartirlo con Sanz Briz, con Elisabeth Tourné, con Zoltán Farkas, y con László Szamosi, con los héroes de la embajada de España.

Mi dispiace, casi me desmoraliza, tener que hacer estas puntualizaciones, pero así lo ha querido su crónica. Su exitosa crónica, *signore*, jamás me cansaré de alabárselo. Porque lo más extraordinario de este suelto de diario del que nos estamos ocupando es que se ha convertido en canónico. Usted dijo en junio de 1945 que había salvado a cinco mil judíos a través de una genial impostura, usurpando la personalidad del diplomático español huido. No hay ninguna prueba de ello. Pero el éxito de un mensaje en nuestro tiempo no necesita pruebas; basta con que sea atractivo. El tempranísimo mensaje, casi contemporáneo a su labor heroica, que usted lanzó desde las páginas de *Kis Újság* es el que hoy repite medio mundo. La historia se le ha rendido. Tiene mérito. Sobre todo, porque ya empezó a rendírsele en aquel Budapest de cenizas. Nueve días después de la aparición del artículo, el periódico *Szabadság* [Libertad] publicó otro del ciudadano italiano Giovanni Rossi. Debe permitirme que se lo transcriba:

¿Quién rescató a los que estaban bajo
la protección española?
Szabadság, 21 de junio de 1945

La semana pasada dos artículos de prensa homenajeaban a un joven italiano, Giorgio Perlasca, que, según los artículos, afirmaba que había sido el «encargado de negocios» de la abandonada embajada española en Budapest; había concedido cartas de protección a los perseguidos por los cruces flechadas; había incluso logrado engatusar a Szálasi y a sus hombres para que, cuando éste se lo pidió, les emitiera «cartas de protección», por lo que quedaban en deuda con él.

A estas alturas ya nos hemos acostumbrado a no reaccionar a las petulancias de los falsos héroes, y no nos tomaríamos ninguna molestia con la fábula jactanciosa de Giorgio Perlasca si no fuese una ofensa a la memoria de hombres verdaderamente valientes que tuvieron un trágico final. Por tanto, debemos decir que la «Perlascada» es falsa de principio a fin: la embajada española no fue abandonada ni un solo momento; Perlasca estaba bajo su protección, y a cambio se comprometió a repartir «paquetes-regalo» y cheques postales o vales de dinero con material de primeros auxilios a las «casas protegidas españolas»; no dio cartas de protección a nadie, y jamás habló con Szálasi, quien, por supuesto, no le pidió cartas de protección, ya que debería haber sabido que el Ejército Rojo no las habría aceptado por la misma razón que sí las aceptaban los alemanes y los cruces flechadas. Por otra parte, es cierto que una noche de diciembre Perlasca fue con una carta de la embajada a la sede/cuartel general de los cruces flechadas, en el n.º 2 del Boulevard Szent István, y logró que dos personas «bajo protección española», detenidas por no llevar la estrella amarilla, quedaran en libertad. Lo hizo, sí, pero no hizo nada más.

Todo lo demás que se hizo, lo hicieron los que estaban bajo protección española, el escultor Zoltán Farkas. Farkas, jurista de formación, fue durante muchos años asesor legal de la embajada española, y en noviembre de 1944 prácticamente obligó a su encargado de negocios, Ángel Sanz Briz, a emitir cartas de protección para al menos aquellos húngaros que tenían vínculos familiares o comerciales con ciudadanos españoles. De hecho, Sanz Briz no permitió que se emitieran cartas de protección a nadie más, y en las primeras semanas no había más de 300 personas «bajo protección española» en Budapest. Sin embargo, Farkas —contra la voluntad de Sanz Briz— logró, con la ayuda de Madame Tourné, secretaria de la embajada, ofrecer protección a una cantidad mayor de perseguidos. Se designaron ocho casas en el distrito de St. István para dicha protección española, pero incluso ese número resultó insuficiente al final. Todos los que escapaban de los batallones de trabajo y del gueto recibían una carta de protección española. En la segunda mitad de diciembre, Sanz Briz abandonó Budapest y confió la gestión de la embajada a Zoltán Farkas. Farkas recurrió a la ayuda de Aurél

Bernáth, el destacado pintor, que ya le había ayudado antes, cuando cruzó una vez más a Buda y ya no pudo volver al lado Pest de la ciudad. Desde entonces, solo unos pocos «jefes de las casas» —que por entonces ni siquiera podían poner un pie en las calles controladas por los cruces flechadas— pudieron ayudar a Farkas a suministrar comida a los habitantes de las casas protegidas. Cuando los cruces flechadas intentaron llevarse a algunos de los ocupantes de las «casas españolas» a los guetos, Farkas logró evitarlo. Se comportaba con los cruces flechadas como si estuviese protegiendo a los perseguidos por órdenes directas de Franco. Los cruces flechadas no entendían por qué Franco querría proteger a los portadores de la «estrella amarilla» de Pest, pero no se atrevían a incomodar a sus «aliados españoles». Hubo relativamente pocas víctimas del terror, por parte de los cruces flechadas, entre los habitantes de las «casas españolas». En Budapest se sabía que «la protección española era la mejor». Y así era, pero solo por la habilidad y la valentía de Zoltán Farkas, que salvó a los protegidos por España, entre los que se encontraban tanto destacados artistas, políticos, curas y otras distinguidas figuras de la sociedad, como miles de sencillos comerciantes, trabajadores y quienes escapaban de los batallones de trabajo.

Zoltán Farkas no vivió para ver el momento en que aquellos a los que protegió volvieron a tener una vida en libertad. Un día después de que el Ejército Rojo liberara la capital, el hombre que durante ocho semanas salvó a miles de personas de las garras asesinas, resbaló y cayó desde el tercer piso de la embajada, muriendo al instante.

Las versiones de los hechos. ¡Qué voy a contarle! Pero deberá reconocer que se trata de su primera refutación en el tiempo y que tiene el interés añadido de ser contemporáneo a los hechos que son objeto de disputa. No olvido a László Csobra. En su estudio de las relaciones diplomáticas entre Hungría e Italia escribe que Rossi y usted competían por un cargo diplomático en la embajada de Italia en Budapest. Competían quiere decir que usted también competía. Pero quién sabe hoy nada de Rossi. Ni usted ni él lograron ese cargo en la embajada. Pero la Historia se le ha rendido, *signore*.

Aprovecharé para decirle algo más. Sus herederos, sus apologistas y usted mismo han insistido siempre en que Perlasca calló. El mito explica que una vez salvados a pulso los 5.200 judíos usted entró en un orgulloso y noble silencio. La molestia de hablar de uno mismo. Y que así habría muerto, sigue el mito, de no haber sido por aquellas damas que en Berlín se dispusieron a ir en su búsqueda. Pero no es cierto. Usted no calló nunca. No calló a los pocos días de salir de Eötvös, ni tampoco cuando empezaron a hablar de Wallenberg o cuando juzgaron a Eichmann. Su historia, en los términos que ahora la conocemos, aunque resumidos, apareció durante la posguerra en periódicos italianos como *Il Resto del Carlino* o *La Stampa*. Y usted mantuvo durante buena parte de su vida una atención constante sobre el asunto, como lo prueba, por ejemplo, la carta que dirigió a una revista italiana en 1957, al hilo de un reportaje sobre Wallenberg. Más que una atención constante: siempre al quite. Verá, *signore*. La página que le dedicó *Il Resto del Carlino*, en junio de 1961, hay que situarla en el contexto del juicio de Adolf Eichmann, que se abrió en el mes de abril de 1961 y que duró hasta diciembre. ¿Qué hay de especial en ella aparte de atenerse al guion básico de su aventura, ya explicitado por el periódico húngaro *Kis Újság*? Eichmann, naturalmente. Tan detallado, prolijo y *name dropper* que se había mostrado usted en el informe *A sua*

Eccellenza e incluso en la *Promemoria* y nunca había aparecido el célebre nombre de Eichmann de cuyas garras, como sabemos, usted arrancó dos niños. Nunca lo nombró. Hasta que el foco de Eichmann fue lo suficientemente intenso como para iluminarle.

Es cierto, sin embargo, que más allá de esas menciones aisladas la prensa no siguió su historia. Digamos que no era un tema. Ni su historia ni la de Sanz Briz. Ni siquiera la de Wallenberg, a pesar de que su desaparición le había hecho desgraciadamente popular. No me pregunte por qué ustedes no eran un tema. Es una pregunta dificilísima. Hay una respuesta que me gustaría darle. Cuando entonces, la prensa exigía a una historia algo más que seducción. Le exigía datos, fuentes, pruebas. Hoy la necesidad de alimentar 24/7 la máquina de las noticias obliga a aflojar los filtros. Me gustaría darle esa respuesta, pero sé que es falsa: la prensa severa del pasado solo es un mito más. No tengo una explicación pertinente sobre la desatención. Solo aproximaciones más o menos poéticas: la resistencia de los supervivientes de Europa a evocar las tragedias aún con costra, la pura necesidad narrativa del paso del tiempo, que todo lo ennoblece, la incredulidad ante Auschwitz, la lentitud del cine en hacerse con el genocidio. Pero son aproximaciones. Hay un misterio difícil, nutrido en parte por el inmanejable peso del azar, a la hora de explicar por qué las historias cuajan en un momento determinado del tiempo.

Por último. Hay un delicado flanco moral en sus exageraciones y en sus imposturas. ¡En las imposturas verdaderas! Se asientan sobre muertos. Hay que ser preciso con los muertos.

65

Escribí hace un buen rato que nunca viajo a lugares que no haya leído. Y que si llegara a cuerpo gentil no vería nada, a modo de un animal primario que no ha aprendido a distinguir los objetos de la masa del mundo. Pero ahora descubro que el haber leído demasiado causa la misma ceguera. Voy por las calles de Budapest como un zombi sabihondo, en busca de lápidas de Zoltán Farkas, de una sobria elegancia clásica, en Akadémia, en Andrássy, en la muralla de la ciudad, esta última la que conmemora la victoriosa entrada de los españoles en la Buda sometida por el turco, y que encargarían a Farkas por su arte y por su Astorga; entro en los decrépitos portales de Pannónia, de la calle Wallenberg (donde está la lápida en honor del sueco, empedrado con gabardina romántica), de Szent István Park, allí donde pasaron el invierno hacinados y muertos de miedo cientos de judíos acogidos al asilo de España; busco monumentos a la honra de Giorgio Perlasca, que hay más de uno, y llego incluso hasta el suburbio, a Maglódi, al patio del colegio que lleva su nombre. Y es así como la ciudad, su comida, sus pasteles, sus *tokays* secos, perfectos, sus vistas abrumadoras, su baño en el Gellért, su Danubio, central, solemne, el verdadero lento y azul y no el que discurre por una bocacalle de Viena, la estatua escalofriante de Dózsa en el Castillo, tanto, pasan sin ser vistos; yo solo busco párrafos, este de Vizinczey que me escribió antes de partir: «Puede ver Lánchíd utca 5 en el lado de Buda, donde casi me muero de hambre cuando yo era niño. La última vez que estuve allí mi madre agonizaba y el muro estaba lleno de agujeros de bala —quién sabe si lo habrán restaurado desde entonces... Le enseñaría los sitios donde luché», Vizinczey niño en el Budapest de la guerra y joven veinteañero en el 56, contra los soviets, mi gran húngaro, el hombre que me enseñó tanto sobre la literatura que no tuve más remedio que dejarla, el amigo, necrólogo de John Weightman, aquel al que le pasó algo parecido, que comprendió tan bien a Foucault que lo liquidó para siempre en uno de los textos más lacónicos y destructivos que se han escrito sobre el posmodernismo. Ando y ando sobre un mapa superpuesto y pocas tardes es más denso que cuando subimos a Buda en busca de Villa Széchenyi, la residencia de Sanz Briz y luego de los refugiados, de la condesa Dessewffy, tan histérica, de su marido Gyula, de Perlasca, y al final del fuego y el hierro soviético. La villa, en la calle Istenhegyi, había sido propiedad del conde Zsigmond Széchenyi, un reputado cazador. Hasta tal punto que la casona parecía una sala de trofeos. En 1940 y coincidiendo con el divorcio de su mujer, la alquiló a la embajada española. El hecho de que luego acabara cobijando a judíos perseguidos le sería de gran utilidad exculpatoria al conde cuando en 1951 tuvo que defenderse de la persecución comunista y alguno de sus protegidos mencionó públicamente el hecho. En la calle Istenhegyi no hay mayor rastro que entonces, pero yo llevo aquella foto de Adela Sanz-Briz en el verano del 43, recién nacida, en brazos de mamá, mientras su padre la mira con el punto de tierna perplejidad del primerizo, y al fondo queda Budapest, ya amenazado, pero aún lejos del tormento. Y aquella otra de una revista húngara donde aparece el conde Széchenyi, joven, en tiempos que parecían inmóviles y felices, posando en el centro del porche y flanqueado por cinco colmillos de elefante a cada lado. Escarbo, también, entre mis recuerdos como si fueran de los otros. Aquella noche de hace treinta años, la insólita maricona magiar en el asiento del tranvía atestado, frotándose los huevos y lamiéndose los labios; y ese al que mira con obscenidad soy yo, un turista jovencito sentado enfrente con su novia, que va de regreso al cuarto alquilado por el profesor de francés en el Budapest aún comunista, en aquella casa donde el baño era una caja de cartón, literalmente, aunque dotada de su pica y su inodoro, la razón, quizá, de que toda la ciudad me pareciera entonces de cartón, tocada por la precariedad física pero también por la vaguedad moral.

66

Ángel Sanz Briz no volvió a Budapest. Pero al poco de partir supo que aquellos meses serían los más importantes de su vida. Como en el caso de Perlasca se ha repetido el equívoco de que jamás habló de aquel tiempo. No. Habló poco, pero lo hizo. La primera vez en junio de 1949, en la larga entrevista para *Heraldo de Aragón*. Es un texto tan seminal como pueda serlo el del periódico *Kis Újság* respecto de Perlasca. Ahí perduran las vueltas inevitables de la conciencia sobre su marcha:

> —¿Estaba usted allí cuando los rusos se acercaban a Budapest?
>
> —Justamente. Pero ya cuando se produjo el epílogo del drama húngaro la misión que hube de realizar allí en nombre de España, y de la que como español estoy orgulloso se había cumplido agotando las posibilidades.
>
> —[...]
>
> —Yo sé que hasta el mismo momento de la llegada de los rojos, apenas dos semanas [*sic*] después de mi salida de Budapest, todos los protegidos de España estaban con vida.

Y ahí están también los héroes de la embajada de España.

—¿Con qué ayuda contó usted en aquellos meses?

—Con un reducidísimo personal húngaro y un par de españoles que cayeron por allí como llovidos del cielo.

El personal húngaro no podía ser otro que madame Tourné y el abogado Farkas. Pero los dos españoles son difíciles de identificar. Al principio pensé que uno de ellos podría ser Perlasca, Jorge Perlasca. Pero unas líneas del informe *A sua Eccellenza* complican esa atribución:

> Anteriormente, dos soldados, uno de los cuales se llamaba Xavier Berengueta, habían desertado y provistos de pasaportes ordinarios, dejaron Budapest camino de Suiza.

Desde luego. La delicadeza diplomática de Sanz Briz («como llovidos del cielo») era reseñable: aun con Alemania al borde de la destrucción no dejaba de tratarse de desertores. Las investigaciones sobre el supuesto Berengueta en varios archivos militares no dieron resultado hasta 2024, cuando Sergio Campos tanteó apellidos similares, cruzó referencias en archivos y hemerotecas y en un archivo alemán dio con el expediente militar del joven Javier de Beruete Iriarte.

El expediente declara que había nacido en Fuenterrabía en 1925, medía metro setenta, era delgado, moreno y de ojos azules. Se sabe cuál fue su labor en el Budapest de 1944 por el testimonio de Magda Mezei, una joven judía protegida por la Legación de España, dos años mayor que él. A pesar de que ella no hablaba español y él apenas alemán consiguieron entenderse de algún modo. Beruete le explicó que había desertado de la División Azul y había conseguido refugio en la Legación española, junto a otro compañero llamado Ángel Fuentes Lemaur. Gracias a

Beruete la muchacha consiguió el Schutzpass, el pase de protección que la Legación expedía para los judíos perseguidos. Beruete fue a verla en más de una ocasión, trayéndole comida y útiles de higiene. Una madrugada de noviembre tuvieron un encuentro dramático. Un grupo de nazis irrumpió en el edificio donde Mezei y su familia se refugiaban. Obligaron a todos a salir a la calle y a formar en fila. Les esperaba una ejecución sumaria en los muelles del Danubio. Pero Javier apareció entonces, con documentos en mano, acompañado de algún miembro de la Legación. Discutieron con los cruzflechados y alegaron que los judíos estaban bajo protección diplomática española. Tras un tenso enfrentamiento, lograron salvarlos. Días después, cuando la Legación se preparaba para evacuar la ciudad, Javier fue a despedirse de Magda. Le ofreció que se fuera a Suiza con él. Pero ella le dijo que nunca abandonaría a su madre y a su hermano. Fue su última conversación. Se abrazaron y Javier desapareció en la incertidumbre de la guerra. Magda nunca volvió a saber de él.

La entrevista a Sanz Briz de *Heraldo de Aragón* acababa de una manera curiosa. Un guiño, un juego de codos, propio del periodismo siempre entrelineado de una dictadura:

> El relato del señor Sanz Briz se acaba, y hay una pausa. En el cataclismo europeo, España fue venda y no vinagre y sal para el dolor humano. Después ha venido el caos moral y hasta las palabras han perdido su auténtico sentido. La baraúnda política trata de arrasar los valores del espíritu como la vorágine guerrera segó vidas y arrasó riquezas. Pero cada alma es un santuario de la verdad, y cada corazón sabe cuáles son los ingredientes que engendran en sus fibras y en la sangre el calor de la verdadera vida. Hinchados representantes al impulso de la ambición política de egoísmos nacionales,

de razones de Estado, pueden decir lo que quieran. Pero en millones de corazones europeos que sufrieron éxodo, persecuciones, hambre, espanto e inauditos dolores, está la verdad resplandeciente de que España fue en esos días cruciales mano hidalgamente generosa y protectora.

—Pues en la UNO parece que Israel ha sido olvidadizo...

El diplomático no responde. Pero hay una fracción de segundo en la cual parece que Sanz Briz va a olvidarse de su oficio y va a subrayar mi pregunta con una frase que probablemente tendría poca diplomacia.

El Estado de Israel formalizó en 1948 relaciones diplomáticas con la comunidad internacional. Salvo con dos países: Alemania y España. Un año más tarde rechazó de nuevo las gestiones del gobierno español. Y un mes antes de esta entrevista había contribuido a mantener en la ONU el boicot de la comunidad internacional a España, que fue el hecho que a punto estuvo de quebrar la diplomacia de Sanz Briz ante su entrevistador del *Heraldo*. El gobierno de Israel veía a Franco como un antiguo aliado de Hitler. Las diplomacias confidenciales de Martínez de Bedoya habían alcanzado su fecha de caducidad.

El otro gran relato público de su experiencia en Budapest fue el que escribió en 1963 a petición de Isaac R. Molho, director en Jerusalén de la revista *Tesoro de los Judíos Sefardíes*. La narración no ofrece mayores novedades respecto a los datos ya conocidos. Lo interesante es su intrahistoria. Está descrita en la carta que el entonces cónsul de España en Nueva York dirigió a su ministro de Asuntos Exteriores, Fernando de Castiella, que era también su cuñado. En la carta Sanz Briz adjunta su narración y explica su objetivo al ministro:

> En ella he procurado a) no mencionar para nada el nombre de Alemania; b) hacer justicia al almirante Horthy y a los diversos gobiernos que se sucedieron bajo su mandato; y c) recabar enteramente para España y para SE el Jefe del Estado el mérito de nuestra actuación, omitiendo para ello cualquier mención de la actividad que, en el campo humanitario, mantuvimos los escasos representantes de países neutrales (Suecia, Suiza, Turquía) bajo la acertada y vigorosa dirección del entonces nuncio de su santidad, monseñor Angelo Rotta y de su auditor, el actual nuncio en Costa Rica, monseñor Verolino.

El párrafo revela a la perfección la disciplinada voluntad de utilización política de la actividad humanitaria de España. Pero también algo de importancia: el papel que desempeñó la nunciatura vaticana en la protección de los judíos, corroborado por la mayoría de fuentes disponibles, que llegó hasta el extremo de ejercer la dirección política del conjunto de embajadas neutrales. Una actividad que es un contrapunto de las acusaciones que suele recibir la jerarquía vaticana por su actitud ante el avance nazi y la catástrofe final del Holocausto.

La ausencia de relaciones diplomáticas con Israel contribuyó a oscurecer la memoria de Sanz Briz. No es una frase del tipo general. En 1967, desde la ciudad de Lima, donde era embajador, escribía al director general de Asuntos de Iberoamérica, Pedro Salvador, explicándole un reciente encuentro «oficioso» con el embajador de Israel en Perú, Netanel Lorch:

> El señor Lorch, que habla excelente castellano, me dijo en tono no desprovisto de cierta solemnidad, que venía a verme para cumplir la honrosa misión de informarme que las

autoridades competentes de su país habían decidido colocar una placa con mi nombre en el monumento construido en Jerusalem, que en hebreo llaman YAD VASHEM, que tradujo al castellano como algo equivalente al Valle de los Caídos, en testimonio de gratitud por mi actividad en Budapest, que, como sabes, dio como resultado el que España, por medio de su Encargado de Negocios en dicha capital, salvase la vida a miles de judíos perseguidos. Añadió que tal decisión me hacía ingresar en uno de los clubs más exclusivos del mundo y que para que se acordase ese honor a alguien, era necesario la previa instrucción de un complicado expediente que requería el testimonio de un gran número de personas salvadas.

Puedes imaginar mi sorpresa al oír esta información de labios del Embajador de Israel, ya que los sucesos que motivaron tal distinción se produjeron, como sabes, en 1943 y 1944, es decir, al cabo de casi un cuarto de siglo. Agradecí a mi interlocutor el honor que se me hacía y que, al parecer, se materializará en un diploma y medalla que desea entregarme en un acto al que se propone darle una cierta publicidad.

Teniendo presente el estado de nuestras relaciones con los países árabes y la susceptibilidad de estos en cuanto atañe a la República Israelí, manifesté al Embajador que, aun aceptando en lo personal la generosa distinción que se me hacía, me veía obligado a rogarle que el acto que se propone realizar lo aplazase hasta que me llegase la correspondiente autorización de mis superiores. Me contestó que el diploma se me otorgaba no en mi calidad de Representante diplomático de España sino a título personal por mi labor a favor de los judíos perseguidos; sin embargo, me dijo que se hacía cargo de lo que acababa de señalarle y que pospondría el acto previsto hasta la recepción de la autorización solicitada.

> No se te escapa que este asunto tiene un doble flanco; de un lado nos conviene que la judería internacional reconozca los grandes servicios prestados por España en su labor humanitaria y cristiana de salvar la vida de seres perseguidos. En el otro plato de la balanza debemos colocar la desazón que puede causar en los países árabes este acto amistoso de Israel para un funcionario del Estado Español. Aunque no creo que la cosa trascienda demasiado, tengo presente al exponerte lo anterior el hecho de la presencia aquí de un Embajador de la RAU [República Árabe Unida] quien, estoy seguro, informará inmediatamente a su Gobierno.

Pasó bastante tiempo. En términos diplomáticos un tiempo muy elocuente. Casi un mes y medio después Pedro Salvador le contestaba diciéndole que no podía contestarle:

> Conoces perfectamente la hipersensibilidad que existe en todo lo relacionado con el Estado de Israel por la inmediata repercusión que cualquier contacto con él tiene siempre en los países árabes. Recientemente hay unas declaraciones de Fraga quizá demasiado tajantes y que en este caso ha sido Israel y el sionismo internacional quien se ha sentido molesto.
>
> Tampoco desconoces que en otros aspectos, especialmente los culturales, existen relaciones de cierta entidad y que no faltan las alusiones a los sefardíes, etcétera. Nuestro compañero el Director General de África y Próximo Oriente suele mantener un criterio muy cerrado frente a los contactos con Israel, pero es muy posible que el caso que planteas, por las especialísimas circunstancias del mismo, debe tener otro tratamiento.
>
> En resumen, que no puedo contestar a tu pregunta y que me veo en la necesidad de sugerirte que escribas directamente al Ministro.

No encontré ninguna carta entre Sanz Briz y Castiella que aludiera a este asunto. Cabe la posibilidad, naturalmente, de que la carta no fuera escrita y que el ministro y el diplomático, cuñados al fin, y que siempre mantuvieron una relación de confianza, aunque no exenta de discusiones sinceras, hablaran informalmente del asunto. O puede que no lo hablaran jamás. En cualquier caso Sanz Briz se comportó como un hombre astuto y como un funcionario ejemplar, al modo en que lo había hecho durante casi toda su vida. De la lectura atenta de la carta podía deducirse que ya había aceptado el honor del Estado judío, un honor de tipo personal, como subrayaba; pero que dejaba a criterio del gobierno la publicidad del honor y su posible utilización política. Según las actas de Yad Vashem, Ángel Sanz Briz era *Justo entre las Naciones* desde el 8 de octubre de 1966. Es decir, varios meses antes de que escribiera a su superior jerárquico pidiéndole autorización para participar en la ceremonia de entrega.

La distinción de *Justo entre las Naciones* había empezado a concederse en 1963. El año en que se publicó la entrevista de Molho. Es muy probable que la entrevista y la influencia de su autor hubieran bastado para elevar a Sanz Briz a la categoría de Justo. Lo sorprendente es que esa condición permaneciera en estado de latencia durante tantos años. No solo el régimen franquista impidió que se diera a conocer públicamente. Tampoco nadie de su familia, ni siquiera su esposa, tuvo conocimiento de ello. La reserva del diplomático fue disciplinada y absoluta. Lo puramente extraordinario fue que la reserva alcanzara a la propia Yad Vashem. En otoño de 1991, y esta vez sí en solemne ceremonia en Jerusalén, Yad Vashem honró a la familia por ser descendientes de un Justo, ¡ante la imposibilidad de poder honrar al Justo por haber muerto! Escribí a la encargada

Bożena Rotman para asegurarme de que no se hubiera producido un error. Su respuesta fue tan lacónica como inapelable:

> The official year of the recognition is 1966.

Ángel Sanz Briz murió en 1980. Un cáncer de estómago, de progreso rápido, cuando aún no había cumplido los setenta años. Siempre es demasiado pronto para los hombres. Pero en este caso fue también demasiado pronto para su memoria. En 1980, en realidad, aún no había ocurrido nada. Esto podría parecer cínico e incomprensible teniendo en cuenta que los hechos heroicos de la embajada de España en Budapest sí habían ocurrido. Pero los hechos no bastan, y esa es una de las principales conclusiones que deberían sacarse de este libro. En 1980 Sanz Briz estaba muerto y ni siquiera se había publicado *Schindler's Ark*, la novela de Thomas Keneally, que narra la tarea humanitaria de Oskar Schindler en torno a la comunidad judía de Cracovia. El libro se publicaría en 1982 y la película de Spielberg, que multiplicaría exponencialmente el interés por los héroes del Holocausto, en 1993. Así pues, Sanz Briz murió en el pleno olvido, en una España ensimismada en su transición y que restablecería relaciones diplomáticas con Israel en el tardío año de 1986. Murió en un punto de olvido difícilmente imaginable. Los principales diarios del país habilitaron pequeños recuadros de protocolo secundario para dar cuenta del fallecimiento; pero en ninguno de ellos, que repasaban su carrera diplomática y destacaban, por ejemplo, el hecho de que hubiera sido el primer embajador español en China, se mencionaban los hechos de Budapest. Es más: en el diario principal de su tierra, y uno de los buenos periódicos regionales de España, en aquel *Heraldo de Aragón* que treinta años antes había dado la única noticia aparecida hasta entonces sobre la gesta, tampoco en su amplia y cariñosa necrológica había mención alguna de los sucesos que precisamente por aquella entrevista de 1949 no eran un secreto para nadie.

67

La suerte de la memoria de Giorgio Perlasca fue muy distinta. Sobre todo por las tertulias que mantenían en los años ochenta unas cuantas damas berlinesas. Entre ellas estaba Eveline Blitstein-Willinger.

> Querido Arcadi:
>
> Hablé con Eveline Willinger dos veces. La primera en un restaurante griego de Zehlendorf, que es algo así como el barrio pijo de Berlín. Vino con su hijo, un joven que llevaba una cazadora envidiable. La segunda conversación fue en su casa, a las afueras, en uno de esos suburbios silenciosos que llaman al trabajo. En la casa, eché un vistazo a los libros. Bien seleccionados y en varios idiomas. Bernhard, Márai, Eco. Y los protocolos del juicio a los asesinos de Auschwitz, caro y raro de ver.
>
> La señora Willinger es una mujer elegante, que habla con palabras precisas. Digamos que tuvo motivos duramente personales para interesarse por Perlasca. Veintidós miembros de la familia de su padre fueron asesinados por los nazis. Aún tiene pesadillas. Nazis que irrumpen en su habitación y sobre los que dispara. Su familia pertenecía a la minoría húngara de Rumanía y provenía de Marosvásárhely, en Transilvania. Ella emigró a Berlín y empezó a trabajar en la univer-

sidad. Enseguida tomó contacto con un grupo de personas de origen húngaro. Y se convirtió en costumbre que una vez al mes se reunieran para hablar de cualquier cosa. Pero quizá sea mejor que se lo cuente ella misma. Eveline me dejó ver un fragmento de su diario donde explica cómo devolvieron a Perlasca a la vida:

«Por lo general nos reuníamos por la noche y la conversación solía girar hacia los prejuicios y la injusticia racial. Ya era muy tarde, una de esas noches, creo que de finales de 1986, cuando empezamos a hablar sobre Wallenberg y su misteriosa desaparición. Especulamos sobre lo que le había ocurrido y de cómo la vida puede ser tan cruel para personas tan maravillosas. Entonces empezó a hablar una de nuestras amigas. Nos dijo que había vivido y trabajado en la Cruz Roja en Budapest en esa terrible época y que conoció a Wallenberg. Y también a un hombre llamado Giorgio Perlasca. La habitación se quedó en silencio. Yo nunca había oído el nombre de Perlasca y quise saber más sobre él. Este fue el momento en que entró para siempre en mi vida. IVB nos prometió hacerse con sus viejos documentos y papeles sobre la época y contarnos todo lo que sabía sobre Perlasca. Una semana después nos reunimos de nuevo en la casa de la Dra. Vera Braun. Esta vez éramos un grupo más pequeño, de solo seis mujeres. Escuchamos fascinadas a IVB durante unas dos o tres horas, y después hicimos un montón de preguntas. Pero...

»Creo que, de alguna manera, yo no estaba del todo presente. Una parte de mí estaba muy lejos: en el año 1944 en Budapest. En las hermosas calles de Budapest, cuando no había sitio para los judíos. Vi a las mujeres desesperadas cargando a sus hijos, a toda la gente que esperaba ser transportada, deportada, sin conocer el verdadero destino de su ruta. Vi a muchos hombres jóvenes y fuertes desanimados, desorientados e incapaces de ayudar a sus seres más queridos, esperando sin esperanza. Por supuesto vi entre ellos las queridas caras de mis abuelas, abuelos, tías, tíos y primos; caras que solo conozco por fotografías. Enfrente de esta triste procesión de almas desesperadas, los criminales bien organizados con uniformes resplandecientes, seguros de sí mismos. Bestiales, los Übermenschen. Pero estas oscuras imágenes que me obsesionaron durante años quedaban ahora iluminadas por la personalidad de Perlasca. Era la primera vez que oía hablar de él. Pero me sentía muy cercana a él, sentía la autenticidad sin necesitar pruebas de que él hizo todo lo que IVB nos dijo. Supe inmediatamente que había tenido el honor de conocer la historia de una personalidad real, un gran hombre que había arriesgado su vida para salvar la de personas inocentes, para salvar la humanidad. Pensé eso mientras IVB hablaba sobre él, yo estaba tan emocionada que temblaba. A la mañana siguiente llamé a mi hermana (Dra. Maria-Vera Willinger) y le conté toda la historia. Accedió de inmediato a participar en la financiación de un grupo con el propósito de apoyar al Sr. Perlasca, mensualmente, como una pensión. Yo estaba por primera vez feliz de que en muy poco tiempo hubiera encontrado a personas entusiasmadas, como yo, que sin tener pruebas estaban dispuestas a actuar ayudando al Sr. Perlasca en su mala situación económica. Al mismo tiempo supe que estaba lejos de ser suficiente. Solo era una pequeña ayuda económica, pero ¿cómo podríamos demostrar también nuestra gratitud? Recibí de IVB las breves memorias de Perlasca escritas por él mismo [*Promemoria*]. Y encontramos a alguien que tradujo el texto al inglés».

Esto es lo sustancial del texto de Frau Willinger. Supongo que ya habrá deducido que las siglas IVB pertenecen a Irene Boroviczeny, que en aquel entonces vivía en Berlín. Lo que pasó luego fue una simple decantación de las cosas.

Insertaron en el periódico húngaro *Új Élet* un anuncio buscando a personas que hubieran conocido a Giorgio Perlasca en el Budapest de 1944-1945. Contestó la poeta húngara Éva Láng, tal vez el único entre todos los protegidos por los españoles que conservaba un recuerdo de Perlasca, aunque fuera puramente literario e incierto, una maceración de la memoria. Su testimonio y la traducción de la *Promemoria* fueron enviados con toda rapidez a Yad Vashem. Las mujeres temían que Perlasca, ya mayor, muriera antes de que finalizaran los trámites para declararlo Justo. Mientras tanto mandaron cada mes alrededor de 600 marcos [unos 300 euros al cambio de hoy]. El remite siempre era «Un grupo de mujeres de Berlín». En cuanto llegó en 1989 la respuesta positiva de Yad Vashem, los homenajes se precipitaron, siguió contando Evelyn. Primero, Jerusalén, adonde fue invitado para que plantara con su nombre el tradicional arbusto de los Justos. Y luego Italia, Hungría, Estados Unidos y España.

A medida que hablaba, el recuerdo de Perlasca parecía provocar en Eveline una reacción euforizante. Evocaba sus ojos violentamente azules, que solo conoció en su vejez, cuando lo acompañó en alguno de los homenajes, especulando sobre lo que habría sido de aquella mirada en su juventud arrogante. Antes de acabar, a modo de *egregio finale*, Eveline dijo que una vez le preguntó a Perlasca por qué había hecho todo aquello. Y este le dijo: «Porque no podía hacer otra cosa». Está bien. Pero quiero advertirle, querido Arcadi, que esta respuesta la he oído en más de uno de los numerosos films sobre nuestro hombre.

Un abrazo,

Sergio

El reconocimiento mediático de Perlasca tiene, especialmente en Italia, una fecha precisa. El 30 de abril de 1990 el programa *Mixer*, de Giovanni Minoli, se ocupó de su historia a través del relato de Enrico Deaglio, que escribía entonces *La banalità del bene* (1991), el primer libro que formalizó el mito Perlasca a partir de sus propias palabras, de sus viejos escritos y de los nuevos que irían añadiéndose. En poco tiempo el italiano acabaría convirtiéndose en el héroe de la embajada de España y en el valiente que remedió la cobardía del franquista Sanz Briz. Perlasca fue el héroe por antonomasia de aquella circunstancia, incluso para el propio Estado español. Lo prueba la carta, vicaria del mito, que en mayo de 1991 le dirigió el embajador en Roma, Emilio Menéndez del Valle, anunciándole la concesión de la Orden de Isabel la Católica. La carta reconocía que Perlasca había hecho parte de su trabajo junto a Sanz Briz, «y más tarde por iniciativa exclusivamente propia hasta salvar la vida de más de 5.200 hebreos».

Durante su carrera diplomática Sanz Briz acumuló muchas distinciones, entre ellas también la Orden de Isabel la Católica y la Orden de Carlos III, que es la máxima que concede el Estado español. Ninguna de ellas le fue concedida por el cumplimiento de su misión en el invierno de Budapest.

Giorgio Perlasca murió en agosto de 1992. Sin embargo, para los afanes de este libro su muerte fue un hecho engañoso. Su memoria no ha dejado de crecer, gracias también a la tenaz labor de su Fundación, a cargo de su hijo y de su nuera, otra crucial distinción con el abandono institucional y familiar de Sanz Briz. La victoria póstuma del Impostor sobre el Auténtico no ofrece discusión alguna. Hasta el mismo momento en que este libro va concluyendo. El 29 de octubre de 2012 tuvo lugar en Budapest, en el

Centro de Documentación del Holocausto, la presentación de la traducción al húngaro de *L'impostore*. Un acto emocionante, muy solemne y protocolario, donde intervinieron muchas personas, que se prolongó durante más de dos horas y en el que nadie pronunció las palabras «Sanz Briz», ¡ni siquiera para fundamentar lógicamente la impostura de Perlasca!

68

Bah. Qué me importará en el fondo este tanteador, estos deportes. Hay que vivir. Se vive de los muertos. Cualquier cosa que uno se meta dentro, hasta los libros, ha tenido que morir para que alimente. Perlasca se apoderó de la historia porque la necesitó más. A mitad de los años cuarenta, en la época del hambre monstruosa de la posguerra europea, Sanz Briz le enviaba alimentos desde Washington. Esa es la última comunicación que consta entre los dos. Uno construyó su carrera. Otro construyó sus recuerdos. Hay una cierta justicia. No siempre la justicia tiene que ver con la verdad. Mañana cojo el vuelo de regreso. Aún no he escrito una sola línea del libro y sin embargo el libro va por sus últimas líneas. Esta cosa cuántica. Aún no está elegida la cita del umbral y ya sé que la firmará el hombre que mató a Liberty Valance. La elegiré porque el cine, a diferencia de lo que yo hago, siempre acaba proyectando la leyenda. Como sintetiza Errol Morris, James Stewart se convierte en un héroe porque el mundo cree que ha matado a Liberty Valance. Pero en realidad ha sido John Wayne, oculto entre las sombras, el que ha disparado. En la película, Stewart se queda con la chica, la chica de Wayne, y logra culminar una carrera política que le lleva a senador. Wayne, por el contrario, permanecerá toda su vida entre las sombras. No deja de cuadrar de modo impecable, con su héroe y su antihéroe confortablemente instalados en su jurisdicción y decretada la justicia poética. El cine.

El problema es la vida. Cuando el héroe principal ha triunfado también en la vida, incluidas las chicas. Y cuando del otro héroe, que ha llevado una vida de pobreza y sombras pero que ha conseguido ser finalmente aclamado, acaban revelándose las imposturas. Es una situación asfixiante. No es extraño entonces que la opinión clame, y con una extravagante razón moral: «¡Publíquese la leyenda!».

La vida no encaja. Siempre queda una manga de camisa vacía, colgando. Hay otro grave desajuste en esta historia. Elisabeth Tourné, Zoltán Farkas, Giorgio Perlasca y Ángel Sanz Briz tuvieron dos importantes rasgos en común. Una es que fueron franquistas de la primera hora, convencidos, militantes. Como ya estoy en el final imprimiré un jirón de leyenda: aquel día en que Farkas derribó de un puñetazo a un italiano refugiado que en Eötvös, ya con su pasaporte en la mano, había osado denigrar a Francisco Franco. La segunda es que fueron cuatro personas justas y dignas, que lograron salvar a miles de judíos de la barbarie nazi. Franquistas buenos, qué oxímoron irremediable. Cosas de la vida, que no pide permiso a la imprenta.

Paseo por Andrássy la última noche, rodeo la estación, atravieso Eötvös. Es verano, noche de agosto, escribo en invierno. La más letal leyenda impresa es la que se ocupa de los vivos, cuando casi todos murieron. Oigo el allegretto, *poco*, de Brahms. Este sudario de nieve de los muertos de Budapest.

Barcelona, enero de 2013-2025

Agradecimientos

Escribir este libro llevó mucho tiempo, cerca de cinco años, y muchas personas se comprometieron con él. Los primeros, Pilar Sanz-Briz, hija de Ángel, y su marido, José García Bañón. De un modo generoso, simpático y eficaz soportaron los requerimientos constantes del autor, y hasta sus impertinencias, poniendo a su disposición los documentos de su archivo familiar y su conocimiento de los hechos. Su ayuda tiene más valor y ejemplaridad, dado que sabían que no todo en este libro iba a complacerles. Ellos fueron la principal ayuda de la familia, pero hay que recordar igualmente la buena disposición de Ángela Sanz-Briz, que abrió una tarde de verano la casa y sus recuerdos de Santander y de Adela, la hija mayor, nacida en aquel Budapest, que detalló más de una vez las conversaciones con su padre.

Franco Perlasca y Lucia Amadio, en su casa de Padua, sede también de la Fundación que dirigen, cumplieron diligentemente con su vocación de albaceas de la memoria de su padre y suegro, sin condición alguna, ni siquiera tácita. Del trabajo modélico que llevan a cabo es buena muestra la traducción al italiano de los testimonios recogidos por Erzsébet Dobos, que fortalecieron la solvencia empírica de este libro.

La señora Dobos fue la cónsul permanente en Budapest. Su conocimiento de la lengua española, su hispanofilia y su generosidad cómplice fueron de una ayuda inestimable en la traducción de múltiples textos del húngaro y en el desciframiento de determinadas claves del momento histórico del invierno de Budapest. Su libro *Megmenekültek: dokumentumok és visszaemlékezések a spanyol embermentésroll Budapesten, a holokauszt idején* [Salvados: documentos y memoria sobre la protección española en Budapest durante el Holocausto], publicado en 2015, es una pieza bibliográfica indispensable para el conocimiento de la actividad humanitaria de la legación de España y urge su traducción al castellano.

El profesor Iván Harsányi fue un gran anfitrión en Budapest. Pero su colaboración generosa, informada y perspicaz, fundamentada en su amplio conocimiento histórico de las relaciones entre España y Hungría duró a lo largo de todo el viaje de este libro.

Es seguro que Tibor Gérgely, amigo de Gaston Tourné y protegido por la legación de España, habría querido ayudar mucho más de lo que hizo. Por desgracia su enfermedad no se lo permitió y su cordial nieta Andy comunicó la noticia de su muerte a mediados del mes de mayo de 2012.

La embajada de España en Budapest y el diplomático Pablo Zaldívar abrieron la puerta del mítico edificio de Eötvös. Y se comprometieron a trabajar para que la memoria de Ángel Sanz Briz acabe ocupando en la ciudad el lugar debido. Otros dos diplomáticos, Jorge Dezcallar de Mazarredo y Emilio Menéndez del Valle, este último a través de Carlos Carnicero Urabayen, aclararon las razones de la concesión a Jorge Perlasca de la Orden de Isabel la Católica.

Jaime Vándor atravesó la enfermedad mientras se escribía este libro. Pero siempre estuvo dispuesto a plantarle cara y a exponer con pasión e inteligencia sus tesis sobre la importancia de los testimonios orales. A él se deben, además, dos de los momentos más vivos y violentos que tiene la enorme tragedia narrada.

Eugenio Suárez, un periodista de leyenda verdadera, es el autor de la mejor crónica española sobre el Budapest de la guerra europea. El autor fue a verle a Salinas, en la costa asturiana, y mantuvo con él largas conversaciones por teléfono. De pronto, un día, descubrió que estaba ante un Justo, irónico y zumbón, pero Justo. Al descubrimiento contribuyó Georges Angyal que desde Ginebra confirmó por escrito de qué modo Suárez le había salvado la vida.

Las conversaciones con Mercedes Redondo y Sanz-Bachiller sobre su padre Onésimo, el franquismo, sobre París y la vida entera fueron tan agradables... Además, supo describir con el punto exacto de causticidad y remordimiento la figura de su padrastro, Javier Martínez de Bedoya. Y organizó un almuerzo suculento con sus hijos, que llevó a otro con el nieto del conde de Jordana, Íñigo Gómez-Jordana, que a su vez... Elisabeth Szel abrió la puerta de su casa y apareció una bellísima mocita de ochenta años. Y eso que acababan de operarla de la cadera. Su primer marido condujo el coche de Wallenberg: es natural que Elisabeth no pudiera resistirse a escribir una apreciable novela: *Operación noche y niebla*. Pero en la grata conversación madrileña solo hubo memoria.

Irene Boroviczeny fue generosa con su tiempo, sus recuerdos, sus fotografías y sus cartas. Su capacidad para hablar infatigablemente de Giorgio Perlasca probó que ella misma es uno de esos personajes cuya vida merecería un libro aparte. La estancia en su casa de Friburgo fue un momento inolvidable y esencial de esta crónica.

Alexandra Farkas y Janos Farkas mostraron todo lo que sabían y no sabían sobre su abuelo y su padre. En su casa de Viena, Janos conserva una delicadísima escultura del rostro de una muchacha que dijo tanto de Zoltán Farkas como los documentos que guardaba de uno de los héroes del invierno de Budapest.

Eveline Blitstein-Willinger ha logrado reunir un magnífico archivo sobre Giorgio Perlasca y lo ofreció generosamente. Su labor en memoria del Justo italiano tiene la amarga trastienda íntima de la familia de su padre, exterminada por completo por los nazis.

También la periodista Nina Gladitz habló en Berlín de Perlasca y expuso sus teorías con absoluta franqueza.

Fernando Granzow de la Cerda, duque de Parcent, salía de un grave arrechucho cuando nos entrevistamos en Madrid. Pero su interés y su cordialidad lucharon bravamente con sus pasajeros problemas de memoria y lograron hacer algo más accesible la desconocida figura de su padre, el gran cronista español del asesinato de Polonia.

Jorge Bande envió desde Chile el pasaporte y la carta de protección que salvaron la vida de sus padres y una hermosa foto del matrimonio de cuando la vida no parecía tener posibilidad alguna de arruinarse.

Antonio Yelo buscó pistas de Perlasca en la embajada de España en Turquía. No las encontró, pero dio noticia de un gran libro, *Istambul Intrigues* (1989), de Barry Rubin, y descubrió el gran parecido entre Peter Lorre y Perlasca. Julio Valdeón buscó a Fanny Achs entre Brooklyn y Filadelfia y supo que había muerto.

El historiador Isidro González tuvo la amabilidad de facilitar una copia del informe Castiella y la periodista

Maria Favà otra de su entrevista con Antonio Martínez Tomás, cuya primera noticia la proporcionó el también periodista Jaume Fabre. Los profesores László Karsai, Róbert Kis-Kapin, Isabelle Rohr, Matilde Eiroa y Paul Levine respondieron pacientemente a todas las consultas y no dudaron en enviar copia de algunos documentos importantes. Y el profesor Szita Szabolcs, director del museo del Holocausto de Budapest, me guió cordialmente por las salas del museo hasta llegar al friso de los Héroes.

Zsigmondné Széchenyi y Katalin Pákozdy despejaron las dudas sobre Villa Széchenyi. Karol Meissner habló con entusiasmo de Cassio y de su abuela Sofía Casanova, y con pesar de la destrucción de su archivo durante la guerra. Carlos García-Alix abrió otra puerta al pasado y fue el primero en dar paso a la familia Sanz-Briz.

El tiempo fue pródigo en ayudas. István Fehér escribió sus recuerdos sobre los Tourné y entregó varias fotografías donde aparecían madre e hijo. El Dr. Gábor Tóth dio noticias del italiano Giovanni Rossi, y Beatrice von Roten sobre «My Angel».

Este libro no podría haberse escrito sin Pilar Casado. No solo porque es la jefa del imprescindible archivo del ministerio de Asuntos Exteriores. Sino porque es una profesional competente, que se implica en el trabajo de sus investigadores hasta mucho más allá de donde acaban sus obligaciones. Buscó, encontró, guió, eficaz, rápida, cordial.

Sería inútil echar la vista atrás en historia alguna sin la colaboración de los empleados de todas las bibliotecas y archivos que constan en la bibliografía; entre ellos, Barbara Erb y Michael Noth, de los archivos federales suizo y alemán, respectivamente. Gracias también a Google, y a todas aquellas personas y organismos que nutren Internet, un prodigio técnico pero, sobre todo, la mayor operación filantrópica de la humanidad.

Stephen Vizinczey habló y escribió sobre aquel Budapest donde estuvo a punto de morir de hambre. Al autor le gustaría devolverle en este libro algunas de las ineludibles verdades que le descubrió en tantos años de lectura y conversación.

Rosa Sala, Juan Abreu y Xavier Pericay leyeron el manuscrito. Rosa, además, experta en germanías, regaló de buena gana análisis y documentos diversos. Ninguno de los tres queda exculpado de todos los errores que contenga porque por algún motivo directamente basado en su amistad, conocimiento y finura crítica se les dio a leer.

Pilar Cortés volvió a ejercer de editora. Rigor y calor.

Verónica Puertollano estuvo siempre para lo que hiciese falta. Cada vez hace más falta.

El autor vio morir a su madre y a su suegro mientras este libro iba escribiéndose. Vio también entrar a sus hijas en la adolescencia feroz. Pero tuvo siempre a su mujer en la escritura y en la vida.

Créditos de libre elección

Primera parte

Capítulo 2

[p. 18] «Auschwitz no iba a ser un mero "lugar de aflicción"», Primo Levi, prólogo a Rudolf Höss, *Yo, comandante de Auschwitz*, Ediciones B, Barcelona, 2009.

[p. 18] «Las masas enormes y mudas de cadáveres que nadie pudo salvar.» «Sabemos tanto, y con tanto detalle, de aquellos, una milésima parte, que salvaron la vida. ¡Y tan poco de las toneladas abrumadoras de hombres que la perdieron, del último rayo de sus ojos que tal vez atisbaban una última posibilidad...!, y del fundido luego.» Arcadi Espada, «Suave la muerte», en *Aly Herscovitz. Cenizas en la vida europea de Josep Pla*. Y también, Álvaro Lozano, *El Holocausto y la cultura de masas*, Melusina, 2010: «Spielberg ha realizado una película sobre el Holocausto en la que prácticamente todos los judíos sobreviven».

[p. 19] «Durante los dos años anteriores había trabajado junto a otros escritores en darle cuna y tumba a una mujer que nació en Fráncfort en 1904, vivió en Berlín y acabó en Auschwitz.» Xavier Pericay, *Aly Herscovitz. Cenizas en la vida europea de Josep Pla*, Athenaica, Sevilla, 2023.

[p. 19] «La policía francesa la detuvo, probablemente en un piso del Square de l'Aveyron, en el barrio de Plaine-de-Monceaux que consta como su última vivienda.» La memoria familiar indica a través de su sobrino, Robert Herscovitz, que Aly fue detenida en el mismo Vel d'Hiv al ir a interesarse por la suerte de su madre, Chanzie Potocker, de 59 años, a la que apresaron en la madrugada del 16 y que también acabaría en Auschwitz. Lo que consta en los documentos, de cualquier modo, es que fue detenida el 22 de julio.

Capítulo 3

[p. 20] «Aquellas páginas, tan estéticas, de Jorge Semprún en *La escritura o la vida*, donde narra el asesinato por la espalda de un soldado alemán.» Jorge Semprún, *La escritura o la vida*, Tusquets, Barcelona, 1995.

Capítulo 4

[p. 24] «Mientras estuvo al cargo de la legación española.» En derecho diplomático, la legación tiene una jerarquía inferior a la embajada. El jefe de la misión no es un embajador, sino un ministro residente.

Capítulo 5

[p. 25] «La primera cita había sido en Madrid, en el piso del barrio de Salamanca donde viven Pilar Sanz-Briz (su padre cosió el apellido a sus hijos cuando eran adolescentes) y su marido, José García Bañón, también diplomático, que trabajó con el suegro en diversas embajadas.» José García Bañón murió en Madrid el 18 de mayo de 2025.

[p. 26] «Él tenía un solo objetivo: dejar Hungría y poner a salvo a su amante.» Dalbert Hallenstein y Carlotta Zavattiero, *Giorgio Perlasca: un italiano scomodo*, Chiarelettere, Milán, 2010.

[p. 27] «La evidencia, según dejaría constancia en múltiples diplomacias del mundo.» Lo afirmaron con contundencia ante el autor de este libro dos testimonios muy cercanos de épocas diversas de su vida que prefieren permanecer en el anonimato.

[p. 27] «La poética onda expansiva del dualismo amor y guerra, que afecta a los protagonistas de una historia al menos tanto como a sus cronistas.» Cenando una noche el cineasta Jaime Chávarri me explicó que la moral sexual de los vencedores de la Guerra Civil fue, al menos durante los años inmediatamente posteriores al final de la guerra, mucho más laxa que lo que tiende a creerse: un fruto más de la embriaguez de la victoria.

Capítulo 6

[p. 28] «El párrafo, que formaba parte de su expediente de depuración y que continuaba con una prolija descripción de sus méritos rebeldes.» «Creo necesario poner de manifiesto en este escrito la situación peligrosísima en que nos hallábamos los funcionarios diplomáticos, entonces en Madrid, situación originada por la pertinaz campaña de Prensa en contra nuestra a que se entregaron todos los periódicos madrileños, y que tuvo su culminación con el artículo publicado en *Informaciones* por el ministro marxista Prieto en que nos acusaba de ser responsables directísimos del Movimiento Nacional. Esta afirmación, puesta en boca de semejante personaje, nos llenó de orgullo y acrecentó el peligro en que nos encontrábamos.

En los primeros días de septiembre fui nombrado secretario de la embajada roja en Londres, cargo aceptado como la única manera posible de escapar del infierno de Madrid. En esta ciudad salí en compañía del conde Foxá, Ramón Sáenz de Heredia y Ramón Martínez Artero entre otros, todos ellos destinados a diferentes representaciones rojas en el extranjero [...] Son innumerables las personas a quienes, desde el consulado rojo [el gobierno lo trasladó allí desde su puesto inicial en la embajada], facilitó documentación que les permit[ier]a intentar la salida de la anti-España. La Junta carlista de Guerra me encarga, desde Burgos, realice gestiones para averiguar el paradero y mejorar la situación de algunos de los elementos más destacados del Partido Tradicionalista. El Bureau Espagne de París, dirigido por el señor Aunós, me hace numerosos encargos que cumplo siempre con el máximo celo e interés. [...] Todo lo anterior es expresión fidelísima de mi situación al comienzo del Movimiento, primero en Madrid y en el Extranjero más tarde. Creo, en conciencia, haber cumplido en todo momento con mi deber de buen español y ser mi conducta digna de la de mis dos hermanos que desde hace meses se baten a las órdenes del Generalísimo en las avanzadas del frente de Aragón; por ello ha sido más penosa la impresión que me ha producido la fría acogida de que he sido objeto por los miembros de la comisión depuradora de la carrera diplomática.

De las varias entrevistas que con alguno de ellos celebré parece deducirse que he sido propuesto para una sanción grave, habiendo por tanto la posibilidad de que ella entrañe no solo mi separación de la carrera sino, lo que sería muchísimo peor, poner en entredicho mi honor de buen español.» Ángel Sanz Briz. Su actuación en relación con el Movimiento Nacional. Salamanca, 16 de abril de 1937, AMAE (Archivo General de la Administración), p. 705, exp. 44665.

El Tribunal Seleccionador de la carrera diplomática resolvió sobre la situación de Ángel Sanz Briz, declarándole «Admitido» el 22 de agosto de 1938.

[p. 29] «Los otros diplomáticos afectos son.» Agustín de Foxá, Carta a su hermano Jaime (Guetary, 12 de septiembre de 1936). Agustín de Foxá, *Nostalgia, intimidad y aristocracia*, Fundación Banco Santander, 2010.

[p. 30] «Cuando se trató de la salida de la Srta. Pilar Primo de Rivera.» AMAE, Carta del secretario alemán Fischer a Ángel Sanz Briz, Salamanca, 4 de abril de 1937. AMAE, p. 705, exp. 44665.

Capítulo 7

[p. 32] «Las ficciones más o menos voluntariosas.» Diego Carcedo, *Un español frente al Holocausto*, Temas de Hoy, Barcelona, 2000.

Capítulo 8

[pp. 33-34]

«Así comenzaba su memoria. Por la noche el joven aspirante iba al teatro. Y allí Fritz y Gretchen se daban violentamente de bruces con ocho mil espectadores que levantaban el brazo hitleriano.» «Wannsee y Cribintzsee [Griebnitzsee]. Sobre el río van pequeñas embarcaciones, a favor de la corriente mansa. Es día de descanso y Fritz y Gretchen se entregan al culto de la Naturaleza. Los lagos son como espejos que reflejan las verdes ondulaciones del panorama.

»Si alguna deidad presidiera la fiesta, sería la de la Serenidad. Los rostros, alegres y plácidos, beben la alegría de vivir, sin tumulto, sin desbordamientos dionisíacos. Hasta el manso cuadro no pueden llegar aquellos rumores de glorias militares que nos turbaban en el Palacio de Sans-Souci. La buena burguesía prusiana, aún no repuesta de la atroz pesadilla de los cuatro años, se entrega a la delicia de un presente de paz, voluntariamente desmemoriada del pueblo glorioso y terrible, y temerosa de asomarse, ni con el pensamiento, a un futuro demasiado turbio.

»Pero, caído el sol, reina la noche. Vamos al Teatro de la Radio. Allí una revista. ¿Alegre concesión a la sensualidad? ¿Fiesta de belleza? No. Cabalgata militar, bronca y guerrera. Sucesión de uniformes alemanes que dejaron su rastro en los museos durante doce lustros. La revista marcial es evocación histórica, grata, al principio, porque despierta el interés del estudioso. Pronto el elemento histórico se va esfumando, insensiblemente, hasta que no queda, frente al espectador, otra cosa que la apoteosis del espíritu de guerra.

»Han desfilado por el colosal escenario las generaciones pasadas de los guerreros germánicos. El público sufre todos los efectos de la poderosa sugestión del recuerdo, y se exalta en ovación clamorosa cuando ocupa la escena una evocación de las tripulaciones heroicas de los submarinos. Pero todo tiene, a la vez que un final, un fin. Y aquí el fin y el final es la apoteosis del hitlerismo, en el desfile de las milicias nazis, selladas con la swastica [*sic*]. Los ocho mil espectadores se alzan de sus asientos y extienden el brazo derecho en romano saludo. La orquesta interpreta el himno hitleriano y el coro formidable de ocho mil gargantas hace brotar el cántico que habla de revancha, de expansión imperial, de cesárea hegemonía sobre el mundo.

»La sucesión del espectáculo ha establecido una fatal correlación entre los desfiles guerreros de Federico el Grande y el de las milicias de Hitler. Todo es uno y lo mismo; todo es continuidad histórica dentro de un espíritu puramente militar. El "heil Hitler", toma acentos bárbaros. El grito une por encima de nosotros un futuro de guerra y aquel remoto pasado en que los germanos acechaban a la Roma republicana y a la Roma imperial, templando las espadas en las aguas del Rhin.

»¿Y aquellos apacibles burgueses de los lagos de Potsdam? He aquí el violento, el incomprensible contraste. La estampa de la tarde y la estampa de la noche intentan superponerse y no hay manera de encontrar dos trazos homólogos que hagan posible la tarea. ¿Dónde está Alemania? ¿En los pacíficos burgueses que buscan la sensual ondulación de la pradera y la fronda de los bosques domesticados, o en este coro delirante, de gentes intoxicadas por un ideal de guerra y de soberbia?

»Este contraste es el recuerdo obsesionante de nuestra grata excursión por la Europa Central. Es, posiblemente, en la misma Alemania, algo más que una obsesión. La psicosis guerrera, frente a la ansiedad pacífica de Fritz y Gretchen ansiosos de vivir una vida de sosiego y de serenidad, en un dualismo demasiado fuerte para levantar sobre él un régimen tranquilizador.» Ángel Sanz Briz, *Memoria de viaje*, AMAE, p. 705, exp. 44665.

Capítulo 10

[p. 36] «La legación española ocupaba un edificio de estilo renacentista.» El edificio, construido a finales del siglo xix, fue adquirido por el Estado español en 1920 y hoy continúa siendo la sede de la representación española en Budapest.

[p. 37] «Hubo de aplastar al comunismo en su propia casa.» *ABC*, 6 de mayo de 1943.

[p. 37] «Giorgio Perlasca llevaba un año en Budapest.» El propio Perlasca dice que llegó en octubre de 1942.

[p. 38] «El informe *A sua Eccellenza el ministro degli Affari Esteri di Spagna*.» Fechada en Trieste, el 13 de octubre de 1945. No hay grandes dudas paratextuales sobre ella. La familia Sanz Briz guarda una copia del documento, prácticamente idéntica a la publicada en *L'impostore* (Il Mulino, 1997), que Perlasca remitió a Sanz Briz, adjunta a una carta fechada el 7 de febrero de 1946. El informe tiene, sin embargo, un precedente perdido: una primera redacción sobre el invierno de Budapest que Perlasca escribió a su llegada a Turquía, el 6 de junio de 1945, y entregó al cónsul español en Estambul. En los archivos del ministerio de Asuntos Exteriores (AMAE) no hay rastro de ese informe. Tampoco la familia Perlasca guarda original o copia alguna.

[p. 38] «La llamada *Promemoria*.» Los herederos de Perlasca aseguran que el original de ese documento fue escrito en 1946 (según consta en *L'impostore*, Nota ai testi, XXIII), por iniciativa de Jenö Lévai, el primer investigador de la persecución hebrea en Hungría. Sin embargo, Lévai no lo tomó en consideración a la hora de redactar su *Black Book* (Eugene Lévai, *Black Book on the martyrdom of Hungarian Jewry*, ed. por Lawrence P. Davis, The Central European Times Publ. Co. [etc.], 1948), el libro canónico sobre la persecución de los judíos húngaros. El original de la *Promemoria* parece perdido y la versión publicada en *L'impostore* remite a una reelaboración del texto, que Perlasca habría escrito en 1950, según dice la familia Perlasca en el prólogo. Del texto reelaborado tampoco se conserva, sin embargo, el original.

[p. 39] «Siendo criterio sostenido contrario derecho asilo.» Ese párrafo consta en el telegrama finalmente transmitido a Muguiro como en el borrador, de fecha 6 de octubre de 1943. Pero la consulta del borrador, milagrosamente conservado en los archivos del MAE, es mucho más interesante. Por dos motivos: aparece tachada la palabra Perlasca, que identificaba al sujeto del pasaporte solicitado, y por debajo de la anotación manuscrita «resto consulta» aparece, mecanografiado, «refugio legación». Los telegramas enviados y recibidos desde y en Budapest se guardan en varias cajas en el AMAE. Las signaturas son R. 1549, exp. 15-16; R. 1546, exp. 15-16; R. 1593, exp. 2; R. 1273, exp. 4.

[p. 39] «No encontró nada en los archivos que probara esa participación.» Sin embargo, la familia Perlasca guarda muchas fotografías que prueban de modo inequívoco la participación de Perlasca en la guerra española. El 21 de marzo de 1944 Muguiro volvía a telegrafiar a su ministro para recordarle que la gestión seguía pendiente: Perlasca había vuelto a presentarse en busca de protección: y ahora, a causa de la invasión alemana, la petición era urgente. Sin embargo no obtendría protección hasta noviembre, incluido ya su caso en las peticiones generales de asilo que en aquellas semanas dramáticas y terminales desbordaban la legación española.

Capítulo 11

[p. 41] «Pagando sus pensiones como en un hotel.» Manuel Chaves Nogales, *La defensa de Madrid*, Renacimiento, Sevilla, 2010.

[p. 41] «Refrendada por diversas fuentes.» Un buen resumen sobre el derecho de asilo, en Antonio Manuel Moral Roncal, «El asilo diplomático como condicionante de las relaciones internacionales de la República durante la Guerra Civil», en *Congreso La Guerra Civil Española 1936-1939*, Sociedad Estatal de Conmemoraciones Culturales, 2006.

Capítulo 12

[p. 42] «Divisiones alemanas motorizadas.» AMAE, telegramas n.º 9 y 10, cif. 19 de marzo de 1944.

[p. 44] «También el que los recibía en Madrid.» Sobre Hans Lazar: Emilio Sáez Francés, *Entre la antorcha y la esvástica*, Actas, 2009. Y también José Manuel Irujo, «Los espías nazis que salvó Franco», en *El País*, 26 de enero de 2003.

[p. 44] «Budapest continuaba divirtiéndose.» Eugenio Suárez, *Corresponsal en Budapest*, Fundación Mapfre, 2007. La primera edición: Ediciones Aspas, 1946.

[p. 45] «¿Podría usted decir en qué circunstancias Eugenio Suárez le salvó la vida?» Correspondencia con Georges Angyal. 12 y 16 de agosto de 2010.

[p. 45] «La última crónica del instante de la invasión nazi fue privada.» Archivo Sanz Briz. La carta lleva fecha del 21 de marzo de 1943, pero se trata, obviamente, de un error.

[p. 46] «Badoglio.» Pietro Badoglio. Primer ministro italiano tras la caída de Mussolini, en julio de 1943.

[p. 46] «Ferrariis.» Carlo de Ferrariis Balzano. Encargado de la legación italiana en Budapest. Detenido en marzo de 1944. En 2017 se publicaron sus memorias, hasta entonces inéditas y custodiadas por su familia.

[p. 46] «Voli.» Emilio Voli. Consejero militar de la embajada italiana en Budapest.

[p. 46] «Mme. Dampierre.» Esposa del embajador francés en Budapest.

[p. 46] «Gyula.» Gyula Dessewffy (1909-2000). Periodista. Militó en los movimientos de oposición a los gobiernos proalemanes. En 1939 comenzó a dirigir el periódico *Kis Újság*. Durante la guerra, y según cuenta en sus memorias el diplomático sueco Per Anger, permaneció escondido en casa de Wallenberg. Éva Dessewffy, nacida Bársony (1908-?). Esposa de Gyula. Permaneció refugiada algunas semanas en Villa Széchenyi, la residencia oficial de Sanz Briz.

[p. 47] «Sin saber que estaba embarazada.» Paloma Sanz-Briz Quijano nació en Madrid, en la clínica del doctor Luque, el 17 de octubre de 1944, después de una concepción y un parto normales. Por tanto, su madre tuvo que abandonar Budapest hacia finales del mes de enero.

[p. 48] «En otra carta posterior.» 17 de abril de 1944, Archivo Sanz Briz.

[p. 48] «La destrucción de obras de literatura escritas por judíos.» Extracto de nuevas disposiciones del gobierno húngaro contra la población judía del país, Muguiro, abril de 1944, en David Salinas, *España, los sefarditas y el Tercer Reich (1939-1945)*.

[p. 49] «Busqué, sin éxito, el discurso del secretario de Estado.» Se trataba de Mihály Kolosváry-Borcsa. En un noticiario grabado en 1944 se puede ver cómo Kolosváry-Borcsa lanza el primer libro a la trituradora industrial de papel. «Book Destruction». USHMM, <https://collections.ushmm.org/search/catalog/irn1000588>.

[p. 49] «El nuevo gobierno títere.» A principios de mes Muguiro informó a su ministro Jordana que el gobierno húngaro quería «una respuesta urgente» sobre la petición de plácet para su representante en Madrid. Hungría aspiraba a una representación a nivel de ministro, pero el gobierno español no parecía convencido. De ahí que Muguiro añadiera en su telegrama la descripción de intenciones de otros gobiernos neutrales respecto a peticiones similares. Al cabo de dos días Jordana le contestó que la representación húngara debía seguir en manos de un encargado de negocios interino. Al mismo tiempo, y «dada la índole delicada del problema» llamaba a consultas a Muguiro y le emplazaba a «no aceptar entre tanto compromiso alguno». El último telegrama del diplomático español era muy sucinto: «Llegaré avión Berlín miércoles veintiocho saludo VE». Nunca volvió a Budapest. Su marcha no se debió, pues, a sus críticas sobre las medidas antijudías del gobierno húngaro.

Capítulo 14

[p. 52] «El primer telegrama que Sanz Briz, ya al mando de la legación tras la marcha de Muguiro, dirigió a su ministerio.» La carta está datada el 17 de mayo de 1944, pero fue enviada por Sanz Briz al ministerio el 19 de junio de 1944.

[p. 52] «Representa por lo tanto entre los cristianos contraste y apostasía.» Anejo al despacho 114. AMAE, R. 1716, exp. 1-5.

[p. 53] «La respuesta de su interlocutor.» Döme Sztójay fue primer ministro entre el 22 de marzo y el 29 de agosto de 1944.

Capítulo 15

[p. 56] «Probablemente en la zona soviética.» Dicen unas líneas de la carta: «Por favor, escríbeme inmediatamente, si puede ser por correo aéreo, en qué zona vives (supongo que es en la rusa)».

Capítulo 16

[p. 58] «La promulgación de nuevas medidas antisemitas.» AMAE, 25 de junio de 1944. R. 1716, exp. 1-5.

«Se encontró en Lisboa con dos importantes dirigentes judíos.» Eliahu Dobkin, del Comité Ejecutivo de la Agencia Judía para Palestina, e Izaak Weissmann, del Congreso Mundial Judío.

[p. 59] «Suárez no sabía que el libro había sido finalmente publicado.» Javier Martínez de Bedoya, *Memorias desde mi aldea*, Ámbito Ediciones, Valladolid, 1996.

[p. 59] «Bernd Rother.» *Franco y el Holocausto*, Max Niemeyer Verlag, 2001, bajo el título *Spanien und der Holocaust*. La traducción española es de 2005 y está publicada por la editorial Marcial Pons.

Capítulo 18

[p. 61] «La esencia del catolicismo es antirracista.» Semanario *FE*, 11 de enero de 1934.

[p. 62] «¿Es usted antisemita?» Martínez de Bedoya, *op. cit.*

[p. 62] «Desde la primavera de 1943 mantenía un pulso con el ala falangista del Gobierno.» *La discusión entre Jordana y Pérez*, en Rother, *op. cit.*

[p. 63] «Su secretario, un judío alemán políglota llamado Ernesto Bacharach.» Martínez de Bedoya, *op. cit.*

[p. 63] «La neutralidad benevolente de los judíos.» Bedoya afirma que llevaba estas palabras escritas y que así las leyó textualmente ante los judíos.

[p. 64] «Un tono de renuencia ante los nazis.» Al menos el tono del Jordana de su segunda época como ministro de Asuntos Exteriores, entre 1942 y 1944.

Capítulo 19

[p. 65] «Hecha abstracción de la raza que lo transmite.» AMAE, R. 698, exp. 1.

[p. 66] «La cuerda que vibra en Foxá.» Aunque no cabe duda que Foxá conocía al dedillo toda la retórica antisemita y antijudaica, como lo demuestra su inacabada novela *Misión en Bucarest* (Prensa Española, 1965), donde abundan párrafos repugnantes.

[p. 66] «Otros patriotas melancólicos.» Ernesto Giménez Caballero. Como director de *La Gaceta Literaria* dedicó una gran atención cultural al legado sefardí, pero también política, influyendo decisivamente en que la República, a través del ministro de Justicia, Fernando de los Ríos, otorgara un estatuto jurídico especial a los miembros de esta comunidad judía diseminados por el mundo.

[p. 66] «El orgullo de soberanía.» Véase Rother, *op. cit.*

Capítulo 20

[p. 67] «La reunión en el bar del Tivoli de Lisboa fue tan positiva.» Bedoya data erróneamente en el 8 de abril de 1944 el encuentro entre el embajador y los representantes judíos. Su error se descubre, entre otras razones, por la carta que con fecha 9 de abril el embajador Franco dirige al ministro Jordana y cuyas primeras líneas dicen: «Querido amigo ministro: Por medio de nuestro agregado de prensa, he solicitado hoy audiencia con el delegado del "World Jewish Congress", Isaac Weisman, solicitando nuestro apoyo en el caso que refleja la nota adjunta». La confusión de Bedoya podría deberse a que el 8 de abril quizá fuese el día en que informara al embajador de la necesidad de reunirse con los judíos. El tono de la carta y esta nota manuscrita del ministro Jordana al margen: «Ponerle al tanto de lo que se ha hecho en este caso y de lo que venimos haciendo a favor de los sefarditas», confirman que, tal como explica Bedoya en su libro, el embajador no estaba demasiado al corriente de lo que Jordana y Bedoya se llevaban entre manos.

[p. 67] «Le hice a Jordana un borrador de informe hábil.» Así consta en efecto, con este número y fecha, en los archivos del ministerio de Asuntos Exteriores. En letra manuscrita, y en la primera página, puede también leerse: «17-444 Informe Jordana», lo que puede dar a entender que la versión final del informe se envió en esa fecha.

[p. 68] «El primer asunto era salvar a los cuatrocientos judíos de Grecia.» Martínez de Bedoya, *op. cit.*

[p. 68] «Nuestros embajadores en Berlín y Atenas.» Martínez de Bedoya, *ibid.*

[p. 68] «El desenlace lo explica con detalle documental.» Matilde Morcillo, *Sebastián de Romero Radigales y los sefardíes españoles de Grecia durante el Holocausto*, Metáfora Ediciones, 2008.

[p. 68] «Una carta al embajador Franco.» AMAE, R. 5662, exp. 25-26. La carta, una copia, no está firmada, pero puede atribuirse sin mayor duda a Bedoya. Los datos que se derivan de sus primeras líneas no pueden corresponder a otra persona: «Mi estimado embajador y amigo: Después de haberle telefoneado inútilmente al Ritz, repetidas veces, me quedé sin tener el gusto de ponerme a sus órdenes el día que Vd. se marchó. De todos modos, el ministro me ha dicho que lo que usted deseaba era tratar el tema de los sefarditas».

[p. 68] «Con tanta pérdida de tiempo.» AMAE, R. 5662, exp. 25-26.

Capítulo 21

[p. 70] «Desde hacía varias semanas se alojaba en un hotel una familia muy peculiar, compuesta por un joyero húngaro, de apellido Gabor, huido de Budapest, su mujer y sus tres hijas.» José Luis de Vilallonga, *La cruda y tierna verdad*, Plaza y Janés, Barcelona, 2000.

[p. 72] «Es posible que Magda Gabor fuese amante de Vilallonga.» Eugenio Suárez cuenta que los nyilas maltrataron «de obra» al embajador portugués «a causa de la personal protección que dispensaba a una bella señorita hebrea». Además, le injuriaron con una nota oficial en la prensa, callando su nombre, donde se comunicaba «la presencia de cierto diplomático neutral "cuya conducta y vida inmoral repugnaba toda concepción viril"». Suárez, citando «fuentes veraces», sostiene que el embajador fue al ministerio de Asuntos Exteriores y que terminó por abofetear al subsecretario que le recibió. Como la nota no daba el nombre del diplomático, también se acercó por allí el nuncio Angelo Rotta «a rogar humildemente una aclaración» porque «podría verse afectado por la sospecha». Suárez, *op. cit.*

[p. 73] «En 1945 cuando la madre y sus hermanas viajaron a América, desde Lisboa, ella misma las recibió en el puerto.» Jolie Gabor, *Jolie Gabor. As told to Cindy Adams*, Mason/Charter, 1975.

Capítulo 24

[p. 78] «Continúa la liquidación en masa de judíos.» El informe no tiene fecha, pero diversos acontecimientos descritos permiten una datación, aproximada pero segura, en torno del verano de 1943. Por lo demás, el 22 de agosto de ese año, Federico Oliván, ayudante de Ginés Vidal en Berlín, escribe una carta a un corresponsal no identificado, muy probablemente el ministro de Exteriores, donde tras describir la angustiosa situación de los judíos incluye este párrafo: «Para que vea Vd. que no se trata de pesimismos ni exageraciones mías le remito adjunto copia de unos párrafos de la carta que uno de nuestros representantes en Europa Central escribe hoy al Embajador. No necesito comentarla, pues bien elocuentemente es de por sí». Según nuestras hipótesis ese «representante en Europa Central» es el representante español en Polonia, Casimiro Granzow, que es, en realidad, el que informa a Ginés Vidal acerca de Treblinka.

[p. 79] «Me aseguran que ascienden a 500.000 el número de israelitas deportados.» Despacho de Sanz Briz al ministerio de Asuntos Exteriores. AMAE, 16 de julio de 1944. R. 1716, exp. 1-5.

[p. 79] «Así pues Sanz Briz fue, probablemente, el primer diplomático español que informó al gobierno franquista de los asesinatos de Auschwitz.» Martínez de Bedoya explica en sus memorias que tuvo noticias genéricas del asesinato en masa a principios de 1944: «Por último, quiero precisar que fue Giacobi [uno de sus contactos judíos en Lisboa] quien me explicó, cuando le conocí en enero de este año 1944, que las cámaras de gas, con toda su implacabilidad trágica, al fin y al cabo representaban el término casi deseado de espantosos sufrimientos en una serie de campos de detención y torturas que habían montado los nazis en diversos lugares de Polonia». Martínez de Bedoya, *op. cit.*

[p. 79] «Adjunto elevo a manos de V.E. un informe sobre el trato a que se condena a los judíos en los campos de concentración alemanes.» El 21 de marzo de 2010 el diario *El País* publicó con el tono retórico habitual que se exige a sí mismo en estos casos («Franco lo supo») un reportaje sobre este informe. Entre las diversas inexactitudes del texto cabe corregir dos. La primera es que con este informe, y dado el precedente de julio, no fue la primera vez que Sanz Briz informó a su gobierno de la hipótesis de los asesinatos masivos. Por otro lado el texto no estaba oculto «en una carpeta donde se lee "no mostrar"». O al menos no la copia que Sergio Campos consultó en el archivo del AMAE, que estaba incluida en una carpeta perfectamente convencional titulada: «Copias y duplicados» (AMAE, R. 1716, exp. 5). Por otro lado la primera página del informe titulada *Rapports sur les camps de «travail» de Birkenau et d'Ausschwitz* [*sic*] muestra el sello de la legación española en Budapest y la leyenda: «Anejo al despacho 160 de la Legación de España en Budapest, 26 de agosto de 1944», sin más indicación, a diferencia de otros documentos, sobre un presunto carácter confidencial o secreto.

[p. 80] «El nombre de Auschwitz se vinculaba por primera vez con el asesinato en masa.» *Los Angeles Times*, 22 de marzo de 1944: «Londres, 21 de marzo (AP) —El ministro polaco de Información ha dicho hoy que más de 500.000 personas, la mayoría judíos, han sido conducidos a la muerte en un campo de concentración en Osweicim [Auschwitz se escribe Oświęcim, en correcta grafía polaca], al suroeste de Cracovia. En un largo informe sobre las atrocidades de los nazis el ministro declaró que habían construido tres crematorios dentro del campo para deshacerse de diez mil cadáveres diarios. Se dice que las cámaras de gas estaban adosadas a los crematorios. El informe afirma que hombres, mujeres y niños llegan en camiones de carga y llevados a las cámaras de gas, donde la ejecución tarda entre 10 y 15 minutos, pero como el suministro de gas venenoso es limitado, algunas personas no están muertas cuando son arrojadas al crematorio».

[p. 80] «Los nazis masacran a 700.000 judíos polacos.» *The Canadian Jewish Chronicle*, 3 de julio de 1942.

Capítulo 25

[p. 81] «Sin hora de descanso, firme en su ardua labor, tanto de noche como de día.» *ABC*, 4 de agosto de 1944.

[p. 82] «Salí proyectado como un cohete contra otra roca, abriéndome una gran brecha en la frente.» Francisco Gómez-Jordana Souza, *Milicia y diplomacia: diarios del conde de Jordana 1936-1944*, Dossoles, 2002.

[p. 82] «Este accidente, según deducciones posteriores, fue la excusa de su fallecimiento repentino, unos días después.» Gómez-Jordana, *ibid.*

[p. 83] «El cajón donde estaba la carta había sido descerrajado y esta sustraída.» Gómez-Jordana, *op. cit.*

Capítulo 27

[p. 87] «Lo primero que dijo el nuevo ministro fue que la política exterior española era una y obra de Franco.» En un fragmento del discurso de su toma de posesión José Félix de Lequerica declaró: «España tiene tan solo una política exterior, política de Estado, política del Movimiento, no personal, independiente de quien haya de servirla en los puestos de ejecución». *ABC*, 13 de agosto de 1944.

[p. 87] «Bedoya conocía bien la rápida e inteligente capacidad de adaptación de aquel "germanófilo bullicioso".» «No era fácil de imaginar a quien podría Franco nombrar ministro de Asuntos Exteriores en aquellas circunstancias tan delicadas. Y dio la sorpresa, naturalmente que la dio, nombrando a un germanófilo bullicioso como lo era entonces nuestro embajador en Vichy. Sin embargo, la reacción de Franco se encontraba dentro de un fondo psicológico muy clásico en él: el del recelo y el de la busca del hombre comprometido. Frente a su temor de un ministro que se entregase demasiado a los seguros vencedores, le pareció necesario exaltar a un hombre que no hubiese acertado, a uno del pelotón numeroso de los confundidos al principio respecto a los resultados de la guerra. Este mismo criterio siguió aplicando, antes del fin y al término de la contienda, a una serie de nombramientos diplomáticos escalonados hasta 1950 como fueron los de Manuel Aznar para Washington, José M.ª de Areilza para Buenos Aires, José M.ª Alfaro para Bogotá y Manuel Valdés para Santo Domingo. Pero no acertó con José Félix de Lequerica porque este, hombre inteligente hasta más no poder, venciendo su temperamento, se dio cuenta enseguida que, como ministro de Asuntos Exteriores, no tenía cartas propias que jugar en el amplio mundo que nos rodeaba y que no le quedaba otro remedio que dar el do de pecho de la americanofilia, ya que colocado en el trance de marcar una nota aguda creyó conveniente elegir la del más poderoso y joven entre los vencedores.» Martínez de Bedoya, *op. cit.*

[p. 87] «El prototipo del cínico demasiado ocupado en sí mismo para tener tiempo de hacer daño a los demás.» José Luis de Vilallonga, *op. cit.*

[p. 87] «Es verdad que mientras fue embajador en París encaró la tragedia judía con gran pasividad y sin perder jamás la calma.» El 20 de noviembre de 1940 se reunieron en la embajada española en París el ministro de Exteriores, Serrano Súñer, el embajador de España, Lequerica, el cónsul en París, Rolland de Miota, y Otto Abetz, el embajador alemán. En esta reunión, los españoles sostuvieron que sus súdbitos debían quedar fuera de la normativa antijudía decretada por las autoridades. No obstante, los hechos demostraron que Lequerica, por órdenes del ministerio de Exteriores español, impuso siempre una actuación extremadamente cautelosa a este respecto, pese a los intentos de los cónsules Rolland de Miota y Propper de Callejón. «El Gobierno español no puede poner dificultades, aún en sus súbditos de origen judío, para evitar que se sometan a medidas generales, debiendo únicamente darse por enterado de estas medidas y en último caso no poner inconvenientes a su ejecución, conservando una actitud pasiva.» (Rother, p. 156) En las numerosas comunicaciones que los consulados españoles de Francia enviaban a la embajada se reflejaba la angustia de los judíos que imploraban una protección que nunca llegó. Uno de los casos paradigmáticos fue el del matrimonio Rosanes, asesinado en Auschwitz.

[p. 88] «El nuncio vaticano, Angelo Rotta, había convocado el lunes a los países neutrales con representación diplomática.» España, Portugal, Suiza y Suecia eran los países neutrales diplomáticamente acreditados en Hungría.

[p. 88] «Nos sentimos obligados a elevar una enérgica protesta» y «el que tiene el honor de suscribir estimó oportuno adoptar la misma actitud», AMAE, Carta de Sanz Briz a Lequerica, 22 de agosto de 1944.

[p. 88] «Hacer gestiones que se acuerden en tono amistoso y amable indicación evitando carácter protesta», AMAE, telegrama n.º 56, 23 de agosto de 1944.

[p. 89] «Siempre estén provistas de documentación regular y no trátese personas condición judaica», AMAE, telegrama n.º 59, 6 de septiembre de 1944.

[p. 89] «Sin embargo el germanófilo pronto mudó en el cínico.» Martínez de Bedoya, *op. cit.*

[p. 89] «Había recibido una llamada de Franco Salgado-Araujo.» Franco Salgado-Araujo, primo del dictador, es el autor de uno de los libros más veraces y perturbadores sobre el franquismo: *Mis conversaciones privadas con Franco*, Editorial Planeta, Barcelona, 1976.

[p. 89] «Todo cuanto usted enviaba directamente a Jordana, hágalo llegar ahora a El Pardo.» Martínez de Bedoya, *op. cit.*

[p. 90] «Diga a los judíos que ya está arreglado su asunto de Budapest.» *Ibid.*

[p. 90] «Comunicaba a la embajada norteamericana la mejor de sus disposiciones.» AMAE, R. 1716, exp. 4.

[p. 90] «Pero la nota no ha dejado de gotear la baba del que se mostraba deseoso de cumplimentar los deseos del nuevo amo [...] tiene el honor de comunicarle que se han cursado las oportunas órdenes al ministro de España en aquel país para que proceda al visado de tránsito de todos aquellos pasaportes de los que siendo titulares los referidos judíos, se le presentasen a los expresados efectos. Es más, se le han dado, asimismo, instrucciones para que con todo interés gestione cerca del gobierno húngaro y autoridades alemanas de ocupación, [y] se le facilite a los indicados sujetos la salida de Hungría. Por tanto considera este Ministerio que con ello, el Gobierno español, agota todas las posibles gestiones que pueden interponerse para llegar a una favorable resolución del mencionado problema en el que ha demostrado poner su máximo interés y voluntad.» AMAE, R. 1716, exp. 4.

Capítulo 28

[p. 91] «Gran número de víctimas y destrozos.» AMAE, telegramas n.º 93, 97, 99f.

[p. 92] «Estimo llegado momento obtener dicha protección.» AMAE, telegrama n.º 84, cifrado, de 28 de agosto de 1944.

[p. 92] «No solo pedía protección para él.» «Señora Tourné empleada desde hace 24 años en esta Representación, y Asesor Jurídico Sr. Farkas solicitan autorización residir con sus familias esta Legación caso invasión Hungría por ejército ruso. Ruego a V.E. urgente contestación.» AMAE, telegrama, n.º 95 cifrado.

[p. 92] «El ministro Lequerica le autorizó en primera instancia.» «Contesto su telegrama n.º 95 relativo empleados Tourné y Farkas, queda V.E. autorizado.» AMAE, telegrama n.º 61, de 18 de septiembre de 1944.

[p. 92] «No conviene dar impresión excesiva precipitación.» AMAE, telegramas n.º 63 y 64.

Capítulo 30

[p. 97] «Que se extienda un nuevo nombramiento a favor del citado señor Farkas.» AMAE, telegrama n.º 178. Legación de España en Budapest.

[p. 97] «Por su completa capacidad, caballerosidad y honradez y por su absoluta adhesión al régimen nacional.» Giorgio Perlasca, *L'impostore*. En los documentos sobre Farkas del ministerio de Asuntos Exteriores consta Astorga como su segundo apellido. Sin embargo tal apellido resulta ser un misterio. Porque la madre de Farkas se llamaba Rosa Hirschler. El expediente de Zoltán Farkas en AMAE, PG 387.

[p. 97] «Un mes después de esa carta llegaba el nombramiento, que aunque especificaba el carácter meramente honorífico de su trabajo habría bastado, cuatro años después, para justificar un refugio en la legación que no solo se debía a su "condición judaica".» Que Farkas era judío lo dice Perlasca en su *Promemoria* (p. 35): «En los primeros días venía conmigo cuando me encontraba con alguna personalidad, pero luego tuve que renunciar a su colaboración porque era muy conocido como judío y, aunque tenía pasaporte ordinario español y tarjeta diplomática, la querida señora Tourné sufría por todo el trabajo secreto que intuía de la amistad mía que había entablado con Farkas». Sin embargo, su hijo Janos se sorprendió cuando le hablamos del judaísmo de Farkas. Al fin y al cabo, fue enterrado bajo el rito católico. Por lo que cuenta Ernő Szép en *El olor humano*, en aquellos días se hicieron comunes las conversiones al catolicismo, lo que daba lugar a ciertos conflictos y malentendidos.

Capítulo 31

[p. 98] «La secretaria de la representación de España Nacional en Budapest es judía.» AMAE. (Expediente madame Tourné, PG 463). La denuncia lleva el sello de la Comisaría General de la Jefatura de Seguridad Interior. Orden Público e Inspección de Fronteras Sección de Orden Público.

[p. 99] «En aquel momento el jefe de la representación española en Budapest, al que el denunciante achacaba ignorancia de los movimientos de madame Tourné, era Carlos Arcos y Cuadra.» Sobre la relación entre los gobiernos húngaro y español en esa época: Iván Harsányi, «La diplomacia húngara sobre los grupos de poder del primer franquismo (1938-1939)», en *Acta Hispanica, vol. V* (2000), pp. 7-24, y Matilde Eiroa, *Las relaciones de Franco con Europa Centro-Oriental (1939-1955)*, Ariel, 2001.

Capítulo 32

[p. 101] «La espada invicta del Caudillo, como la del Arcángel, abatirá el día de la victoria próxima la cabeza maldita de la bestia israelita.» Martínez Tomás en *Domingo: semanario nacional*, 3 de abril de 1938.

[p. 101] «Junto a Manuel Aznar y Josep Pla fue uno de los que en enero de 1939 entró en Barcelona, poco después de las tropas de Franco, y tomó el control de *La Vanguardia*.» Para más detalles sobre Antonio Martínez Tomás, véase la reseña correspondiente del periodista Jaume Fabre en *Periodistes uniformats: diaris barcelonins dels anys 40: la represa i la repressió*, Col·legi de Periodistes de Catalunya, 1996.

[p. 102] «Yo, desde el primer momento, me sentí atraído por la causa aliada y tuve fe en que terminaría por vencer, lo que a mi juicio era razonable y justo, y que la barbarie nazi no triunfaría.» Martínez Tomás en *Diario de Barcelona*, 28 de marzo de 1976.

[p. 102] «En una vívida crónica del estallido de la Guerra Civil en Madrid, publicada en 1939, el adjetivo judío volvía a aparecer sin pudores, como una variante inexorable de la delincuencia.» *La Vanguardia*, 18 de julio de 1939.

[p. 103] «En 1976, Martínez Tomás se aprestaba a morir demócrata.» Y demócrata sigue Antonio Martínez Tomás. Un estúpido libro titulado *El franquismo, cómplice del Holocausto* (Libros de Vanguardia, 2012), de aparición reciente y obra de un periodista de *La Vanguardia*, pasa por la guillotina sumarísima y panfletaria todo rastro de franquismo. A excepción, justamente, del caso de Martínez Tomás, periodista de *La Vanguardia*, que es presentado como una suerte de espía a favor de los aliados y cuyo probado antisemitismo no se cita en ningún momento; como tampoco, ya que estamos en prosa sumarísima, que fuera testigo de cargo contra Gaziel, director del periódico cuando estalló la guerra.

[p. 104] «La conducta de esta funcionaria ha sido digna de todo elogio y encomio.» AMAE, anejo al despacho 127 de la embajada de España en Budapest al ministerio de Asuntos Exteriores. PG 463.

Capítulo 33

[p. 105] «Sé que tenía un hijo, Gaston, con el que se refugió en la embajada y que también ayudó en los salvamentos.» El 18 de septiembre de 2015 la señora Anikó Polcz escribió una carta al embajador de España en Budapest, José Ángel López Jorrin, en la que aludía a la actividad de Gaston Tourné como responsable de la logística de las casas protegidas. La señora Polcz y su esposo Gábor Tóth tuvieron familiares que se implicaron en la protección de los judíos, organizando una «segunda línea» de naturales húngaros que ayudaron a Sanz Briz y el resto de sus colaboradores. «Esta segunda línea [György Zsigmond, su esposa Liz y Aranka Nagy, entre otros], históricamente sin rostro, sirvió a las necesidades de los protegidos, con alimentos, medicinas, combustibles, etcétera.»

[p. 105] «Unas cuantas fotos.» La aparición de algunas de sus fotos fue especialmente emotiva. Llegaron en 2014 a través de Erzsébet Dobos. Una conversación suya con István Fehér, vecino de madame Tourné y de su hijo Gastón, permitió localizar las fotos y conocer algunos datos, por desgracia marginales, de su vida después de la Guerra. Al parecer, cuando Gastón alcanzó también la edad de jubilación, emigraron a París sin que se les conozca mayor descendencia. Gaston había nacido en Budapest el 5 de septiembre de 1912 y murió el 13 de mayo de 2000 en Champigny-sur-Marne.

[p. 106] «Madame Tourné fue la encargada de llevar a Viena el archivo de la legación española.» AMAE, telegrama n.º 70, 13 de octubre de 1944. El 2 de octubre otro telegrama, el número 80, insistía en que Sanz Briz quedaba «plenamente autorizado para tomar las medidas que en parte final dicho telegrama [70] se le indican y todas las que requiera seguridad personal y de la Legación».

Capítulo 34

[p. 109] «Adela tuvo niña felizmente.» AMAE, telegrama n.º 76, 18 de octubre de 1944.

[p. 109] «Nuestra Legación en Budapest extienda protección a mayor número de judíos perseguidos en la misma forma que asegura lo hace Suecia que me dice que envió un Delegado especial Mr. Wallenberg.» AMAE, telegrama n.º 1.007, 20 de octubre de 1944.

[p. 109] «Sírvase V.E.: informar en qué forma se puede atender a lo solicitado con mayor espíritu de benevolencia y humanidad y tratando de buscar soluciones prácticas para que la actuación de esa Legación resulte lo más eficaz posible.» AMAE, telegrama n.º 78, 23 de octubre de 1944.

[p. 110] «Sanz Briz contestó rápidamente al ministro que en Hungría no había sefardíes y que la única fórmula de protección eficaz de los perseguidos era la de proveerlos de pasaportes españoles.» AMAE, telegrama n.º 117, 25 de octubre 1944: «Si V.E. lo estima oportuno se podrían expedir pasaportes válidos por tres meses, haciendo constar la calidad de protegidos y la imposibilidad de ser renovados sin la orden de ese Ministerio. Sin embargo no es seguro que este Gobierno acepte protecciones realizadas después de 15 de octubre, fecha golpe de Estado. Representante de Suecia ha expedido cinco mil pasaportes protecciones y representante de Portugal setecientos. Ruego urgentísima respuesta».

[p. 110] «Apruebo fórmula me propone poniendo el mayor empeño en que la protección sea eficaz y autorizándole ampliamente para hacer lo necesario para ello.» AMAE, telegrama n.º 82, 27 de octubre de 1944.

[pp. 110-111]

«Desde hace tres años España viene accediendo reiteradamente y con la mejor buena voluntad a cuantas peticiones presentan comunidades judías.» El ministro

Lequerica informó convenientemente a su embajador en Washington —también al embajador en Londres— sobre todas las medidas llevadas a cabo por Sanz Briz. Así consta, entre otros documentos, en este texto del 28 de octubre y en el extenso telegrama n.º 801, de tres páginas, enviado el 16 de noviembre de 1944. Fundación Nacional Francisco Franco (FNFF), doc. 15643.

[p. 111] «“Enérgica” no podía ser, en ningún aspecto, el adjetivo que cuadrara a la política española ante los nazis.» El 15 de septiembre de 1961 se redactó una nota informativa, se supone que para el ministro Castiella, con el asunto «aspecto político de la protección de España a los sefarditas durante la II Guerra Mundial». La nota, de catorce páginas, es muy crítica con la actuación del gobierno de Franco. Incide especialmente en las angustiosas llamadas que la embajada de Berlín hizo al ministerio para que extendiera el plazo de protección a los judíos de Grecia; y expone con claridad los esfuerzos que Ginés Vidal Saura, Federico Oliván y Sebastián de Romero Radigales (sin nombrarlos) hicieron por salvar al mayor número de judíos posible. «Los llamamientos de nuestros representantes en Atenas y Berlín fueron angustiosos.» La nota, del AMAE, nos ha sido cedida amablemente por el profesor Isidro González. Esta crítica contrasta con otros escritos, más amables con el gobierno franquista, que se guardan en la biblioteca del MAE: *España y los judíos*, Oficina de Información Diplomática, 1949. Y Emilio Bárcena, «Franco y los judíos», En *Tierra Santa*, n.º 563-564, 1976, pp. 26-34.

[p. 112] «El Gobierno español no puede poner dificultades, aun en sus súbditos de origen judío, para evitar se sometan a medidas generales.» AMAE, ministerio de Asuntos Exteriores al Cónsul General en París, 5 de noviembre de 1940. R. 1716, exp. 2. También en Rother, *op. cit.*

[p. 112] «En esa reunión Serrano sostuvo, contrariando la instrucción de Lequerica a De Miota, que sus súbditos debían quedar fuera de la normativa antijudía decretada por las autoridades francesas.» Auswärtiges Amt, Politisches Archiv (Berlín), R. 103195, 21 de noviembre de 1940. También en Rother, *ibid.*

[pp. 112-113]
«Y la carta estremecedora de su hija Elisa de diecinueve años dirigida a una autoridad española sin identificar.» Archivo General de la Administración (Alcalá de Henares). Carta de Elisa Rosanes, 29 de octubre de 1943. Archivo General de la Administración (AGA), AAEE, 11329.

[p. 114] «El matrimonio Rosanes murió en Auschwitz.» Pedro Rosanes y Mathilde Rosanes. Yad Vashem. The Central Database of Shoah Victims' Names. List of Jews born in Bulgaria deported from France, 1942-1945.

Capítulo 36

[p. 117] «Sanz Briz se puso a expedir pasaportes de salvación con la ayuda de madame Tourné.» AMAE, telegrama n.º 129, 2 de noviembre de 1944. «Protección está condicionada, primero: dichos judíos deberán salir de Hungría para España antes del 15 de noviembre. Segundo: Gobierno español deberá reconocer gobierno húngaro y apoyar a su Representante en Madrid para poder tomar posesión de los locales de la Legación y desempeñar sus funciones.» El reconocimiento diplomático no llegó nunca.

[p. 117] «Con una intención política transparente el joven diplomático aconsejaba a su ministro que diera cuenta a la embajada de Washington de este último hecho.» AMAE, *ibid.* El 23 de mayo de 1944 el alto comisario español en Marruecos comunicó al ministerio de Asuntos Exteriores en Madrid la petición de las colonias judías de Tánger y Tetuán para obtener un permiso de entrada en Tánger a quinientos niños judíos de Hungría. A cambio, abandonarían Tánger quinientos refugiados judíos que vivían allí, procedentes de Europa central, y correrían con los gastos de manutención. Se sabe quién instó a la salida de los quinientos niños. Fue la señora Renée Reichmann, de una familia de judíos ultraortodoxos húngaros que emigraron a Estados Unidos, dedicada en Tánger a enviar ayuda humanitaria a los judíos de los campos de concentración nazis. Tanto el alto protectorado como el gobierno español se mostraron de acuerdo y se iniciaron los trámites en junio de 1944 (detalles en Rother, *op. cit.*, pp. 364 y ss. y en Isabelle Rohr, *The Spanish Right and the Jews, 1898-1945: Antisemitism and Opportunism*, Sussex Academic Press, 2008). Los alemanes negaron la salida, según consta en una anotación marginal en un documento del ministerio, fechado el día 3 de julio de 1944. Tanto la Cruz Roja Internacional, mediante la actuación de su delegado Friedrich Born, como la embajada española, mediante el abogado Zoltán Farkas, continuaron las reuniones y la lucha para proteger a los niños (detalles en Ernö Munkácsi, *Hogyan történt?: Adatok és okmányok a magyar zsidóság tragédiájához*, Renaissance Kiadás, 1947, pp. 208-212). Los trámites dieron lugar a acciones en la embajada. Sanz Briz comunicó el 28 de agosto que Hungría aprobaba la salida. Hasta que esta tuviera lugar, quedarían bajo la protección del delegado de la Cruz Roja Internacional en Budapest, Friedrich Born, que además correría con los gastos de manutención. Este le envió una carta a Sanz Briz el 1 de diciembre de 1944 confirmándole que Otto Komoly y László Szamosi se encargarían de los niños como empleados de la legación de España (The Strochlitz Institute for Holocaust Research, The Hungarian Collection, H3h8, Szamosi László file: documents, correspondence, articles). El 31 de agosto el delegado comunicó a la sede de la Cruz Roja en Ginebra que Alemania no autorizaría la salida, por lo que propuso alojarlos en diversas casas de la Cruz Roja. Esta organización envió un telegrama a la comunidad judía de Tánger informándoles de la protección. Visto el éxito de la primera solicitud, la comunidad pidió la protección de otros setecientos judíos de Budapest mediante nuevos visados de entrada, en septiembre de 1944. El ministerio concedió los visados, pero al parecer el gobierno húngaro no los reconoció. Sanz Briz no hace referencia a estos dos casos en su informe del 14 de diciembre.

Al terminar la guerra, y tal como demuestra la documentación disponible en el AMAE (R. 1716, exp. 5), Renée Reichmann supuso que los niños habían sido deportados (carta del 27 de julio de 1945). No fue así. Tampoco regresaron a España, como sostienen algunos investigadores, sino que se quedaron en Budapest a cargo del Comité de la Cruz Roja. Las negociaciones entre los delegados de la Cruz Roja en Budapest y las autoridades húngaras sobre estos niños aparecen documentadas en el libro de Arieh Ben-Tov, *Facing the Holocaust in Budapest*, Henry Dunant Institute, 1988, pp. 357 y ss. Giorgio Perlasca hace numerosas referencias a «nuestros niños», ubicados en orfanatos protegidos.

[p. 118] «Creo tendré que utilizar muy pronto autorización concedida telegrama V.E. [número] 80.» AMAE, telegrama n.º 133, 5 de noviembre de 1944. El telegrama n.º 80, remitido por el ministerio a Budapest el 25 de octubre de 1944, decía: «Si V.S. considera llegada situación prevista con referencia mi telegrama n.º 70 queda plenamente autorizado para tomar las medidas que en parte final dicho telegrama se indican y todas las que requiera seguridad personal y de la Legación».

Capítulo 37

[p. 119] «Llevaba una pistola, un traje deportivo, un *smoking* y una larga gabardina.» Elisabeth Szel, *El chico que quería ser héroe* [manuscrito].

[p. 119] «Era recién casado y podía permanecer junto a su esposa, la dulce Eva.» Szel, *op. cit.*

[p. 120] «Fui a hablar con Eva.» La conversación tuvo lugar el 20 de septiembre de 2011.

Capítulo 38

[p. 122] «El cambio de tono podía apreciarse en sus notas verbales, que publicó en 2010 la investigadora Erzsébet Dobos en el libro *Salvados: documento y memoria sobre la protección española en Budapest durante el Holocausto.*» El libro fue escrito en húngaro (ed. de la autora, 2010). Las citas corresponden a la traducción al italiano, inédita, amablemente puesta a nuestra disposición por la Fundación Giorgio Perlasca.

[pp. 122-123]
«La embajada de España protesta decididamente contra tales hechos que constituyen una violación de las promesas del Real ministerio a la embajada.» Nota verbal, 8 de noviembre de 1944, en Erzsébet Dobos, *Salvados: documento y memoria sobre la protección española en Budapest durante el Holocausto*, ed. de la autora, 2010.

[p. 123] «Los nazis los obligaban a cambiar de casa con frecuencia o ya los habían enviado a campos de concentración.» 9 de noviembre de 1944, *ibid.*

[p. 123] «El gobierno húngaro utilizaba la suerte de los judíos para forzar el reconocimiento diplomático.» La misma táctica utilizó con el resto de países neutrales. Solo el Vaticano llegó a reconocer el gobierno de los nazis húngaros.

[p. 123] «El gobierno español daba largas. Argumentaba que la continuidad de Sanz Briz en Budapest era prueba de que no había habido "en ningún momento ruptura ni discontinuidad".» Telegrama de Lequerica a Sanz Briz. AMAE, telegrama n.º 90, 10 de noviembre de 1944.

[p. 124] «Había extendido pasaportes provisionales a trescientos judíos con familiares en España y cerca de dos mil cartas de protección a todos aquellos que habían podido demostrar un vínculo español cualquiera.» AMAE, telegrama n.º 143, 13 de noviembre de 1944.

[p. 124] «El embajador danés había regresado a Copenhague tras recuperarse en un hospital de las heridas que le habían causado un grupo de nyilas al robarle su coche oficial.» AMAE, telegrama n.º 145, 16 de noviembre de 1944.

[p. 125] «Acompañado de un empleado de esta cancillería, se dedicase a recoger judíos españoles de la interminable caravana que a pie se dirigía hacia la frontera alemana.» AMAE, telegrama n.º 149-150, 17 de noviembre de 1944.

[p. 125] «Pero lo más importante era la alusión a las caravanas de judíos y a la intervención humanitaria de la legación española.» Erzsébet Dobos: «A continuación de tal nota [se refiere a la nota verbal que Sanz Briz leyó ante el ministro de Negocios Extranjeros el mismo día, 16 de noviembre, a que alude su telegrama 145] el ministro de Asuntos Extranjeros intervino y el comisario de policía Batizfalvy, acompañado del consejero jurídico de la Embajada de España, visitaron en automóvil los citados pueblos [por los que atravesaba la marcha] durante los días 17 y 18 de noviembre». Sobre Batizfalvy y su relación con los españoles, véase también *Die Ermorderung der Europäischen Juden: eine umfassende Dokumentation des Holocaust, 1941-1945*, Hrsg. von Peter Longerich, Piper, 1989, pp. 418-421. Se cita el acta de una reunión en la embajada sueca (cuya fecha corrige Rother: 22 de noviembre de 1944) donde se da cuenta de las actuaciones de los diplomáticos en las caravanas. Batizfalvy aparece, posiblemente por error, como representante español.

Capítulo 39

[p. 126] «Acompañado de un comisario de la policía húngara, Nándor Batizfalvy, que resultó siempre un aliado eficaz de las delegaciones.» Nándor Batizfalvy, nacido el 5 de febrero de 1904, policía húngaro que ayudó a las delegaciones extranjeras en el rescate de judíos en Budapest y en la frontera húngara. Huyó a Suiza, donde fue juzgado por crímenes de guerra, pero fue exonerado gracias a los testimonios de diplomáticos que certificaron su papel de hombre justo. En Suiza aprendió el oficio de cocinero y consiguió repatriarse a Argentina, donde abrió el restaurante Budapest en Santiago de Jujuy. En toda esta aventura fue acompañado siempre por su mujer, Ilona Aradszky, nacida en 1899 y con la que se había casado en 1937. Tras quince años de residencia en Argentina, y gracias a la ayuda de la primera diputada del parlamento de Hungría, Margit Slachta, residente en Estados Unidos, pudieron emigrar a California. Recibieron la nacionalidad en los años sesenta, ella como Helen y él como Ferdinand Heim. Ilona murió el 13 de julio de 1978 en Los Ángeles; Nándor Batizfalvy murió el 8 de julio de 1990 en Gardena, California. Ágota Róna, una de las judías que salvó la vida gracias a él —tenía entonces catorce años—, decidió seguir los pasos de Batizfalvy y rescatarlo del olvido. Su historia llegó hasta el director Péter Mudry, quien en 2018 le dedicó un documental, *Emberségesnek lenni kötelességem* [Mi deber como ser humano]. Entrevista a Péter Múdry, «Az embermentő», en Magyar Hírlap, 31/08/2018, <https://www.magyarhirlap.hu/belfold/Az_embermento>; «Hungary, Civil Registration, 1895-1980», FamilySearch; «United States, Social Security Numerical Identification Files (NUMIDENT), 1936-2007», FamilySearch, entry for Ferdinand H. Batizfalvy; «United States, Social Security Death Index», FamilySearch, Ferdinand H. Batizfalvy, 08 Jun 1990, citing U.S. Social Security Administration, Death Master File, database (Alexandria, Virginia: National Technical Information Service, ongoing); «California, Southern District Court (Central) Naturalization Index, 1915-1976», FamilySearch, entries for Ferdinand Heim Batizfalvy (1966), Ilona Batizfalvy (1965), and Helen or Elena or Ilona Batizfalvy (1966); «Hungary, Civil Registration, 1895-1980», FamilySearch, entry for Aradszky Ilona and Aradszky Mihály, 18 Mar 1899; «California, County Birth and Death Records, 1800-1994», FamilySearch, entry for Helen Batizfalvy, 13 July 1978; «United States, Social Security Death Index», FamilySearch, Helen Batizfalvy, Jul 1978, citing U.S. Social Security Administration, Death Master File, database (Alexandria, Virginia: National Technical Information Service, ongoing).

[p. 126] «Nuestros protegidos estaban hoy entre Komárom y Györ.» Dobos, *op. cit.*

[p. 127] «Y ese fue el fin de los caminantes.» Raul Hilberg, *La destrucción de los judíos europeos*, Akal, 2005.

[p. 128] «Mientras estaba en la casa protegida me quitaba la estrella amarilla e iba con Sanz Briz a los campos de trabajo.» Dobos, *op. cit.*

[p. 128] «Igual era verdad lo que contaba y yo la estoy haciendo pasar ahora por una fantasiosa.» Conversación telefónica, 30 de junio de 2012.

Capítulo 41

[p. 133] «Es probable que los países neutrales, que semanas antes se habían reunido a petición del nuncio Rotta y que habían vuelto a exigir el fin de las atrocidades.» AMAE, telegrama n.º 144, 14 de noviembre de 1944.

[p. 134] «Cuando leí este telegrama de Sanz Briz la investigación estaba ya algo avanzada.» El Blinken OSA Archivum de Budapest creó la página <https://www.yellowstarhouses.org>, que recoge todas las casas protegidas por las legaciones neutrales en Budapest en 1944.

[p. 134] «Wallenberg, que sí había alquilado algunas casas en verano, al poco de llegar a Budapest. Lo confirmaban sus informes y las memorias de algunos de sus ayudantes.» Raoul Wallenberg, *Letters and Dispatches, 1924-1944*, Arcade Publishing, 1995; Per Anger, *With Raoul Wallenberg in Budapest*, USHMM, 1996; Lars G. Berg, *The Book that Disappeared: What happened in Budapest*, Vantage Press, 1990.

[p. 134] «Pero la actividad de la embajada sueca no podía compararse con ninguna otra.» Ni desde luego con la española. Y desde el principio. Desde las mismas razones por las que Wallenberg y Sanz Briz se encontraron en aquel fatídico invierno de Budapest. Al español lo había enviado la rutina de su carrera. Al sueco un mandato expreso de su gobierno que consistía en el salvamento del mayor número posible de judíos. Wallenberg tenía a su disposición un gran número de ayudantes: hasta trescientas personas se calcula que en un momento u otro colaboraron con él. Una industria de la salvación. Los edificios bajo protección española nunca fueron más de ocho. Los suecos sobrepasaron los treinta. La protección de la legación española pudo alcanzar formalmente a unas tres mil personas. La de los suecos triplicaba ese número, como mínimo.

[p. 135] «¿Quién no recordaba en este mismo orden de cosas la actuación en el Madrid rojo del cónsul de Cuba, Estalella; del cónsul general de Noruega, Böhrj; del embajador de Chile, Núñez Morgado; y de tantos otros diplomáticos de diversos países que abanderaron edificios para acoger refugiados?» La idea de extender a otros edificios el concepto de extraterritorialidad era aún más familiar a Sanz Briz, que a diferencia de Bedoya conocía ese Madrid de las embajadas no por referencias, sino de un modo quintacolumnista, activo y peligroso. Pero en cualquier caso, y ya en aquel Budapest, se le había ocurrido a Wallenberg antes que a nadie. Bedoya, *op. cit.*

Capítulo 42

[p. 139] «Las inconsistencias reducen la sencillez de nuestro pensamiento y la claridad de nuestros sentimientos.» Daniel Kahneman, *Pensar rápido, pensar despacio*, Debate, 2012. El propio Kahneman define en su libro el efecto halo con estas palabras: «Si nos gusta la política del presidente, es probable que nos guste su voz y su apariencia. La tendencia a que nos guste (o nos disguste) todo de una persona —incluyendo cosas que no hemos observado— es conocida como *efecto halo*».

Capítulo 43

[p. 142] «Por haber comenzado las nevadas y ser el transporte ferrocarril prácticamente inutilizable.» AMAE, telegrama del 24 de noviembre de 1944.

[p. 142] «La columna rusa que avanza desde el Este.» AMAE, telegrama del 26 de noviembre de 1944.

[p. 142] «A pesar de la buena voluntad del ministro de Negocios Extranjeros.» AMAE, telegrama del 26 de noviembre de 1944.

[p. 142] «El ministerio de Negocios Extranjeros me dice que Budapest ha sido declarado zona de guerra.» AMAE, telegrama del 29 de noviembre de 1944.

[p. 143] «El Gobierno húngaro no se hace responsable de los incidentes que sucedan después de su marcha.» AMAE, telegrama del 29 de noviembre de 1944.

[p. 143] «Se ha comenzado a minar toda la parte de Budapest situada en la margen este del Danubio en una zona de metros de fondo.» AMAE, telegrama del 1 de diciembre de 1944.

[p. 143] «Estimo llegó momento abandonar este país.» AMAE, telegrama del 3 de diciembre de 1944.

[p. 143] «El ministerio de Negocios Extranjeros me dice que ha invitado oficialmente a las legaciones a abandonar Budapest en vista de la grave situación que se plantea con ocupación bolchevique (?). Viaje mañana.» AMAE, telegrama del 6 diciembre de 1944.

Capítulo 44

[p. 144] «Su ministro Lequerica tuvo suficiente con recordarle una vez lo que le había dicho.» AMAE, telegrama del 27 de noviembre de 1944.

[p. 145] «La relativa comprensión que la labor humanitaria española despertaba entre los nazis húngaros.» «En esos edificios pudimos meter a muchos miles [*sic*] de judíos perseguidos que, puedo afirmar con orgullo, deben la vida al General Franco. El éxito de la gestión fue tan marcado que el Delegado especial, enviado desde Ginebra por la Cruz Roja Internacional, para procurar ayudar a salvar a los judíos perseguidos, vino a verme y a preguntarme qué sistema seguía para que los nilaz [*sic*], en general tan arbitrarios e inhumanos, respetasen las casas sometidas a la protección española.» Isaac R. Molho, «Un hidalgo español al servicio de Dios y la Humanidad en Budapest», en *Tesoro de los judíos sefardíes*, Jerusalén, 1964, vol. VII, pp. 32-40.

[p. 145] «Una gestión que describe su talante monárquico y que a punto estuvo de afectar negativamente a su carrera cuando pasados unos meses Satrústegui desveló a las autoridades franquistas que el diplomático Sanz Briz había sido el mensajero.» Testimonio de Adela Sanz-Briz.

Capítulo 45

[p. 146] «Extendió pasaportes a cualquier judío que pidiera ayuda a la embajada.» «Las doscientas unidades que me habían sido concedidas las convertí en doscientas familias; y las doscientas familias se multiplicaron indefinidamente con el simple procedimiento de no expedir documento o pasaporte alguno a favor de los judíos que llevase un número superior al doscientos. Estos documentos se hicieron en la Legación de España en muchísimas series, calificando cada una con las letras del alfabeto.» Molho, *op. cit.*

[p. 146] «E incluso, y esto sin autorización ni conocimiento de su gobierno, dio asilo a los perseguidos en el propio local de la legación española.» «No olvide V. que la decisión de meter gente en los locales de la Legación fue de mi propia iniciativa, sin previo permiso de Madrid, y motivada por el terror que entonces reinaba en la capital húngara.» Carta de Ángel Sanz Briz a Giorgio Perlasca, San Francisco de California, 4 de diciembre de 1945, Archivo Familia Sanz-Briz.

[p. 146] «Se ha marchado con el acuerdo de su gobierno.» «El gobierno español no deseaba dejar en Budapest a un funcionario diplomático que carecía de estatus alguno frente a las fuerzas invasoras, pues la situación era totalmente distinta de la que, por ejemplo, se presentó en Rumanía cuando los ejércitos soviéticos ocuparon el país después de pactar con el Gobierno legítimo que, en aquel entonces, era el del rey Miguel.» Molho, *op. cit.*

[p. 147] «Solo tenía una preocupación: qué podría ocurrirles a nuestros protegidos una vez que nosotros desapareciéramos de allí.» *Heraldo de Aragón*, 12 de junio de 1949. Quince años después, en Molho, *op. cit.*, Sanz Briz daba una versión distinta de su gestión ante «la autoridad húngara», que identificaba con el *gauleiter* [palabra alemana que designa a la autoridad local del Partido Nazi] de Budapest y su provincia. En la versión de Molho, que coincide en la entrega del dinero y en la descripción general del encuentro, Sanz Briz no vinculaba su gestión a su marcha de Budapest, sino que da a entender que se produjo antes.

[p. 148] «Abandonar Budapest sin dar cuenta a las autoridades.» Así lo cuenta en Molho, *op. cit.*: «El hecho es que, a mediados de diciembre, salí de Budapest con dirección a Viena, sin anunciar mi marcha a las autoridades para que creyesen que yo seguía permaneciendo en la ciudad».

Sin embargo es difícil creer que ese propósito pudiera realizarse. En primer lugar por los contactos estrechos y regulares que el diplomático español mantenía con la autoridad húngara, y por el hecho de que ella misma le recomendase su partida según el propio Sanz Briz explica en uno de sus últimos telegramas. Pero, sobre todo, por la dificultad de abandonar en secreto una ciudad sometida al control de una defensa y un asedio como los del invierno del 44 en Budapest. En un telegrama ya citado el propio Sanz Briz se refiere al permiso especial del ministerio de la Guerra que debe tener todo aquel, incluido los diplomáticos, que pretendan abandonar Budapest.

[p. 149] «La mención a Sanz Briz es prácticamente ofensiva.» Raul Hilberg, *La destrucción de los judíos europeos*, Akal, 2005, pp. 951-952. La fuente que cita Hilberg para fundamentar su párrafo es la traducción alemana del libro de Enrico Deaglio, *La banalidad del bien*.

Capítulo 47

[p. 154] «Pero en cuanto Israel se distanció de Franco.» La entrevista de Sanz Briz, publicada en *Heraldo de Aragón*, acaba así: «—Pues en la UNO parece que Israel ha sido olvidadizo... El diplomático no responde. Pero hay una fracción de segundo en la cual parece que Sanz Briz va a olvidarse de su oficio y va a subrayar mi pregunta con una frase que probablemente tendría poca diplomacia».

En el año 1948 el naciente Estado de Israel solicitó su reconocimiento a la comunidad mundial con la excepción de dos países: Alemania y España. Y luego rechazó las gestiones del gobierno franquista para establecer relaciones diplomáticas. Tras la buena sintonía establecida en el último año de la Segunda Guerra Mundial entre el gobierno de Franco y los representantes del Congreso Mundial Judío, el Estado de Israel consideró que el régimen de Franco era un enemigo de la misma estirpe que Hitler. Véase José Antonio Lisbona, *España-Israel: historia de unas relaciones secretas*, Temas de Hoy, Barcelona, 2002.

[p. 154] «¡Pero que pudo salvar muchos más!» «Nuestra conclusión es que, a través de la España franquista, de la que apenas nadie esperaba que ayudase a los judíos, se pudieron salvar no pocos perseguidos. Pero que, de haberlo querido, el Gobierno de Madrid podría haber salvado a muchos más.» Rother, *op. cit.*

[p. 154] «Lo que cuadraba perfectamente con el mito del contubernio judeomasónico, una expresión, por cierto, que Franco no usó nunca públicamente.» Javier Domínguez Arribas, *El enemigo judeomasónico en la propaganda franquista (1936-1945)*, Marcial Pons, Madrid, 2009; y Gonzalo Álvarez Chillida, *El antisemitismo en España: la imagen del judío (1812-2002)*, Marcial Pons, Madrid, 2002.

[p. 155] «Actuó con pasividad —criminal— cuando Hitler podía ganar la guerra o colaboró en su salvación cuando la tuvo perdida.» Algunos ejemplos de esa pasividad criminal, como ya se ha visto en el caso del matrimonio Rosanes, aparecen en el libro de Rosa Sala Rose, *La penúltima frontera: fugitivos del nazismo en España*, Papel de Liar, Península, 2011. También en Josep Calvet, *Les muntanyes de la llibertat: el pas d'evadits dels Pirineus durant la Segona Guerra Mundial*, L'Avenç, Barcelona, 2008.

Capítulo 48

[p. 156] «Debe de ser además el único hombre en el mundo, excluidos los asesinos, que pudo precisar el día exacto en que mataron a Wallenberg.» En la *Enciclopedia del Holocausto* se escribe lo siguiente: «Murió en una prisión soviética supuestamente el 17 de julio de 1947, aunque la circunstancias exactas de su muerte aún no se conocen».

[p. 157] «Se había estrenado en 1943, y había preocupado profundamente a las autoridades franquistas.» La actitud de los grandes estudios norteamericanos ante el franquismo puede seguirse en el documental *Hollywood contra Franco*, Oriol Porta, 2008.

Segunda parte

Capítulo 49

[p. 161] «La razón son las catorce mil palabras que en octubre de 1945 y desde la ciudad de Trieste.» El 13 de octubre, según la reproducción del informe que fue editada en *L'impostore*. En la copia que nosotros manejamos, fotocopiada y con la firma de Perlasca, que pertenece al archivo personal de Sanz Briz y que tiene respecto de la versión editada alguna diferencia intrascendente, no hay fecha.

El informe al ministro es el primero y más importante de una serie de textos que Perlasca escribirá sobre su experiencia húngara y que su familia editará en el volumen *L'impostore*, publicado en 1997. Y es el único que utilizaremos, al menos de un modo relevante, para explicar su historia. A diferencia del resto, incluida la llamada *Promemoria*, que fue presuntamente escrita a instancias de Jenö Lévai, pero que este ignoró por completo al escribir su canónica historia sobre el Holocausto húngaro, el informe *A sua Eccelenza* no ofrece dudas paratextuales, que afecten al momento, lugar, redacción e incluso al propio autor del texto. La versión del informe que manejamos fue enviada por Perlasca a Ángel Sanz Briz, adjunta a una carta que estaba fechada en Trieste el 3 de abril de 1946. El diplomático español conservó el informe junto a una breve correspondencia con Perlasca. No hay constancia de que se conserve en los archivos del ministerio de Asuntos Exteriores español ni de que el ministerio recibiera el informe, a través del envío de Perlasca o de una copia que pudiera haberle hecho llegar Sanz Briz.

En 1946, Sanz Briz también recibió una carta desde París del empresario húngaro Jenö Sorg, que ya daba indicios de su participación en el salvamento de judíos húngaros. Los indicios han quedado definitivamente confirmados con el hallazgo de la carta de agradecimiento que Sanz Briz le escribió a Sorg, en diciembre de 1944, y que hace obligatorio el ingreso de Sorg entre los Justos.

«Muy apreciado señor Director [el tratamiento que le da Sanz Briz a Sorg]

Su amabilidad le ha sido de gran ayuda a esta Legación al facilitar casas para la protección de nuestros judíos e interceder en su favor ante las autoridades, gracias a lo cual ha conseguido protección para 500 judíos. Muchas gracias por su gentileza y esfuerzo desinteresado. También le estamos muy agradecidos por los víveres y el combustible de calefacción que ofreció a nuestros protegidos judíos, así como por el dinero que les donó.

Reciba, muy estimado señor Director, la expresión de mi más sincero afecto,

Budapest, 8 de diciembre de 1944.

Firmado: Ángel Sanz Briz, encargado de negocios de la Legación de España en Budapest.»

[p. 161] «La actividad que he desarrollado en la Legación de España en Budapest del 7 de diciembre 1944.» En el original figura 17 de diciembre, pero parece ser un error de transcripción evidente. El 7 de diciembre es la fecha de partida que Sanz Briz anuncia a su gobierno.

[p. 161] «Fecha de la llegada de las tropas rusas al barrio de la capital húngara donde estaba la sede de la Legación.» Según escribía el propio Perlasca no era la primera relación que enviaba a las autoridades españolas: en junio había entregado en mano al cónsul general de España en Estambul (una etapa en su largo regreso a Italia desde Budapest) una primera y más breve relación, de la que no ha quedado rastro.

[p. 161] «Perlasca había dado noticia de sus intenciones literarias en una primera carta escrita en agosto.» La carta está fechada el 11 de agosto de 1945. Archivo Familia Sanz-Briz.

[p. 162] «Una oferta que Sanz Briz aceptaría gustoso en su respuesta.» San Francisco, 4 de diciembre de 1945. Fundación Giorgio Perlasca.

[p. 162] «Y que Perlasca finalmente satisfaría en abril de 1946, remitiéndole la relación citada.» No hay constancia de que en fecha el informe llegó al ministerio de Asuntos Exteriores, si llegó.

«El resumen lo escribió después de que enviara su informe al ministerio español sin añadir ningún comentario y motivado por la petición de explicaciones de su superior.» Carta de Sangróniz fechada en Roma el 12 de marzo de 1946. El documento fue remitido por Javier Jiménez-Ugarte, Embajador de España en Suecia.

[p. 162] «Había dejado de ser una patria para convertirse en un coto de caza.» Sándor Márai, *Liberación*, Salamandra, 2012.

[p. 168] «Hay en los archivos húngaros muchas quejas del diplomático.» Dobos, *op. cit.*

[p. 169] «Con previo acuerdo de los dos gobiernos, había dejado al cuidado de los asuntos españoles.» Así lo dice expresamente Sanz Briz en su penúltimo telegrama, del 3 de diciembre de 1944: «La señora Tourné y el abogado parece que continuarán trabajando aquí bajo las órdenes del representante en [*sic*] Suecia». El 13 de octubre, el ministro Lequerica citaba también la protección sueca: «[...] Si ocasión de peligro inminente llega puede entregar gerencia Legación a Representante Suecia». Esta autorización de Lequerica era coherente con un anterior telegrama en el que, tras una consulta de Sanz Briz, el ministro le anunciaba que el ministerio de Asuntos Exteriores sueco había encomendado a su representante en Budapest la protección de los intereses españoles si Sanz Briz se veía obligado a abandonar el país. Lars G. Berg, diplomático sueco y encargado de la llamada Sección B en su embajada, la que organizaba el trabajo de las legaciones que habían puesto sus intereses en manos de Suecia, no cita la legación española, ni ninguno de sus miembros, en su libro *What happened in Budapest*, publicado originariamente en 1949.

[p. 170] «¡Pero si es el propio Sanz Briz el que dice que ocultó su partida a los húngaros! Es cierto que lo dice.» Molho publicó un año después el relato. Isaac R. Molho, *op. cit.*

[p. 173] «Usted no hablaba húngaro.» En una nota entrecomillada de *Un italiano scomodo* Perlasca dice: «En cambio, en húngaro, en serbio y en turco me limitaba a decir buen día, buenas tardes, nos vemos mañana, etcétera». Los autores afirmaban que en la época de Budapest hablaba y escribía el francés y el alemán. Sin embargo, nada en la biografía de Perlasca permite deducir dónde y cómo pudo aprender tales idiomas hasta ese nivel de competencia. La alemana Eveline Willinger, una de las descubridoras de Perlasca en los años ochenta, asegura que no conocía el alemán, y que ellos dos lograban entenderse en una extraña mezcla de italiano y francés. Es extraño que Hallenstein y Zavattiero no mencionen el idioma español: Perlasca lo hablaba bien y se hacía entender escribiéndolo fruto de su participación en la Guerra Civil española.

[p. 174] «Hay algo, *signore*, que no podré perdonarle, se lo anticipo. El tratamiento que da en sus relatos a dos de los héroes de la embajada de España.» En el informe *A sua Eccellenza* y, sobre todo, en la *Promemoria*.

[p. 175] «El problema es comparar su visita al doctor Gera con el siguiente fragmento.» Archivo Sanz Briz. Reproducido en Molho, *op. cit.*

[p. 177] «No sabía que se hubiese hecho V. cargo de la Legación.» Carta de Ángel Sanz Briz a Giorgio Perlasca, 4 de diciembre de 1945. Fundación Giorgio Perlasca.

Capítulo 51

[p. 184] «Los legajos de la embajada de España en Berlín que se guardan en el archivo del ministerio de Asuntos Exteriores español.» Que se guardaban en el antiguo archivo, cabría decir, porque a partir del 15 de septiembre de 2012 los fondos se trasladaron al Archivo Histórico Nacional y al Archivo General de la Administración. También consultó estos documentos Wayne H. Bowen, en un artículo titulado «Spain and the Nazi occupation of Poland, 1939-44» (*International Social Science Review*, v. 82, n.º 3-4, sept. de 2007), aunque nunca habla del resto de la obra de Cassio.

[p. 186] «Libro crudísimo y durísimo.» AGA, Caja 21/7739, exp. 5487-45. El libro queda definitivamente autorizado el 14 de febrero de 1946. Fue publicado por la editorial SHADE, con una tirada de 2.000 ejemplares, y su precio de venta fue de 40 pesetas.

[p. 186] «El libro, que en efecto era parcial porque estaba en contra del asesinato, se publicó con supresiones en trece páginas.» No podemos precisar en qué medida quedaron afectadas esas páginas. El manuscrito original se ha perdido.

[p. 186] «Por desgracia, la respuesta de Cassio, si la hubo, no parece que quedara en los archivos ministeriales.» Es sorprendente que Bernd Rother escriba: «Dos de los cuatro destinatarios no habían tenido ningún contacto con ese problema», y que uno de esos dos, a juicio del historiador alemán, sea Cassio.

[p. 187] «He salido de Varsovia el día 26, en uno de los últimos trenes para Cracovia.» AMAE, R. 2299, exp. 3.

Capítulo 52

[p. 191] «Al final de la guerra, y parece que sin su consentimiento, se editó *El martirio de Polonia* (1945).» María Victoria López-Cordón, Introducción a *La revolución bolchevista*, de Sofía Casanova, Castalia, 1989. Sofía Casanova y Miguel Branicki, *El martirio de Polonia*, Madrid, Atlas, 1945.

Capítulo 53

[p. 194] «Cómo y por qué pasó Polonia, y Europa entera, de la destrucción a la larga paz.» Así llama Steven Pinker, en *Los ángeles que llevamos dentro*, al período iniciado en Europa después de la Segunda Guerra Mundial. La expresión y su sentido están tomados de John Gaddis.

[p. 194] «La Segunda Guerra Mundial fue un pico anómalo, ¡casual!, en un proceso de civilización profundo, duradero e imparable, cuyas raíces están en la Ilustración.» «¿Pudo ser la Segunda Guerra Mundial un pico aislado en una línea decreciente en diente de sierra —la última boqueada en un largo descenso de las guerras a gran escalada que las convertiría en una obsolescencia histórica? [...] Así pues el siglo xx no puede considerarse como una época de descenso continuado hasta la depravación. Al contrario. La tendencia moral duradera del siglo fue un humanismo con aversión a la violencia que se originó en la Ilustración, que se vio eclipsado por ideologías contrailustradas aliadas con agentes de capacidad destructiva creciente, y que recuperó impulso después de la Segunda Guerra Mundial.» Steven Pinker, *Los ángeles que llevamos dentro*, Paidós, 2012.

[p. 195] «[John Mueller]: la guerra más importante de Europa seguramente no se habría producido jamás.» Pinker, *op. cit.*

Capítulo 55

[p. 198] «Los nyilas entraron en un hospital judío y asesinaron a 154 personas, entre ellos 130 pacientes.» Ben-Tov, *op. cit.*

[p. 199] «Sería incomprensible castigar a inocentes o tomar medidas de represalia contra seres absolutamente incapaces de hacer el menor daño.» *Actes et documents du Saint-Siège relatifs à la période de la Seconde Guerre Mondiale*, vol. 10.

[p. 200] «Donde la historia prosigue por veredas aún más enrevesadas y viciosas.» El 17 de noviembre de 1944 se reunieron en la casa del nuncio los representantes de las legaciones neutrales. Firmaron un documento de protesta en contra de la persecución de los judíos. El historiador Jeno Lévai reproduce el texto del memorándum y añade entre las firmas la de «Jorge Perlasca» como «Chargé d'Affaires» de la legación española (Lévai, Eugene. *Black Book on the martyrdom of Hungarian Jewry*. Ed. by Lawrence P. Davis. Zurich: The Central European Times Publ. Co. [etc.], 1948, pp. 358-359), sin indicar en ningún lugar la fuente, y con un error en la fecha (1947 en lugar de 1944). En las actas del Vaticano no se recoge ninguna firma, como tampoco aparece en la copia del memorándum que se conserva en los archivos nacionales de Hungría (MLO, K63-1944-43-13119). El error de Lévai lo asume Bernd Rother, sin cuestionarlo en ningún momento, quizá por la influencia de sus otras fuentes sobre el papel de Perlasca: Deaglio y la «periodista» Nina Gladitz-Pérez Lorenzo. «Es un hecho que Perlasca firmó como "Chargé d'Affaires" español la nota de protesta en contra de la persecución de los judíos que el 14 de noviembre formularon los diplomáticos de los países neutrales, y que fue publicada el 17 de noviembre. Eso prueba que Perlasca, del modo que sea, desempeñó en noviembre de 1944 una función importante en la legación de España.» Gladitz-Pérez Lorenzo deduce de la firma de Perlasca que «Sanz Briz, temiendo por su vida [...] no volvió a (abandonar) la legación». Termina Rother: «Pero, de hecho, parece que él confió en manos de Perlasca la puesta en práctica de la protección de judíos».

Para complicar más la cadena de errores, en la primera edición de este libro se dice que Sanz Briz firmó el acta de noviembre, cuando en realidad firmó la de agosto. José Antonio Lisbona da fe del error (*Más allá del deber*, p. 122), pero a su vez él comete otro al dar el acta de diciembre como referencia del acta de noviembre. Las páginas 519-520 que menciona Lisbona muestran las actas de diciembre firmadas por los diplomáticos y Perlasca; las correctas son las 498-500.

[p. 200] «Liberó a dos niños judíos de las garras del propio Eichmann.» Las diferentes versiones pueden compararse en sus libros y en las entrevistas que dio Perlasca a varias televisiones. Pueden verse en el canal de YouTube de la Fundación Perlasca.

[p. 201] «Está la carta, un viejo trozo de papel húngaro.» Archivo Janos Farkas.

[p. 202] «Conozco aquella carta que le escribieron con el Budapest ya liberado de los nazis, cuando ya estaba a punto de volverse a Italia.» Archivo Perlasca. La carta está escrita en francés, en papel con membrete del abogado Dr. Dukesz Hugó, que es uno de los tres firmantes. Y está escrita en nombre de una comisión de arrendatarios del número 35 de Szent István Park, una de las casa protegidas por la legación de España.

[p. 203] «Una carta similar, aunque firmada por menos personas, a la que pusieron en manos de Farkas.» «Hoy, el 16 de enero de 1945, en el momento en que las tropas soviéticas han penetrado en nuestro barrio, y que por fin nos sentimos libres de la tiranía nazi, tenemos el deber de agradecerle todo lo que usted ha hecho por nosotros, al sustraernos de una muerte cierta. Nunca dudamos de su valor, de su abnegación y de los riesgos que corrió por nosotros en cualquier ocasión. Y así queremos hacer esta declaración solemne. Los abajo firmantes, guardándole reconocimiento eterno, firmamos la presente declaración.» Archivo Perlasca y Archivo de Janos Farkas.

[p. 207] «De todos sus pasos, digamos superestructurales, no hay constancia en los archivos húngaros.» Ni Erzsébet Dobos ni Iván Harsányi, los dos principales estudiosos húngaros de las relaciones entre España y Hungría en el período, han encontrado la menor traza documental de las gestiones diplomáticas que dijo haber hecho en sus diversos informes Giorgio Perlasca. Por otro lado, el historiador Paul A. Levine reconoce no haber encontrado rastro alguno de Perlasca en los archivos suecos. «For reasons unknown, Swedish sources are completely silent about Perlasca's activities.» Paul A. Levine, *Raoul Wallenberg in Budapest: Myth, History and Holocaust*, Vallentine Mitchell, 2010. Por su parte, Marta Petricioli ha encontrado el nombre de Giorgio Perlasca en algún documento relativo a los italianos de Budapest (en la lista de pasajeros del tren sueco que le llevó a Turquía, por ejemplo), pero ha reconocido que no hay ni una sola palabra sobre su labor en la ciudad. «Nei documenti c'è traccia del suo nome ma non una parola sulla sua attività.» Marta Petricioli, «Budapest-Inverno: gli italiani a Budapest settembre 1943-maggio 1945: Specchio dell'Italia divisa», en *Italogramma*.

[p. 207] «A las orillas del Danubio ataban a los judíos en parejas, disparaban una bala sobre un solo cuerpo y la pareja caía al agua helada.» Según Randolph L. Braham, las bandas nyilas solían estar formadas por adolescentes y buscaban a judíos ocultos, tanto fuera como dentro de los guetos. Normalmente los nyilas no se contentaban con asesinar: les gustaba la tortura. Braham asegura que se ejecutaban en torno a cincuenta o sesenta judíos por noche. Los judíos que morían fuera del gueto terminaban normalmente en la morgue del Instituto de Medicina Forense, dirigido por el doctor Ferenc Orsós. Orsós quería que los cadáveres se lanzaran inmediatamente al Danubio «para evitar otro Katyn» (el doctor había formado parte de la comisión internacional que los nazis organizaron para determinar la responsabilidad soviética en la matanza de Katyn; el delegado español era Ernesto Giménez Caballero). Orsós se refugió en la Alemania occidental tras la guerra y murió en los años sesenta. Muchos de los cadáveres que no se lanzaron al Danubio se enterraron en la sinagoga de la calle Dohány. No hace falta describir las fotografías donde aparecen los cadáveres de las fosas comunes, llenas de niños. Hay quienes hablan de 20.000 judíos asesinados en el Danubio (USHMM, Yad Vashem...), pero sin especificar fuente alguna. El recuento de Braham suma 3.500 en dos meses. Una de las formas de asesinar a estos judíos, tal y como cuenta Braham, era atarlos de tres en tres. Disparaban al del medio, de tal forma que arrastrara a los otros dos vivos al agua. «Muchas de las más horribles de estas atrocidades fueron cometidas por una banda dirigida por András Kun, un sacerdote católico y furiosamente antisemita.» András Kun fue detenido por los rusos tras la toma de Budapest. Fue juzgado por un tribunal popular y condenado por el asesinato de 500 personas. Dio detalles muy concretos de sus acciones y le ahorcaron en Budapest el 19 de septiembre de 1945. Véase Randolph L. Braham, *The politics of genocide: the Holocaust in Hungary*, Columbia University Press, Nueva York, 1994.

[p. 208] «Szent István Park 35.» En la fachada principal del edificio de Szent István Park hay una lápida en memoria de Giorgio Perlasca. Y en otra fachada, la que da a Újpesti Rakpart, está la dedicada a Sanz Briz: sus herederos se negaron a que compartiera la pared porque consideraban que Perlasca se había apropiado de parte del honor y la memoria que correspondían a su padre.

[p. 210] «Este es un fragmento de la carta que a principios de los años sesenta dirigieron Helene Devai y Anna Ván-

dor al presidente de la República Federal de Alemania.» Archivo Jaime Vándor. La carta, escrita originariamente en alemán, lleva fecha de 29 de febrero de 1960. El hijo de Anna, Jaime Vándor, desconoce con qué finalidad fue escrita y si recibió alguna respuesta del entonces presidente alemán, Heinrich Lübke. Estos son los fragmentos que la completan:
Testimonio
Barcelona, 29 de febrero 1960.
Al Sr. Presidente de la República Federal Köln

Nosotras, Helene Dévai, nacida März el 21 de noviembre de 1891 en Budapest, y Anna Vándor, nacida Koppel el 5 de enero de 1900 en Rohozna, Bucovina, declaramos los siguientes hechos verídicos:

Después de la ocupación de Budapest por el Ejército Alemán el 19 de marzo de 1944 muchos judíos tuvieron que abandonar sus viviendas el día 5 de abril por orden de la comandancia alemana. En julio todos los judíos tuvimos que trasladarnos a las llamada «Casas Estrelladas», diseminadas por la ciudad, por lo que su conjunto se llamaba «gueto de pasas» (*Mazsola Ghetto*). Previamente al 15 de octubre también debíamos dejar estos inmuebles y trasladarnos al gueto vallado. Las personas que tenían suerte o influencias y pudieron obtener una «Carta de Protección» (*Védlevél*) de alguna embajada de los países neutrales, se trasladaban a las «Casas Protegidas» por la respectiva embajada (*Védett Ház*). La policía llamaba a estas casas «gueto privilegiado» (*kivételezett ghettó*).

Nosotras, las abajo firmantes, vivíamos en una casa protegida española, sita en Szent István Park, n.º 35. En el portal habían colocado una gran estrella de David amarilla. Al principio vigilaban el portal cerrado un policía y un «cruz flechada» (*nyilas*). Los inquilinos judíos que no habían logrado obtener una Carta de Protección española debían abandonar su vivienda. Los cristianos podían decidir ellos mismos, con lo que algunos de estos inquilinos permanecieron en su piso.

Al principio podíamos salir del edificio dos horas al día, de las 15:00 hasta las 17:00 horas, para procurarnos algún alimento, cosa que a tales horas no era posible. Más adelante la salida se prohibió del todo, por lo que muchos murieron literalmente de hambre. A menudo venían policías y «cruces flechadas» acompañados por soldados alemanes para controlar las documentaciones. En un piso se encontraba por casualidad una mujer cristiana que manifestó que había venido a visitar a otros cristianos, pero al no llevar documentación, fue arrastrada a la portería, donde en presencia de muchos inquilinos le dieron 25 latigazos.

[...]

En la terrible noche del 5 de enero se suicidó una mujer, y cuando al cabo de dos días su hijo cavaba su tumba con otros hombres en los jardines delante del edificio, perdió la vida al ser alcanzado por una bala.

Unos días más tarde ya toda la parte de Pest estaba cercada por los rusos, con lo que ya no podían llevarnos a ninguna parte. El 15 de enero nuestra casa fue tomada por las tropas rusas y al cabo de unos días toda Pest.

El propósito de lo relatado es dar sucintamente una idea de la vida y de las penalidades de una casa protegida española en tiempos de la ocupación alemana. Vivíamos pasando hambre, sin agua, electricidad, gas o calefacción, sin cristales en las ventanas con un frío glacial; presos y hacinados, a merced de los desmanes de los nazis y de los cruces flechadas. Con los bombardeos y estruendo de los cañones sufríamos un miedo permanente, así como el temor a epidemias y a la deportación, una situación que si hubiera durado un poco más, nos habría llevado a una muerte segura.

Muy atentamente

HELENE DÉVAI Y ANNA VÁNDOR

[p. 211] «Usted lo cita, sin dar su nombre.» Perlasca sí citará el nombre de Bárdos en la *Promemoria*, donde da una versión algo distinta de los hechos del 5 de diciembre.

[p. 211] «Tanto le parecía "brava vecchia funzionaria".» *Promemoria*.

[p. 211] «Como una pequeña mujer que siempre le fue un obstáculo.» Carta de Perlasca a Sanz Briz, Milán, 7 de febrero de 1946.

[p. 211] «Con el hijo Gaston le sucedía algo parecido.» Las mismas fuentes.

CAPÍTULO 56

[p. 214] «Un judío húngaro, nacido en 1913, que se dedicaba a los negocios inmobiliarios y que en octubre de 1944 empezó a colaborar con la delegación del Comité Internacional de la Cruz Roja.» Así lo certifica el delegado en Hungría de la organización, Hans Weyermann, en un documento de fecha 25 de septiembre de 1945.

[p. 214] «Un cuaderno de 21 páginas, escrito a finales del año 1945, y que creo que usted no llegó a conocer nunca.» El original húngaro del cuaderno está en manos de Miriam Eger, la hija de László Szamosi.

[p. 216] «Unos cuantos párrafos traducidos del inglés de *Righteous Gentile*, un libro del periodista inglés John Bierman publicado en 1981.» John Bierman, *Righteous Gentile*, Viking Press, Nueva York, 1981.

[p. 217] «[Otto: presidente de la Federación Sionista húngara y colaborador destacado de la Cruz Roja Internacional en Budapest, asesinado posteriormente por los nazis húngaros].» Discurso escrito por Eugenia y László Szamosi y pronunciado en húngaro en un simposio memorial en homenaje a Otto Komoly en el 30.º Aniversario de su muerte. Enero de 1975.

[p. 219] «Szamosi, por ejemplo, atribuye a Farkas un origen gentil, lo que le contradice a usted, y una operación inmobiliaria que de ser cierta, y yo he de decirle con franqueza que no sé si lo es, introduce matices en la filantropía de nuestro héroe.» Szamosi hace referencia a la compraventa de un solar como pago al trabajo de Farkas. El documento que lo acredita está fechado el 14 de diciembre de 1944 y dice textualmente: «Desde que el gobierno de Sztójay ha entrado en funciones Usted sigue realizando para nosotros trabajos importantes. Debido a las órdenes referentes a los judíos, su valiosa labor no ha podido ser valorada, pero le aseguramos que la apreciamos y en cuanto sea posible le pagaremos los honorarios que le corresponden». Las labores de ayuda de Farkas se remontan al menos a julio de 1944, cuando se encargó de las operaciones políticas y logísticas de acogida a los 500 niños que había ordenado el gobierno de Franco a instancias de Renée Reichmann.

[p. 219] «Pero, en fin, debieron ser ustedes dos hombres enérgicos, valientes...» La viuda de Szamosi tuvo una opinión muy distinta de la valentía de Giorgio Perlasca. En su entrevista en el museo del Holocausto (12 de septiembre de 1990) dijo textualmente: «Y él [Szamosi] fue a todas partes a las casas infantiles y a ver las casas protegidas. Durante cierto tiempo con Perlasca, pero solo durante cierto tiempo. Después Perlasca no estaba muy interesado en salir porque la situación era cada vez más peligrosa por las bombas, porque el frente estaba más cerca. Cada día, casi cada hora, bombas sin parar. Así que él [Perlasca] no... Dejó poco a poco estas actividades para ver y llevar comida o algo. No era su trabajo. Mi marido sí sabía dónde estaba el almacén de Cruz Roja Internacional, dónde estaba la comida...». En un texto fechado en Haifa el 12 de agosto de 1990, que tituló *El circo Szamosi*, había insistido hirientemente sobre el asunto: «Cuando [Perlasca] se dio cuenta de lo que pasaba a su alrededor, ya no estaba tan entusiasmado por las funciones asociadas a su eminente título [el de responsable de la Legación de España]; poco a poco, debido a otros compromisos, lo dejó. Se sentó en el coche en una memorable ocasión más, cuando Szamosi condujo a Buda para la renovación de su pase de libre tránsito. La gente corre hacia el coche. "Pregunte por qué está corriendo esta gente", le pidió a Szamosi. Uno de los hombres que corría gritó: "¿No lo ve? ¡Los rusos están aquí!". Cuando Szamosi se lo tradujo, le entró tal pánico que agarrando el volante, gritó histéricamente: "¡Dé la vuelta!". Después de eso, y considerando también las bombas cada vez más frecuentes, no participó en ningún tipo de actividad». Todas las afirmaciones de Eugenia Szamosi se produjeron una vez fue mundialmente conocida la historia contada por Giorgio Perlasca y como reacción a ella. Transcripción de la entrevista en vídeo.

[p. 221] «Una historia de 21 páginas (en húngaro, y traducida hace solo unos años al inglés), que incluyen sus vicisitudes y las de su familia en el periodo entre octubre de 1944 y enero de 1945.» En la versión inglesa de las memorias hay el siguiente anacronismo entre guiones: «Wallenberg fue el héroe de la mayoría de los trabajos de rescate y tras la liberación desapareció sin dejar rastro —fue secuestrado por los rusos durante una ronda provincial y supuestamente fue visto en una prisión de Moscú muchos años después—. Se le ha puesto su nombre a una calle en la zona, donde una vez estuviera el "Gueto Protegido"». En 1945, obviamente, László Szamosi no podía ver a Wallenberg en una prisión de Moscú. El párrafo no figura en el original húngaro. La hipótesis, no comprobada, es que alguien lo introdujo en la traducción al inglés que tuvo lugar años después.

Capítulo 57

[p. 223] «Acabaré por tomar unas fotografías de los zapatos de hierro en el muelle.» La obra, del cineasta Can Togay y el escultor Gyula Pauer, está ubicada en el muelle oeste del Danubio, por la parte de Pest, cerca del Parlamento húngaro. Se trata de 60 pares de zapatos de hierro fundido, incrustados en un terraplén de piedra. La leyenda de las lápidas especifica que fue erigido el 16 de abril de 2005 «a la memoria de las víctimas asesinadas y arrojadas al Danubio por las milicias del partido nazi húngaro en 1944-1945».

Capítulo 58

[p. 224] «No he ido a ver a Hallenstein ni a Zavattiero para que den cuenta de este párrafo.» *Giorgio Perlasca, un italiano scomodo* fue publicado en enero de 2010. Sus autores dicen que el libro se basa en una larga entrevista que Giorgio Perlasca concedió a Hallenstein un mes antes de morir, entre junio y julio de 1992. En el libro no consta si la larga entrevista fue grabada total o parcialmente. Ni tampoco la razón por la que transcurrieron ocho años entre la entrevista y la publicación del libro.

[p. 226] «Raramente notable.» Cubrir ese trayecto con un coche de la época en ese plazo parece complicado. El periodista Carlos Garriga, que conoce estos asuntos, menciona: «Por ejemplo, en 2004 y con las magníficas carreteras actuales, estos aficionados a los coches antiguos no lograron hacer esa cantidad de kilómetros en tres días con un Ford T de 1926». Javier Costas, «Un viaje de 2.000 kilómetros por el oeste ibérico con un Ford T», *Motorpasión*, 2013.

[p. 226] «El 19 de diciembre, diez días después de su llegada, la baronesa era sometida a un minucioso interrogatorio por la policía suiza.» La documentación suiza sobre la baronesa y su hija se encuentra en el Schweizerisches

Bundesarchiv (BAR), en Berna. De las complicaciones burocráticas para entrar en Suiza da cuenta también Pío Baroja: «Hay que llenar un impreso con una porción de datos [...] Viene a ser, lo que a uno se le pide, como una confesión laica». Pío Baroja, *Rojos y blancos* (Caro Raggio ed.), 2013, p. 200.

[p. 227] «St. Margarethen (en el automóvil del Sr. Sanz Briz, cónsul general de España en Budapest), el 9.12.1944 por la tarde». Interrogatorio verbal.

[p. 228] «Conminé al Sr. Sanz Briz a que se pusiera en contacto con el Sr. von Jennen.» Informe de Schürch, 15 de diciembre de 1944.

[p. 229] «Je m'interesse beaucoup au sort de ces deux Hongroises, qui sont d'anciennes amies personnelles et appartiennent au meilleur monde de Budapest.» Carta de G. B. Besseny al jefe del departamento de policía, Montreux, 15 de diciembre de 1944.

[p. 229] «Como mujeres del gran mundo que eran se alojaban en el Lausana Palace (luego en el Hotel Byron), y las facturas no solían bajar de 400 francos a la semana.» Notas de gastos de la habitación 154.

[p. 230] «Voy a leerle una parte del informe que el agente Paturel, de la policía local de Lausana, libró a sus superiores el 24 de mayo de 1946.» Informe del agente Paturel, 24 de mayo de 1946.

[p. 230] «A la vista de los recibos justificativos, la señora Podmaniczky recibe regularmente 825 francos por mes de un señor Sanz Briz Ángel, súbdito español, actualmente en San Francisco.» Ángel Sanz Briz fue cónsul de España en San Francisco de enero de 1946 hasta mayo de 1948.

[p. 231] «Lo prueban los telegramas cruzados con su ministro, pero lo insinúan también los propios pasaportes de las dos mujeres que incluyen varios permisos de salida de Budapest, el primero de noviembre, sucesivamente renovados.» En ambos pasaportes constan los tres permisos con las siguientes fechas: 25 de octubre, 24 de noviembre y 15 de diciembre de 1944.

Capítulo 59

[p. 233] «Un échange intense de lettres avec ma grand-mère Piroska "avec Monsieur El Conde de Aguilar datant de 1952".» Correo electrónico de Beatrice von Roten, 21 de mayo de 2013.

[p. 236] «La única carta que he podido leer de la mujer lleva el encabezamiento *My Angel*.» Carta de la baronesa al conde, 24 de diciembre de 1952. Archivo Von Roten.

Capítulo 60

[p. 237] «Rechazó la posibilidad de poder salir de la ciudad con el pasaporte diplomático que le ofreció el suizo Feller al día siguiente de marcharse Sanz Briz.»

[p. 238] «La señorita Irene que, como usted sabe, fue siempre mi ángel tutelar.» La misma carta.

[p. 238] «En todas las calles y plazas de Budapest estabas siempre delante de mis ojos.» 16 de abril de 1989. Carta de Giorgio Perlasca a Irene Boroviczeny. Archivo Irene Boroviczeny.

[p. 239] «Irene me esperaba en el salón.» Irene Boroviczeny murió en Friburgo el 16 de mayo de 2016.

[pp. 241-242]
«Mientras hablaba de cosas ajenas a Budapest recordé una historia de trenes que Irene le había contado a una periodista alemana.» Nina Gladitz. En 1989 leyó un artículo en *El País* sobre Giorgio Perlasca y decidió de inmediato rodar una película sobre él y escribir un libro. Antes, claro, quiso conocer al propio Perlasca, así que viajó a Italia para entrevistarle. Rendida ante la mirada del italiano, decidió documentarse para hacer la película. En una entrevista el 24 de septiembre de 2010 contó sus vicisitudes en el archivo del ministerio de Asuntos Exteriores. Al parecer no fue bien recibida al dar el santo y seña de Giorgio Perlasca. Se quedó en el hotel con unas compresas húmedas sobre la cara —hacía calor en Madrid— mientras su marido investigaba en el archivo y se veía obligado a distraer unos documentos apartados por la archivera. Concluyó su película meses después y actualmente es imposible de conseguir. La Sra. Blitstein-Willinger, que sí tuvo el honor de verla, solo recuerda una historia de amor rodada en un magnífico palacete italiano, aunque no fue capaz de entender la relación con la historia de Budapest. Nina Gladitz fue una persona muy cercana a Perlasca en los últimos años de su vida. Sostiene sus propias teorías acerca de los motivos que le mantuvieron

en Budapest ante la marcha de Sanz Briz: su amor por Irene Denes, el engaño de su mujer, que se había casado con él diciéndole que estaba embarazada, y su inclinación sentimental por los niños a causa de las vicisitudes de su propia infancia: unos padres severos, un aya que le maltrataba y, finalmente, un internado. Nina Gladitz publicó un artículo sobre Giorgio Perlasca con numerosos errores sobre su papel en la embajada de España («Der Fall Giorgio Perlasca», en *Dachauer Hefte*, n.º 7, 1991, pp. 129-143).

[p. 243] «Estaba en la lista de los protegidos con pasaporte, el número 38.» Las listas de judíos salvados por la legación de España en Budapest se conservan en el AMAE [Archivo General de la Administración] y también fueron publicadas por Iván Harsányi: «A spanyol diplomácia zsidómentö akciói Budapesten», en *Holocaust-füzetek*, 1993-1992, pp. 46-53.

Capítulo 61

[p. 247] «La solidaridad tenía sus límites.» Entrevista a Jaime Vándor, Barcelona, 21 de agosto de 2011 y 29 de noviembre de 2011.

Capítulo 62

[p. 248] «Iván Harsányi ya está esperando en la puerta del museo del Holocausto.» Iván Harsányi (Budapest, 1930) es profesor de Historia moderna en la Universidad de Pécs. Ha escrito más de cuatrocientas publicaciones científicas, entre ellas cuatro monografías; la mayoría sobre las relaciones hispano-húngaras. Fuente: *Reperto-*

rio de hispanistas en Hungría. Ministerio de Educación y Ciencia, 2006. En 2010 fue condecorado con la Orden del Mérito Civil, otorgada por el gobierno de España.

[p. 248] «Tuvimos una conversación genérica en su precario español.» La entrevista tuvo lugar en Budapest el 15 de agosto de 2011.

[p. 249] «Hay que hacer listas de los judíos que viven aquí.» *El País*, 27 de noviembre de 2012.

Capítulo 63

[p. 254] «Tras contarme la historia me alargó el certificado de defunción.» El certificado, escrito originalmente en húngaro, fue traducido al alemán por Josef Kavalszky. Archivo Janos Farkas.

[p. 254] «La versión más segura de su trágico fin es aquella que me dieron dos funcionarios de policía de mi equipo.» La versión que el Dr. Friedrich, uno de los refugiados en la embajada, da a Sanz Briz es la siguiente: «Ahora quisiera intentar explicarle qué pasó con sus amigos tras la liberación de nuestra ciudad. Su buen amigo y ayudante el pobre Dr. Farkas murió. A primera hora de la mañana del 16 de enero cuando los rusos entraron en las calles, estaba tan terriblemente asustado que subió al tejado, y quiso escapar, no encontramos su cuerpo hasta dos días después. Hasta ahora no es seguro lo que pasó con él, si fue un suicidio, o una muerte criminal, porque no huía solo, sino con los dos detectives que protegían la legación en los últimos días. ¡Uno era un nazi [nacy] y está ahora en la cárcel!». 14 de febrero de 1946, Archivo Familia Sanz-Briz.

[p. 255] «Es probable también que en la decisión de huida hubiera ese punto de desesperación.» Véase el capítulo de *L'impostore* dedicado a Zoltán Farkas.

[p. 257] «Certificado en Budapest el veintiuno de enero de mil novecientos cuarenta y cinco.» Certificado por tres firmas: Dr. Ladislau Friedrich [e. h. Primarius], Georg Dán [e. h. röm kath. Seelesorger] Anton Spitzer [e. h.]. Archivo Janos Farkas.

[p. 257] «Después de la conquista soviética el edificio fue destinado a hospital.» «En 1970 se retomaron las relaciones diplomáticas con el envío de un representante consular y comercial. En el registro de la Propiedad aparece que el Estado español recuperó sus derechos de propiedad en febrero de 1974. Hasta esa fecha las autoridades de la República Popular de Hungría hicieron uso del edificio según su propio criterio. Entre otros se alojaron allí refugiados griegos.» *Historia de la Embajada de España en Budapest*, folios mecanografiados. Embajada de España en Hungría.

[p. 258] «Dispongo, *signore*, de una carta de Sanz Briz, dirigida al que fue cónsul de la legación de Portugal en Budapest, Jules Gulden, cuando el invierno había acabado.» 15 de mayo de 1946, Archivo Familia Sanz-Briz.

[p. 258] «Estoy seguro de una cosa, y es de la perfecta honradez de mi amigo Farkas.» Sanz Briz respondía a una carta de Gulden escrita el 13 de marzo de 1946 (Archivo Familia Sanz-Briz). En ella le preguntaba si tenía alguna noticia de los haberes de la familia Farkas en Suiza: «[László Hegyi, delegado de la Cruz Roja húngara] me ha pedido noticias suyas. Siendo uno de los mejores amigos de la baronesa Maria Theresa Pitner, viuda de nuestro común amigo, el Sr. Zoltán Farkas, que murió en circunstancias trágicas, recibió el encargo de la viuda de investigar los efectos y valores que el Sr. Farkas tenía ubicados en Suiza. ¿Sabe usted algo de esto? La viuda vive en circunstancias difíciles. Sobre todo porque el Sr. Farkas tomó los valores de algunos amigos judíos para esconderlos y guardarlos. Pero la viuda no sabe dónde están y uno de los judíos, el barón Koranyi, la ha denunciado y en consecuencia se halla perseguida por la policía económica que ya se ha incautado de toda su fortuna. ¿Sabe usted algo acerca de estos valores del barón Koranyi?». El hijo, Janos Farkas, guarda en su archivo un par de recibos de pago a un banco húngaro. Parecen ingresos anuales hechos por Zoltán Farkas el mismo día de cada año, el 14 de enero, y ascienden cada vez a 1.500 pengös excepto el último, hecho por su mujer, que asciende a 8.500. No parece ser una cantidad notable. Perlasca reconoce que terminó su aventura húngara con 3.700 y que iniciaba entonces la del hambre. Janos Farkas desconocía qué podían significar estos recibos guardados por su madre.

[p. 259] «En el último mes del invierno, la legación acogió decenas de refugiados.» «La Legación de España tenía en aquel entonces alrededor de 4.500 protegidos así repartidos: 1.800, aproximadamente, que llevaban cartas de protección, 350 titulares de pasaportes provisionales, alrededor de 70 titulares de pasaportes ordinarios, y un número indefinido de pasaportes provisionales de Paraguay (un centenar de protegidos no eran judíos). La gran mayoría vivía en las casas protegidas, 85 en la residencia de Buda, 30 en la casa de Podmaniczky, 60 en el edificio de la Legación. Todas las familias "sefarditas", provistas de pasaporte ordinario, vivían en sus casas y un centenar en iglesias y conventos.» Perlasca, informe *A sua Eccellenza*.

[p. 259] «No olvide V. que la decisión de meter gente en los locales de la Legación fue de mi propia iniciativa.» Carta de Ángel Sanz Briz a Giorgio Perlasca, San Francisco de California, 4 de diciembre de 1945, Archivo Familia Sanz-Briz. Eugenio Suárez habla de otras labores de rescate, más allá de la protección en el edificio de la embajada: «Recuerdo que el director de la *Nouvelle Revue de Hongrie*, señor Bálogh, de raza semita y de confesión romana, buscado activamente por el odio, fue salvado en un convento, hasta donde le llevó el automóvil de la Legación de España. Iba vestido con el hábito sacerdotal, y durante mucho tiempo convivió en comunidad con ciertos frailes». Desgraciadamente, Joseph Bálogh murió en Sávár, en un campo de internamiento de la Gestapo, el 2 de abril de 1944.

[p. 259] «Gracias, amigo, por todo lo que hizo por nosotros.» Carta de Laura Alth a Ángel Sanz Briz, 29 de diciembre de 1945. Archivo Familia Sanz-Briz.

[p. 260] «Después de aquel febrero, solo encontré a Madame en este trozo de la carta que un doctor Friedrich escribió en 1946 a Sanz Briz.» László Friedrich (1892-1958), médico especializado en gastroenterología. Tenía el pasaporte número 3 (su mujer tenía el 4) y formaba parte de la lista de los 352 judíos con pasaporte español provisional. La carta tiene fecha de 14 de febrero de 1946. Archivo Familia Sanz-Briz.

[p. 261] «En aquel momento Tibor Gérgely dijo que tenía alguna foto de la joven madame Tourné y que iba a buscarla.» El 10 de diciembre de 2012, la nieta de Tibor Gérgely me envío el siguiente mensaje: «Desgraciadamente mi abuelo falleció el pasado mayo. Buscamos entre todos los documentos en el apartamento pero lamentablemente no pudimos identificar la foto».

Capítulo 64

[p. 263] «Cuando llegaron los rusos yo me hallaba sin dinero, sin casa y sin comida.» Carta de Giorgio Perlasca a Ángel Sanz Briz. Milán, 7 de febrero de 1946. Archivo Familia Sanz-Briz.

[pp. 264-265]
«El 12 de junio de 1945, con usted ya fuera de Budapest, nuestro *Kis Újság* abría una de sus páginas con esta información.» Traducción de Erzsébet Dobos.

[p. 266] «Naturalmente no le tendré en cuenta el párrafo de una carta que escribió algunos meses más tarde a Sanz Briz.» Carta de Giorgio Perlasca a Ángel Sanz Briz. Milán, 7 de febrero de 1946. Archivo Familia Sanz-Briz.

[p. 267] «Sobre el número de supervivientes solo hay un documento fiable: el informe que Sanz Briz envió a su gobierno, una vez a salvo en Berna.» AMAE. Sobre protección judíos realizada por la legación de España en Budapest. Berna, 14 de diciembre de 1944. R. 1716, exp. 1-5.

[p. 268] «Nueve días después de la aparición del artículo, el periódico *Szabadság* (Libertad) publicó otro del ciudadano italiano Giovanni Rossi.» Traducción de Erzsébet Dobos.

[p. 271] «En su estudio de las relaciones diplomáticas entre Hungría e Italia escribe que Rossi y usted competían por un cargo diplomático en la embajada de Italia en Budapest.» *A római magyar követ jelenti... A magyar-olasz kapcsolatok története (1945-1956)*, Budapest, 2010.

[p. 271] «Su historia, en los términos que ahora la conocemos, aunque resumidos, apareció durante la posguerra en periódicos italianos como *Il Resto del Carlino* o *La Stampa*.» La primera referencia es del 12 de junio de 1961; la segunda aparece en una entrevista a Hallenstein y Zavattiero. *Varese News*, 31 de enero de 2010.

[p. 271] «Y usted mantuvo durante buena parte de su vida una atención constante sobre el asunto, como lo prueba, por ejemplo, la carta que dirigió a una revista italiana en 1957, al hilo de un reportaje sobre Wallenberg.» Carta enviada desde Trieste, el 18 de febrero de 1957, al director del semanario *Tempo*. En ella describe su relación con Wallenberg y sus hipótesis acerca de su desaparición.

Capítulo 65

[p. 273] «Esta última la que conmemora la victoriosa entrada de los españoles en la Buda sometida por el turco.» El texto reza: «In memoriam. 1686-1934. Por aquí entraron los 300 héroes españoles que tomaron parte en la reconquista de Buda».

[p. 274] «Uno de los textos más lacónicos y destructivos que se han escrito sobre el posmodernismo.» John Weightman, «On not understanding Michel Foucault», en *The American Scholar*, v. 58, n.º 3 (Summer, 1989), pp. 383-406.

[p. 274] «El hecho de que luego acabara cobijando a judíos perseguidos le sería de gran utilidad exculpatoria al conde cuando en 1951 tuvo que defenderse de la persecución comunista y alguno de sus protegidos mencionó públicamente el hecho.» Existen dos cartas de agradecimiento a su labor. Se guardan en el Archivo Histórico de Seguridad del Estado en Budapest. El profesor Róbert Kis-Kapin tuvo a bien mandarnos una copia de ambas, que transcribió en 2011 en *Betekintő*, la revista del propio archivo. Una de ellas es del Dr. Gyula Gabor, uno de los refugiados citados por el Dr. Friedrich en una de sus cartas a Ángel Sanz Briz.

[p. 274] «Yo llevo aquella foto de Adela Sanz-Briz en el verano del 43.» Archivo Familia Sanz-Briz.

[pp. 274-275]
«Y aquella otra de una revista húngara donde aparece el conde Széchenyi.» Rácz Róbert, «Nagy vadászok és gyűjteménygyarapítók», *Természet Világa*, Hungría, 2002.

CAPÍTULO 66

[p. 277] «Las investigaciones sobre el supuesto Berengueta.» Javier Beruete desertó el 9 de septiembre de 1944 de su unidad, integrada en el Regimiento de Cazadores de Montaña 138. Llevaba allí apenas tres meses. Dos días antes de su fuga, y tras varios días de marcha y de numerosas pérdidas, el regimiento llegó a Bistricioara, en Rumanía. Junto a Javier desertaron José Vicente Méndez, Ángel Fuentes Lemaur, Francisco Tejada García, Antonio Gómez Giménez, Amador Fernández Castelar y Ramón Pérez Eizaguirre. La mayoría cayó prisionera de los rusos. Tras indagar en las historias de todos ellos, y conocer su suerte y su destino, se desprende que el compañero de Beruete en su periplo en Budapest fue Ángel Fuentes Lemaur (Santander, 19 de julio de 1921). Javier Beruete consiguió regresar a España. Bundesarchiv, PERS 15/28115; USHMM, *Oral history interview with Magda Mezei Lapedus*, RG-50.030.0122; Arolsen Archives, *Such-und Bescheinigungsvorgang Nr. 1.437.770 für Barrueata, Javier, geboren 1920*, ref. 06030302.1.437.770; Ramón P. Eizaguirre, *En el abismo rojo: memorias de un español once años prisionero en la URSS* (Madrid, 1955); Francisco Torres, *Cautivos en Rusia: los últimos combatientes de la División Azul* (Actas, Madrid, 2018); Heinrich Weindel, *Geschichte der 14. Kompanie, Gebirgsjäger Regiment 138, 1938-1945* (1980); *Informaciones*, 12 de julio de 1952, p. 5.

[p. 279] «Y un mes antes de esta entrevista había contribuido a mantener en la ONU el boicot de la comunidad internacional a España.» Véase Ranaan Rein, Franco, *Israel y los judíos*, CSIC, 1996.

[p. 279] «Lo interesante es su intrahistoria. Está descrita en la carta que el entonces cónsul de España en Nueva York dirigió a su ministro de Asuntos Exteriores.» AMAE. Carta de Ángel Sanz Briz a Fernando de Castiella. 19 de noviembre de 1963. AMAE, R. 7649 exp. 14.

[p. 280] «Bajo la acertada y vigorosa dirección del entonces nuncio de su santidad, monseñor Angelo Rotta y de su auditor, el actual nuncio en Costa Rica, monseñor Verolino.» Véase la entrevista de Giovanni Cubeddu al monseñor Genaro Verolino.

[p. 280] «Una actividad que es un contrapunto de las acusaciones que suele recibir la jerarquía vaticana por su actitud ante el avance nazi y la catástrofe final del Holocausto.» La Comisión para las Relaciones Religiosas con el Judaísmo de la Santa Sede y el Comité Judío Internacional para Consultas Interreligiosas crearon conjuntamente la Comisión Histórica Internacional Católico-Judía, integrada por tres investigadores católicos y tres investigadores judíos. Su primer informe preliminar, redactado en el 2000, fue muy controvertido, ya que los investigadores no lograron ponerse de acuerdo en las conclusiones finales. Comisión Histórica Internacional Católico-Judía, *El Vaticano y el Holocausto: un informe preliminar*, 31 de octubre de 2000.

[p. 280] «En 1967, desde la ciudad de Lima, donde era embajador, escribía al director general de Asuntos de Iberoamérica, Pedro Salvador, explicándole un reciente encuentro "oficioso" con el embajador de Israel en Perú, Netanel Lorch.» Carta de Ángel Sanz Briz a Pedro Salvador. Lima, 4 de febrero de 1967. AMAE, R. 8546, exp. 1-2.

[p. 282] «Recientemente hay unas declaraciones de Fraga quizá demasiado tajantes y que en este caso ha sido Israel y el sionismo internacional quien se ha sentido molesto.» «Dijo Fraga que ni España ni el gobierno español tenían nada en contra de los judíos, pero que estaban contra el sionismo como política. Por tanto, España mantendrá su tradicional política de amistad con los países árabes y seguirá sin reconocer a Israel.» *ABC*, 28 de enero de 1967.

[p. 282] «En resumen, que no puedo contestar a tu pregunta y que me veo en la necesidad de sugerirte que escribas directamente al Ministro.» Carta de Pedro Salvador a Ángel Sanz Briz. Madrid, 13 de marzo de 1967. AMAE, R. 8546, exp. 1-2.

[p. 283] «Es muy probable que la entrevista y la influencia de su autor hubieran bastado para elevar a Sanz Briz a la categoría de Justo. Lo sorprendente es que esa condición permaneciera en estado de latencia durante tantos años.» Ni siquiera hay la más mínima alusión a ello en las conversaciones entre Federico Ysart y Ángel Sanz Briz. Véase Federico Ysart, *España y los judíos en la Segunda Guerra Mundial*, Dopesa, 1973. Tampoco en la publicación propagandística del gobierno franquista sobre su relación con el Holocausto: *España y los judíos*, *op. cit.*

[p. 284] «El libro se publicaría en 1982 y la película de Spielberg, que multiplicaría exponencialmente el interés por los héroes del Holocausto, en 1993.» Al parecer Steven Spielberg se interesó por la historia del «falso diplomático Perlasca» antes de decidirse por recrear la figura de Oskar Schindler.

Capítulo 67

[p. 288] «Bestiales, los Übermenschen.» Los superhombres. Texto mecanografiado por Eveline Blitstein-Willinger. Las iniciales IVB corresponden a Irene Borovicczeny, a quien por confundirla con una condesa se le antepone el tratamiento «von». La sequedad del procedimiento delata las relaciones, no siempre fáciles, que mantuvieron las dos mujeres.

[p. 288] «Accedió de inmediato a participar en la financiación de un grupo con el propósito de apoyar al Sr. Perlasca, mensualmente, como una pensión.» Eveline añade este párrafo, con los nombres de los implicados en la financiación de Perlasca: «Contacté con varias personas, algunas de ellas supervivientes del Holocausto, que vivieron en Budapest durante aquellos terribles tiempos, como la Sra. Babette von Kibedy, que tampoco había oído nunca hablar de Perlasca. A Vera y su hermana [Dra. Marion Fellenzer] les pareció muy bien mi idea y aceptaron inmediatamente contribuir al fondo. Su madre, la Sra. Magda Polay, que fue salvada por Wallenberg pero jamás había oído hablar antes de Perlasca, también accedió a unirse a nosotros. Durante un tiempo muy breve al principio la Dra. Maria Hideg y el Prof. T. Diamantstein también fueron participantes activos. La Dra. Ruth Gross, el abogado Heribert Hanish y la Sra. Anne-Marie Brunner se unieron un poco después y siguen siendo miembros activos».

[p. 289] «Contestó la poeta húngara Éva Láng, tal vez el único entre todos los protegidos por los españoles que conservaba un recuerdo de Perlasca, aunque fuera puramente literario e incierto, una maceración de la memoria.» Archivo Eveline Blitstein-Willinger.

«A la atención del Dr. József Schweitzer
Rabino general
Budapest
Instituto Nacional para la Formación de Rabinos

24 de mayo de 1988

Distinguido Sr. Rabino:

Me presento para el anuncio publicado en el número del 15 de mayo de la revista *Új Élet* [Nueva vida], siendo una de las personas salvadas junto a sus familiares quienes deben su vida a las gestiones de salvación realizadas por el encargado de negocios, Giorgio /Jorge/Per Lasca [*sic*] durante el Holocausto de 1944. Per Lasca no solo participó en la expedición de cartas protectoras españolas sino —debido al hecho de haber reconocido primero entre las misiones extranjeras el gobierno Szálasi— también pudo participar en la organización de cartas protectoras y ayudas a los protegidos.

Mi familia se puso en contacto con la Embajada de España porque el hermano de mi tía, László Stern, en los años 20 se estableció en La Coruña y formó su familia allá. Refiriéndose a este hecho, 15 personas, familiares fueron unos de los primeros quienes se presentaron en la embajada y recibieron carta de protección que les salvaba la vida. Más tarde la embajada expedía cartas de protección a todas las personas que tenían valor de ir a la embajada, hacer la cola día y noche y exponerse a los riesgos que suponía quitarse la estrella amarilla y estar pegadas por los cruciflechados y los guardias civiles y correr el riesgo de caer en redadas y llevadas por ellos. Las SS no se acercaban y la gente en la cola no tenía otra esperanza que creer en que Dios les protegiera de las atrocidades de los húngaros que usurpaban el poder.

La carta de protección salvaba vidas: Per Lasca iba personalmente a la fábrica de ladrillos para salvar a "los españoles" de las garras de los cruciflechados y los llevaba a la casa protegida, 35 del Parque Szent István y los edificios donde estaba el batallón de los protegidos en los edificios de las calles Jókai y Csanádi. Ya en aquel entonces era una figura mítica, esperanza de los protegidos que esperaban que apareciera su coche para salvar a los necesitados. Una madrugada de noviembre los hombres del batallón protegido fueron llevados. En la estación, puestos en el mismo vagón estaban juntos mi hermano menor, mi marido y mi tío. Cinco jóvenes decidieron romper la cerradura del vagón y escaparse antes de que el tren se pusiera en marcha. Dos de ellos —József Schuler, heredero de la fábrica Schuler, y Zoltán Mezei— consiguieron escaparse pero en el momento del salto los guardias dispararon contra Schuler quien murió en seguida mientras Mezei huyó. Como no tenía documentos ni carta de protección, en la casa protegida yo le escondía. Los otros tres jóvenes no pudieron escaparse ya que las personas mayores no les permitían, impedían que salieran debido al miedo que sentían de la represalia que solían emplear los guardias en casos semejantes. A pesar de tener carta de protección, por vía Fertőrákos fueron llevados a Gunskirchen y luego a Mauthausen. Mi marido y mi tío volvieron pero hasta el día de hoy estoy en la espera de mi hermano.

Tengo constancia de que Per Lasca siguiera la marcha hasta la frontera pero llegó tarde y de esta manera no pudo detener que les llevasen fuera de la frontera.

Junto a otros miembros "protegidos" de mi familia —siete personas— recibimos cobijo en el edificio núm. 35 del Parque Szent István. En la casa, varias veces los cruciflechados nos obligaban formarnos con el conocido objetivo de llevarnos a las orillas del Danubio. En estas ocasiones György Bárdos, estudiante de Derecho, en uniforme KISKA [unidad militar pronazi creada el 3 de diciembre de 1944, que reemplazó a la Guardia Nacional Húngara], expuesto a los bombardeos, en bicicleta corría a la embajada para avisar, el coche llegaba inmediatamente y la intervención personal de Per Lasca impedía a los cruciflechados y en una ocasión a las SS en liquidar a los que vivían en la casa y en colocar blindaje en el edificio. El día 6 de enero, György Bárdos sacrificó su juventud para salvar a otros y en nuestra presencia su madre se arrojó del sexto piso del edificio. En la entrada de la casa está colocada una placa para recordar el nombre del joven mártir.

La preocupación de Per Lasca por sus protegidos revestía mucha formas. No solo nos protegía sino también conseguía medicamentos y comida. Según los rótulos, los paquetes de comida probablemente procedían de la Cruz Roja y de la embajada de Suiza. En los días del sitio, sin estos paquetes nos habríamos muerto de hambre.

Nosotros vivíamos en el quinto piso, siete personas en una sala de 3×3 metros, y en total, 29 personas en un piso de dos cuartos y medio. Yo solo vi a Per Lasca del segundo piso cuando nos formábamos. En mis recuerdos lo veo como un hombre joven, guapo, elegante, de tez oscura. La figura que veo es más bien la imaginación idealizada de la persona que me salvó la vida. Y en un caso como este, la apariencia física no importa nada. Una gran persona de un gran corazón, heroica y valiente.

Yo he pasado por muchas cosas pero el anuncio de la revista es otro desafío para mi conciencia. ¿Qué habrá sido de Perlasca? ¿Qué le habrá pasado a este hombre de quien suponíamos que habría vuelto a su patria? ¿Quién habría pensado que era de otra nacionalidad? Y me da miedo suponer que su vida habría corrido la misma suerte que la de Wallenberg.

Este anuncio es una acusación, es una prueba de la indiferencia de los seres humanos y del olvido porque lo que él hizo por la gente quienes no olvidará su persona ni tampoco sus actos. A esta gente sí, se le olvidó algo: dar las gracias, localizar, encontrar por dondequiera se encuentre en el mundo a esta persona a quien le debemos la vida. Yo puedo hablar solo en mi propio nombre y en el de mi familia.

Nosotros estamos dispuestos a hacer cualquier cosa, cualquier sacrificio para guardar su recuerdo —da miedo pensar en la idea de poder guardar solo su recuerdo— para futuras generaciones. Que su recuerdo sea eternizado en el lugar donde apareció: en el Parque Szent István donde en vano estamos buscando el monumento a Wallenberg. Es nuestro deber conseguir que el monumento sea trasladado de la avenida Szilágyi István y se establezca en el lugar de sus gestiones, cerca de la isla Margarita, a las orillas del Danubio donde se enfrentaba a las armas de Hitler y las hordas de Szálasi que se declaraban húngaras pero que muchas veces actuaban con más crueldad que los nazis.

Aún viven muchas personas mayores, enfermas, varias de ellas ayudadas por comunidades judías pero le deben el alquiler de tres meses a Per Lasca y a Wallenberg. Quieren liquidar esta deuda y les gustaría conocer la verdad y —aunque según yo sepa, la religión no permite— querían rezar un kaddish también por Per Lasca. Entre los protegidos de Suiza, el Vaticano, Suecia, España y tres protegidos por Japón —somos pocos que aún vivimos—. Viven con nosotros.

Láng – Königsberg Éva.»

(Traducción de Erzsébet Dobos.)

[p. 290] «El 30 de abril de 1990 el programa *Mixer*, de Giovanni Minoli, se ocupó de su historia a través del relato de Enrico Deaglio.» Tal vez el programa estrella de aquellos años, emitido por Rai Due.

[p. 290] «*La banalità del bene* (1991), el primer libro que formalizó el mito Perlasca a partir de sus propias palabras, de sus viejos escritos y de los nuevos que irían añadiéndose.» *La banalità del bene* aparecería en otoño de 1991. La traducción española es de 1997. Deaglio vino a presentarlo a Barcelona y Manuel Vázquez Montalbán fue su anfitrión. Es cierto, sin embargo, que dos años antes se había publicado una primera versión de la *Promemoria*, reelaborada en forma de diario, y en idioma húngaro, dentro del volumen *Az olasz Wallenberg*, de László Elek. Al margen del informe *A sua Eccellenza* y la *Promemoria*, se atribuye también a Perlasca la serie de fragmentos autobiográficos que componen parte de *L'impostore*, publicados a principios de los años noventa en diversos periódicos y revistas y compilados en el citado volumen en 2007.

[p. 290] «Lo prueba la carta, vicaria del mito, que en mayo de 1991 le dirigió el embajador en Roma, Emilio Menéndez del Valle, anunciándole la concesión de la Orden de Isabel la Católica.» Archivo Eveline Blitstein-Willinger. El 14 de septiembre de 2011, y a través de su jefe de prensa, el eurodiputado Menéndez del Valle dijo recordar con agrado y emoción ese acto, celebrado en la residencia de la embajada en el Gianicolo romano. Con agrado, porque era un modo simbólico de reconocer el inmenso papel humanitario interpretado por el señor Perlasca. Con emoción, porque Giorgio Perlasca estaba emocionado y además era obvio que su estado de salud ya no era bueno. En la concesión de la Orden jugó un importante papel Jorge Dezcallar, que era entonces el encargado [ministerial] de los asuntos de África. En una carta del 29 de septiembre de 2011, desde Washington, donde era embajador de España, escribía: «Cuando conocí, a través de amigos judíos, la labor de Giorgio Perlasca pensé que sería muy oportuno que el Gobierno español reconociera públicamente sus esfuerzos que ayudaron a salvar muchas vidas, igual que había hecho Ángel Sanz Briz. Los españoles no solemos ser demasiado generosos al reconocer méritos ajenos y a mí me pareció de justicia romper una lanza por alguien que se había jugado literalmente la vida cuando nadie se lo exigía. Y más aún hacerlo cuando ya nadie se lo esperaba. Pero además eso entraba también dentro de todo el proceso de establecimiento de relaciones con Israel, en el que estuve personalmente muy involucrado y que contribuyó a poner fin a una anomalía histórica. El reconocimiento del trabajo de Perlasca —tanto tiempo silenciado— contribuía también así a normalizar nuestra relación con un pasado terrible y aún cercano en el que no todo fueron sombras. En medio de aquel horror, la labor de ciertos seres humanos le reconcilia a uno con el género humano y le demuestra que aún hay esperanza». La concesión de la condecoración estuvo precedida de un trabajo de información previo del ministerio de Asuntos Exteriores español. Lo prueba este interesante informe de la funcionaria Mercedes Pérez-Vera, que se desplazó hasta Padua en enero de 1990 para hablar con Perlasca.

«INFORME SOBRE VISITA AL SR. PERLASCA

Con fecha 1 de septiembre de 1989, el Secretario General Técnico encargó que se investigara si la documentación existente en el Archivo General de este Ministerio, relativa a la Legación de España en Budapest, durante la 2ª Guerra Mundial, se podía estimar completa, o si, por el contrario, resultaba plausible que parte de dicha documentación estuviera aún en poder del Sr. Perlasca, ciudadano italiano que en dicha época se hizo pasar por Cónsul de España.

Como resultado de una investigación preliminar redacté la Nota que se adjunta como Anexo I. A través de la Embajada española en Roma se tomó contacto con la familia Perlasca, que estimó posible que éste tuviera documentación de interés para el Ministerio y apuntó la conveniencia de que alguien se desplazara a Padua con el objeto de fotocopiar lo que considerara más conveniente.

Con tal fin me trasladé a esta ciudad del 2 al 6 de Diciembre.

Durante mi estancia tuve la oportunidad de mantener tres largas entrevistas en las que pude corroborar la tesis apuntada en mi informe previo, es decir, que el Sr. Perlasca no tenía ninguna documentación del periodo en el que había actuado como Cónsul español.

En sus propias palabras, ante la inminencia de la ocupación del ejército soviético quemó toda la documentación, incluso su pasaporte español.

No obstante la falta de pruebas documentales oficiales, la actuación del Sr. Perlasca en Budapest se refleja en la "Promemoria" escrita por el propio interesado y que se adjunta como Anexo II. En la misma explica detalladamente lo ocurrido en el periodo crítico comprendido entre el 6 de Diciembre de 1944, fecha en que Sanz Briz abandona Budapest, y el 16 de Enero de 1945, en la que entran los rusos. De igual manera narra su relación con el diplomático español, y como éste le había concedido el 30 de Octubre de 1944 pasaporte español a la vista de la gravedad de la situación. Para obtener tal pasaporte, solicitado por primera vez por Perlasca en Septiembre de 1943, aducía su condición de excombatiente en la Guerra Civil española a favor del ejército franquista. Este último dato, que no figura en su Memoria, me lo proporcionó verbalmente.

En apoyo de la veracidad de sus afirmaciones, me hizo entrega de copia de los testimonios de agradecimiento de los protegidos judíos, Anexo III, así como de la entrañable carta que con fecha 4 de Diciembre de 1945 le dirigió Sanz Briz desde San Francisco.

En suma, es indudable que en los aproximadamente 40 días que el Sr. Perlasca actuó como falso Cónsul da España en Budapest contribuyó a salvar la vida de miles de judíos protegidos por la legación de España. Ahora bien, sería injusto no reconocer la importancia decisiva del Encargado de Negocios, Sr. Sanz Briz, que fue quien organizó la acción humanitaria a favor de los judíos húngaros.

Madrid, 9 de Enero de 1990.»

[p. 290] «Un acto emocionante, muy solemne y protocolario, donde intervinieron muchas personas, que se prolongó durante más de dos horas y en el que nadie pronunció las palabras "Sanz Briz".» Erzsébet Dobos fue a la presentación de la traducción al húngaro de *L'impostore*. En Budapest estaba el hijo de Perlasca, Franco, que llevaba el nombre por el Generalísimo. Luego me escribió esta carta:

«Hola Arcadi, el lunes fui a la presentación del libro. Fue un acto muuuuuuy largo, muy protocolario, con muchas intervenciones. El acto fue inaugurado por el director del Museo y Centro de Documentación de Holocausto, prof. Szabolcs Szita. Luego habló Franco Perlasca, contó la historia de cómo fue "descubierto" su padre. Después, la embajadora de Italia. Luego el retirado rabino József Schweitzer. Después el exembajador de Hungría en Italia quien entregó a Perlasca en Roma la condecoración del Gobierno de Hungría. Después el presidente de la Sección Cultural de la Comunidad de Judíos Húngaros, patrocinador de la edición. Luego intervino alguien de parte de la editorial.

Ahora bien: ni una palabra sobre Sanz Briz o la embajada de España. Y eso es más que curioso ya que a nadie se le ocurrió la pregunta de por qué "impostor". Solo se mencionó a Perlasca, que salvó más de 5.000 vidas, etc. etc.

¿Qué te parece?

Erzsébet».

Capítulo 68

[p. 292] «A mitad de los años cuarenta, en la época del hambre monstruosa de la posguerra europea, Sanz Briz le enviaba alimentos desde Washington.» La Familia Sanz-Briz guarda un recibo, que lleva fecha de 11 de julio de 1946. El valor del envío fue de 10 dólares. Unos 125, en valor de hoy.

Cronología

Los héroes de la embajada de España

1880

30 de julio. Nace Miguel Ángel Muguiro, embajador de España en Budapest.

1889

Nace Elisabeth Tourné, canciller de la legación de España en Budapest.

1895

27 de julio. Nace Casimiro Florencio Granzow de la Cerda en Varsovia. Encargado de los intereses de España en Polonia.

1900

27 de marzo. Nace en Cinkota (Budapest) Zoltán Farkas, abogado honorario de la legación de España en Budapest.

1910

31 de enero. Nace Giorgio Perlasca en Como.
28 de septiembre. Nace Ángel Sanz Briz en Zaragoza.

1917

1 de abril. Elisabeth Tourné ingresa en el servicio del consulado de España en Budapest.

1919

10 de mayo. Nace en Daimiel Eugenio Suárez, corresponsal en Budapest.

La Guerra Civil

1936

18 de julio. Inicio de la Guerra Civil española. Sanz Briz se encuentra en Madrid, en el ministerio de Asuntos Exteriores. Su labor como quintacolumnista le permite salvar a varias personas de la checa de la Estación del Mediodía (actualmente Atocha), así como pedir numerosos pasaportes, uno de ellos a Pilar Primo de Rivera.
29 de agosto. Ángel Sanz Briz es nombrado secretario de embajada en Londres.
25 de diciembre. Giorgio Perlasca llega a España como voluntario para luchar en el bando franquista. Se integra en la artillería legionaria y en los Flechas Negras.

1938

Zoltán Farkas solicita el cargo de abogado en la legación española. Lo había intentado anteriormente, en 1930. No lo conseguirá hasta agosto de 1940. Abogado honorífico sin remuneración.

19 de enero. Denuncia contra Mme. Tourné por expedir visados a judíos húngaros y de otras nacionalidades para viajar a España o a Lisboa.

Mayo. Miguel Ángel de Muguiro se hace cargo de la legación española en Budapest.

Segunda Guerra Mundial

1939

1 de septiembre. Inicio de la guerra. Alemania invade Polonia.

1942

24 de marzo. Nombramiento de Ángel Sanz Briz como secretario de 2.ª en Budapest procedente de El Cairo, su primer destino como diplomático.

Abril. Boda entre Ángel Sanz Briz y Adela Quijano. A finales de mes se instalan en Villa Széchenyi.

10 de mayo. Ángel Sanz Briz toma posesión de su cargo en Budapest.

Octubre. Perlasca llega a Hungría.

1943

Verano. Primera estancia de Eugenio Suárez en Budapest. El franco suizo se paga a 6 pengös. Cuando abandone la ciudad, poco antes de la llegada de los rusos, el franco suizo se cotizará a 70 pengös. Un almuerzo en el Duna Palota, el mejor hotel de Budapest, costaba unos 30 pengös a su llegada. Un año después rondaría los 100.

13 de agosto. El *ABC* anuncia el bautismo de la hija de Sanz Briz, oficiado por el nuncio Angelo Rotta.

Septiembre. Perlasca conoce a Sanz Briz a finales de este mes y le pide que le facilite un pasaporte español para poder escapar de la Gestapo en caso de necesidad. El día 8 de octubre se confirma que no hay ningún documento sobre él en el ministerio de la Guerra y se le deniega el pasaporte.

1944

Enero. Muguiro informa de las *razzias* de Ujvidek (actualmente Novi Sad). Adela Quijano vuelve a España.

Marzo. Charlie Rivel actúa en Budapest.

19 de marzo. Ocupación militar de Hungría por parte de los alemanes. Muguiro informa al ministerio. Perlasca abandona su pensión, la Kék Duna, junto a otros dos italianos.

21 de marzo. Muguiro solicita permiso al ministerio para la protección de Perlasca. Sanz Briz, por su parte, escribe a Adela comentándole los cambios políticos.

23 de marzo. Sanz Briz vuelve a escribir a Adela hablando de la situación de los judíos en Budapest.

28 de marzo. Perlasca solicita el pasaporte español.

Semana Santa. Sanz Briz le propone a Perlasca refugiarse en Villa Széchenyi.

1 de abril. Muguiro dice que ya ha recibido las órdenes sobre el derecho de los asilados y de la protección que puede llevar a cabo la legación.

3 de abril. Muere Joseph Balogh en Sávár, un campo de internamiento de la Gestapo. Eugenio Suárez: «Recuerdo que el director de la *Nouvelle Revue de Hongrie*, señor Bálogh, de raza semita y de confesión romana, buscado activamente por el odio, fue salvado en un convento, hasta donde le llevó el automóvil de la Legación de España. Iba vestido con el hábito sacerdotal, y durante mucho tiempo convivió en comunidad con ciertos frailes».

2 o 3 de abril. Muguiro pide instrucciones a la embajada ante el avance de los rusos.

5 de abril. Informe de Muguiro sobre las disposiciones antisemitas.

17 de abril. Carta de Sanz Briz a Adela en la que le habla del bombardeo de la ciudad sufrido la noche anterior. Vuelve a hablar de los judíos, un tema que aparece siempre en las cartas.

15 de mayo. Comienzan las deportaciones de judíos húngaros. En menos de dos meses se envía casi medio millón de judíos a los campos de exterminio.

20 de mayo. Un anónimo de un presunto cristiano húngaro llega a la embajada de España. Alerta sobre el destino de los judíos deportados a Polonia. Muguiro informa a la embajada diciendo que los rumores al respecto se oyen continuamente.

Junio. Muguiro se marcha y Sanz Briz ocupa su puesto. Comienza a circular entre algunas autoridades de Budapest el Informe de Auschwitz.

25 de junio. Sanz Briz informa sobre las medidas antijudías.

Julio. La primera semana de julio finalizan las deportaciones.

5 de julio. Se reunieron en Lisboa el embajador español en Portugal, Eliahu Dobkin del Comité Ejecutivo de la Agencia Judía para Palestina, e Izaak Weissmann del Congreso Mundial Judío.

9 de julio. Raoul Wallenberg llega a Budapest. Según su amigo Per Anger, lo hizo con dos mochilas, un saco de dormir, una cazadora y un revólver.

15 de julio. Telegrama de Jordana. Autoriza a Sanz Briz a hacer gestiones para liberar al abogado y médico de la legación, así como mecánico y sirvientes, detenidos por judíos.

16 de julio. Sanz Briz vuelve a informar al ministerio sobre los rumores, que apuntan a Auschwitz. Informa de que en las inmediaciones de Kattovice se gasea a los judíos y se trata la grasa de los cuerpos con fines industriales.

20 de julio. Reunión de Sanz Briz con Miklós Horthy, regente de Hungría, en la que este le da cuenta de su preocupación por las deportaciones de judíos.

29 de julio. Sanz Briz comunica al ministerio las actuaciones que para salvar a los judíos han llevado a cabo Rotta y Wallenberg. El despacho, el número 146, no llegará al Ministerio hasta el 15 de septiembre de 1944, tras la muerte del ministro Jordana. Este mismo día comienzan las negociaciones sobre el rescate de los 500 niños eslovacos. La legación española ha de hacerse cargo de ellos para enviarlos a Tánger.

2 de agosto. Se reanudan las negociaciones sobre el rescate de 500 niños eslovacos, iniciadas con Muguiro. Los niños no pudieron salir en dirección a Tánger y se quedaron a cargo de la Cruz Roja en Budapest.

3 de agosto. Muere el conde de Jordana, ministro de Exteriores.

21 de agosto. Reunión de Sanz Briz y los diplomáticos de los países neutrales con el nuncio Rotta, sobre el tema de los judíos. El despacho, el número 157, enviado el 22 de agosto, no llegó al ministerio hasta el día 4 de octubre.

26 de agosto. Sanz Briz envía junto a su despacho n.º 160 el informe sobre Auschwitz. El despacho llega al ministerio el 15 de septiembre.

Septiembre. Perlasca le pide a Sanz Briz que le gestionen un permiso para regresar a Budapest por motivo de una enfermedad. Había estado internado en un hotelito en Kékes junto a otros italianos.

5 de septiembre. Sanz Briz visita al nuevo ministro de Negocios Extranjeros, que le dice que no habrá más deportaciones de judíos.

7 de septiembre. Lequerica, el embajador español en Estocolmo, dice que el gobierno sueco ha autorizado al representante sueco en Budapest para que se encargue de intereses españoles. Solicitan confirmación.

9 de septiembre. Javier Beruete deserta junto a otros españoles de su unidad de la División Azul en las cercanías de Bistricioara, en Rumanía. Debió de llegar a Budapest a mediados o finales de ese mes, posiblemente junto a Ángel Fuentes Lemaur.

12 de septiembre. Sanz Briz insiste sobre el miedo de la población ante el avance ruso.

13 de septiembre. Bombardeo nocturno sobre Budapest, con gran número de víctimas.

15 de septiembre. Nuevo bombardeo nocturno, con muchas víctimas. Varias bombas caen cerca de la legación, destrozando los cristales. Sanz Briz solicita permiso al ministerio para que las familias de Farkas y Tourné puedan refugiarse en la legación. Llega a Madrid el despacho 160 junto con el informe de Auschwitz, enviado el 26 de agosto.

19 de septiembre. Sanz Briz informa de nuevos bombardeos en las últimas 48 horas. El ministro, en San Sebastián, le pide a Sanz Briz que en caso de marcharse, y siempre que la situación lo propicie, lo haga sin precipitación y guardando las formas. La señora Tourné puede quedarse en la legación pero no Farkas, ya que no es trabajador de la legación. Además, al no ser español, no puede gozar de protección.

Octubre. Nace en Madrid Paloma Sanz-Briz Quijano, segunda hija del matrimonio.

7 de octubre. Sanz Briz informa de los rumores sobre un golpe de Estado. Budapest se halla rodeada de fuerzas alemanas para evitar la negociación de un armisticio por parte del gobierno húngaro. Los rusos se encuentran a 150 kilómetros de Budapest.

13 de octubre. Perlasca huye de Csákánydoroszló, donde estaba internado, gracias a un coche de la legación suiza enviado por Sanz Briz, en el que viajaba un secretario del ministerio de Exteriores húngaro que iba a visitarle. Regresa a Budapest por la tarde, a la pensión Kék Duna. Por otro lado, Lequerica autoriza al personal de la legación a que pueda trasladarse a Viena en caso de peligro, dejando el edificio en manos suecas, previa consulta con el ministerio.

15 de octubre. Golpe de Estado del partido pronazi de los cruces flechadas. Ferenc Szálasi toma el poder. Ese mismo día sale hacia Viena la Sra. Tourné para trasladar el archivo de la legación. El archivo quedaría destruido en los bombardeos sobre la capital austriaca.

17 de octubre. Sanz Briz informa sobre el golpe y el recrudecimiento de la violencia contra los judíos.

23 de octubre. El embajador español en Washington, a petición del Congreso Judío, ruega que se extienda la protección al mayor número posible de judíos perseguidos. «Sírvase V.E. informar en qué forma se puede acceder a lo solicitado con mayor espíritu benevolencia, etc.» Lequerica envía terminantes órdenes a Sanz Briz para que disponga de la máxima protección a los judíos en la forma que él disponga.

25 de octubre. El ministerio autoriza la marcha de Sanz Briz.

27 de octubre. Lequerica autoriza la fórmula de protección propuesta por Sanz Briz y le conmina a poner el mayor empeño en ello.

1 de noviembre. Perlasca acude a la embajada española y recibe el pasaporte español tras rogárselo a Sanz Briz. Durante esos primeros días ayuda en la embajada un joven español desertor de la División Azul.

2 de noviembre. A las 23:20 Sanz Briz informa al ministerio de que el gobierno húngaro ha aceptado la protección de 100 judíos con ciertas condiciones: que salgan hacia España antes del 13 de noviembre y que España reconozca al gobierno húngaro a través de sus representantes en Madrid.

5 de noviembre. Sanz Briz informa al ministerio de que los rusos están en los arrabales de la ciudad y que no tardará en hacer uso del permiso que en su día concedió Lequerica.

8 de noviembre. Nota oral de Sanz Briz al ministerio de Exteriores húngaro quejándose sobre el trato recibido por los protegidos judíos.

9 de noviembre. Sanz Briz informa al ministerio sobre el recrudecimiento del terror contra los judíos. Los hombres irán a pie a las fronteras del Reich; los niños, mujeres y ancianos, en tren. Los nyilas no respetan los pasaportes españoles ni los de otros países. «Los actos de crueldad son innumerables.» El telegrama llega el día 11. Nota oral de Sanz Briz al ministerio de Exteriores húngaro quejándose por la situación de sus refugiados.

10 de noviembre. Lequerica pide a Sanz Briz que siga insistiendo en sus labores de protección.

13 de noviembre. A las 23:15 horas Sanz Briz informa al ministerio de cómo ha expedido pasaportes provisionales y cartas de protección. Se ha aumentado el número de pasaportes a 300 y las cartas de protección a 2.000. Los judíos quedarán protegidos en las casas del gueto internacional a la espera de salir hacia sus respectivos países. No obstante, hasta los húngaros dudan de que Alemania permita el tránsito. Lequerica, por su parte, manda un duro telegrama en el que exige que los documentos españoles sean respetados y que sus poseedores no sean considerados como enemigos. Veesenmayer informa al ministerio de Exteriores alemán sobre las acciones emprendidas por la embajada de España.

14 de noviembre. Telegrama de Lequerica a Washington describiendo las órdenes de protesta que ha dado a la legación española en Budapest ante la negativa de las autoridades húngaras a reconocer validez de pasaportes españoles.

16 de noviembre. Sanz Briz informa de que las legaciones siguen en Budapest, pese a que muchos ministerios se han ido hacia el oeste. El representante suizo se ha marchado sin dejar un encargado de negocios, y el representante danés también se ha marchado tras pasar dos semanas en el hospital tras ser atacado por los nyilas. Telegrama de Lequerica a Washington dándole cuenta de las medidas de protección tomadas por la legación española. Nota oral y carta de protesta de Sanz Briz al ministerio de Exteriores húngaro protestando de nuevo por las detenciones de judíos protegidos por España.

17 de noviembre. Reunión de Sanz Briz con el nuncio y los representantes de los países neutrales. Acción conjunta frente al gobierno húngaro para proteger a los judíos. Sanz Briz informa de las conversaciones con el responsable húngaro, y la protesta por el trato a los judíos con documentos españoles. El húngaro ordena a un oficial que acuda junto a un miembro de la legación para que acuda a la caravana de judíos que va a pie hacia la frontera con el fin de rescatar al mayor número de personas posible. En otro telegrama se informa de la liberación de 71 judíos por parte de ese representante de la legación en uno de los campos.

21 de noviembre. Sanz Briz informa al ministerio de la liberación de unos treinta judíos por parte de la legación española de las caravanas que iban a pie a la frontera. La lista del 24 de noviembre de judíos salvados por el Vaticano, y que el Yad Vashem hace constar también como rescatados por España, Suecia, etc., incluye unos treinta nombres. Nota oral de Sanz

Briz al ministerio de Exteriores húngaro informando de nuevo sobre los motivos de la protección a los judíos.

22 de noviembre. Sanz Briz informa de cómo se organizará el gueto internacional, donde los judíos solo podrán pasear de ocho a nueve de la mañana. Ese mismo día, Farkas participa en una reunión en la embajada sueca. Entre los asistentes está el jefe de policía Dr. Batizfalvy, quien ayudó mucho a las legaciones neutrales en sus tareas de salvamento. También están Wallenberg y el representante suizo Krausz. Batizfalvy explica las condiciones en que se están transportando a los judíos hacia la frontera con Alemania. Se determina un equipo con cinco camiones cargados de víveres que se repartirán entre las columnas de judíos que caminen a pie hacia la frontera. El equipo lo formarán dos delegados de cada legación, que han de llevar una máquina de escribir y papeles de protección en blanco. Batizfalvy también formará parte del equipo, e irá en el coche del delegado suizo. Sanz Briz escribe a László Szamosi, oficial de la Comisión Internacional de la Cruz Roja sobre estos equipos y la distribución de alimentos.

23 de noviembre. Los enviados de las embajadas se ponen en camino. Consta, además de los fragmentos en las memorias de los diplomáticos suecos, un informe escrito por los suizos Leopold Breszlauer y Ladislaus Kruger datado el 28 de noviembre. El viaje a Hegyeshalom tuvo lugar entre el 23 y el 27 y se pudieron constatar las bárbaras condiciones de las marchas. Los judíos recorrieron los 200-220 kilómetros existentes entre Budapest y la frontera entre siete y ocho días. Quienes quedaban rezagados podían morir ejecutados, o en todo caso abandonados a su suerte. En pocos casos recibieron ayuda. El resto de la columna recibió tres o cuatro raciones de sopa durante toda la marcha. También hay un informe de la delegación vaticana, entre cuyos integrantes estaban el escritor Sándor Újváry, el comerciante Géza Kiss y el parlamentario transilvano István Biró. Hay numerosos testimonios de las marchas, de judíos y también de SS.

24 de noviembre. Telegrama de Veesenmeyer. Los judíos deportados ya no irán a campos de concentración sino a realizar trabajos forzados en la frontera germanohúngara. Serán los hombres entre 15 y 60 años y las mujeres entre 15 y 50. A partir del día 27 deben de estar disponibles cien vagones semanales para transportar a aquellos judíos —especialmente las mujeres— que no puedan hacer la marcha a pie.

3 de diciembre. Sanz Briz estima llegado el momento de partir de Budapest.

6 de diciembre. Informa Sanz Briz que el ministerio húngaro invita a las embajadas a abandonar Budapest ante el avance ruso. «Viaje mañana.» Sigismund von Bibra, encargado de negocios de la embajada alemana en Madrid, envía al ministerio de Exteriores alemán una relación sobre la actuación de la embajada española en Budapest a favor de los judíos.

7 de diciembre. Sanz Briz se va de Budapest. Carta del ministro de Asuntos Exteriores español a Roberto de Satorres, del ministerio, sobre cómo tratar con las autoridades húngaras tras la marcha de Sanz Briz. Según Perlasca, el mismo día de la marcha de Sanz Briz (que él estima el día 1) el edificio de viviendas protegidas de la Karoly ut. 33 pretende ser evacuado por los nyilas. Perlasca supo que ese mismo día por la mañana, el embajador sueco Danielsson acudió a la embajada a recoger el dinero dejado por Sanz Briz (exactamente 17.825 francos suizos, según Perlasca) sin dejar a cambio un recibo. Tourné se negó a entregarle el dinero en pengös, como Danielsson quería. Por la tarde, Farkas y Perlasca entregaron 25.000 pengös a Jószef Gera para los refugiados de guerra húngaros, como modo de asegurarse buenas relaciones con los nyilas. Dicho dinero lo dejó Sanz Briz para ese menester.

8 de diciembre. La mañana siguiente a la marcha de Sanz Briz continuaron las *razzias* en las casas para llevarse a la gente que no tuviera papeles españoles.

9 de diciembre. Perlasca, en la *Promemoria*, dice que los nyilas quisieron requisar Villa Széchenyi y llevarse de allí a los judíos refugiados. Se renovó el permiso de extraterritorialidad y ya no hubo más problemas hasta la llegada de los rusos.

10 de diciembre. Reunión entre Gabor Vajna, ministro del Interior húngaro, y Himmler en Alemania. Entre otros temas, se trata el de la «limpieza»: judíos, comunistas y otros enemigos. Se detallan las cifras de los judíos en Budapest: 120.000 en el gueto; 18.000 en el gueto internacional (llamado por los alemanes *Sonderguetto* o «gueto especial»).

Siguientes semanas de diciembre. Perlasca cuenta que se dedicó a recoger judíos de los lugares donde se escondían para llevarlos a las casas.

14 de diciembre. Sanz Briz llega a Berna.

15 de diciembre. Los nyilas asesinan a veinticuatro judíos y tiran sus cuerpos al Danubio.

20 de diciembre. Ahorcan a cinco personas en Budapest como represalia por el asesinato de un nyila.

23 de diciembre. Según Lars Berg, el ministro de Exteriores en funciones en Budapest (el gobierno se había refugiado en otra ciudad), László Vöczköndy, declara ilegal la Cruz Roja sueca. Todos los trabajadores están en alerta, refugiados en casas distintas a las suyas habituales. Vöczköndy era diplomático en Estocolmo cuando los nyilas dieron el golpe de Estado y fue expulsado de Suecia.

24 de diciembre. Firma de un documento de las legaciones neutrales sobre el maltrato del gobierno húngaro a los judíos. Los nyilas detienen a los cabecillas de la resistencia y asesinan a seis de ellos. Ocupan la Sección B sueca (encargada de los asuntos del resto de legaciones huidas de Hungría), instalada en la antigua embajada de Finlandia. Arrestaron a todos los diplomáticos y trabajadores que pudieron encontrar con la intención aparente de llevarlos a Szombathely, donde estaba el gobierno húngaro.

25 de diciembre. Según Perlasca, un comandante nyila acudió a la embajada a proponer su protección con una guardia.

26 de diciembre. Perlasca dice que fue arrestado en la Mussolini tér, al lado de la embajada, y conducido a la checa nyila en la esquina de la Andrássy ut. y la Liszt Ferenc tér. Fue puesto en libertad inmediatamente. Al mediodía llegaron a la embajada los guardias, fuertemente armados. A Perlasca se le asignó una escolta de dos gendarmes.

1945

12 de enero. Cumpleaños de Irene, amiga de Perlasca. Este acudía a diario un rato, unos diez minutos, para comprobar que estaba bien. Ese día se reunieron en casa siete amigos. Bebieron vino, descongelaron carne de caballo calentándola con un chal y terminaron todos debajo de la mesa, donde Irene recibió un beso anónimo.

18 de enero. Zoltán Farkas es hallado muerto. Se le entierra dos días después en el patio de la embajada.

13 de febrero. Los rusos toman Budapest.

7 de mayo. Jodl firma la rendición de Alemania. Fin de la guerra.

Memoria y olvido

1945

5 de junio. Perlasca llega a Turquía.

12 de junio. El diario *Kis Újság*, propiedad del conde Dessewffy, publica un artículo escrito por Sándor Mátrai sobre Perlasca.

Se da por primera vez la cifra de 5.200 judíos salvados. Se le atribuye todo el mérito a Perlasca.

13 de octubre. Informe de Perlasca al ministro de Asuntos Exteriores de España.

4 de diciembre. Carta de Sanz Briz a Perlasca, agradeciéndole una anterior en la que le contaba su actuación en Budapest. «No olvide V. que la decisión de meter gente en los locales de la legación fue de mi propia iniciativa, sin previo permiso de Madrid, y motivada por el terror que entonces reinaba en la capital húngara.»

1946

7 de febrero. Respuesta de Perlasca a Sanz Briz.

3 de abril. Giorgio Perlasca envía a Sanz Briz su informe de actuación en Budapest.

7 de noviembre. Giorgio Perlasca recibe un paquete de comida enviado por Sanz Briz desde Estados Unidos.

1949

12 de junio. Entrevista a Sanz Briz en *Heraldo de Aragón*, a cuenta de su papel en Budapest.

1954

4 de octubre. Muere Miguel Ángel de Muguiro.

1961

12 de junio. Artículo sobre Perlasca y Budapest en *Il Resto del Carlino*.

1966

18 de octubre. Sanz Briz recibe el título de *Justo entre las Naciones*. El gobierno franquista impide que la ceremonia se diera a conocer públicamente.

1969

Muere Casimiro Granzow de la Cerda.

1980

11 de junio. Muere Ángel Sanz Briz.

1982

Se publica *Schindler's Ark*, la novela de Thomas Keneally que dará lugar a la película de Spielberg *La lista de Schindler*.

1988

15 de mayo. Anuncio en el periódico *Új Élet*, buscando a personas que hubieran conocido a Giorgio Perlasca en 1944-1945.
9 de junio. Yad Vashem reconoce a Giorgio Perlasca como *Justo entre las Naciones*.

1989-1990

Numerosos actos de homenaje a Giorgio Perlasca en Hungría, Israel y Estados Unidos.

1989

Aparece la primera edición, en húngaro, de la *Promemoria*, reelaborada en forma de diario y publicada en el volumen *Az olasz Wallenberg*, de László Elek.

1990

Se emite el documental *Omaggio a Giorgio Perlasca* para la RAI dentro del programa *Mixer*.

6 de diciembre. Se concede a Giorgio Perlasca la Encomienda de Número de la Orden de Isabel la Católica, como colaborador de la embajada de España en Budapest, a propuesta del Director General de África y Medio Oriente del ministerio de Asuntos Exteriores español, Jorge Dezcallar.

1991

Se publica el libro de Enrico Deaglio *La banalità del bene*.

21 de octubre. Acto público de reconocimiento a Ángel Sanz Briz en Yad Vashem, Jerusalén.

1992

15 de agosto. Muere Giorgio Perlasca.

1993

30 de marzo. Se estrena *La lista de Schindler* en Estados Unidos.

1994

16 de octubre. Acto de homenaje a Sanz Briz en el Parlamento húngaro.

2000

Diego Carcedo publica la novela *Un español frente al Holocausto.*

2002

28 de enero. Se estrena la película *Perlasca: un eroe italiano* (en español: *El cónsul Perlasca*), de Alberto Negrin y protagonizada por Luca Zingaretti.

2007

Se publica *L'impostore: le memorie dello Schindler italiano.*

2008

27 de octubre. Placa en homenaje a Sanz Briz en la embajada de España en Budapest.

2010

Dalbert Hallenstein y Carlota Zavattiero publican *Giorgio Perlasca: un italiano scomodo.*

2011

Febrero. Se publica en Italia el tebeo *Giorgio Perlasca: un uomo comune*, de Ennio Bufi y Marco Sonseri.

22 de diciembre. Se estrena la película *El ángel de Budapest*, dirigida por Luis Oliveros y protagonizada por Francis Lorenzo.

2013

11 de marzo. Se presenta en Budapest *En nombre de Franco.*

Durante las semanas siguientes aparecen varios artículos y reseñas.

9 de abril. Queda suspendida la presentación del libro en la Casa Sefarad (Madrid).

2014

17 de marzo. Muere Jaime Vándor.

Noviembre. Madrid dedica una calle a Ángel Sanz Briz.

2015

11 de junio. El Congreso de los Diputados aprueba la ley para la concesión de la nacionalidad a los sefardíes originarios de España.

2016

16 de mayo. Muere Irene Boroviczeny.

2018

15 de febrero. Muere Iván Harsányi.

2023

14 de marzo. El diputado Francisco José Contreras, de Vox, presenta una proposición en la Comisión de Cultura del Congreso para honrar a Ángel Sanz Briz. La proposición es rechazada.

Bibliografía

Archivos

Állambiztonsági Szolgálatok Történeti Levéltára (Budapest)
Archives de la Ville de Lausanne
Archivo Central de la Presidencia del Gobierno (Madrid)
Archivo General de la Administración (Madrid)
Archivo General de la Administración (Alcalá de Henares)
Archivo General Militar de Ávila
Auswärtiges Amt. Politisches Archiv (Berlín)
Bundesarchiv (Berlín, Friburgo)
Fundación Nacional Francisco Franco (Madrid)
Real Academia de la Historia (Madrid)
Schweizerisches Bundesarchiv (Berna)
Széchenyi Zsigmond Vadászati Könyvtár (Budapest)
The Weizmann Archives (Rehovot)
United States Holocaut Memorial Museum (Nueva York)
Yad Vashem. The Holocaust Martyrs' and Heroes' Remembrance Authority (Jerusalén)

Asimismo, hemos podido consultar los archivos personales de las familias Sanz-Briz y Perlasca, así como los de Fernando Granzow, duque de Parcent, los de Jaime Vándor, Irene Boroviczeny, Iván Harsányi, Elisabeth Szel, Eugenio Suárez, Janos Farkas, Eveline Blitstein-Willinger, Tibor Gérgely, Mercedes Redondo y otras personas que han preferido permanecer en el anonimato.

Hemerotecas

Diarios *ABC* (6 de mayo de 1943, 4 y 13 de agosto de 1944 y 28 de enero de 1967), *El País* (26 de enero de 2003, 21 de marzo de 2010, 27 de noviembre de 2012), *La Vanguardia* (28 de julio de 1939). También se citan artículos de *Diario de Barcelona* (28 de marzo de 1976), *Domingo* (3 de abril de 1938), *Los Angeles Times* (22 de marzo de 1944) y *The Canadian Jewish Chronicle* (3 de julio de 1942).

Bibliografía citada

Actes et documents du Saint-Siège relatifs à la période de la Seconde Guerre Mondiale, 10. Le Sainte Siège et les victimes de la guerre: janvier 1944-juillet 1945, Libreria Editrice Vaticana, 1980.

«Alemania: nazis y judíos», *FE*, 11 de enero de 1934.

Agramonte, Francisco de, *El frac a veces aprieta*, Ediciones del Viento, Salamanca, 2011.

Anger, Per, *With Raoul Wallenberg in Budapest*, USHMM, 1996.

Álvarez Chillida, Gonzalo, *El antisemitismo en España: la imagen del judío (1812-2000)*, Marcial Pons, Madrid, 2002.

Bárcena, Emilio, «*Franco y los judíos*», *Tierra Santa*, n.º 563-564, pp. 26-34, 1976.

Baroja, Carmen, *Recuerdos de una mujer de la generación del 98*, Tusquets, Barcelona, 1998.

Ben-Tov, Arieh, *Facing the Holocaust in Budapest*, Henry Dunant Institute, Suiza, 1988.

Berg, Lars G., *The book that disappeared: What happened in Budapest*, Vantage Press, Nueva York, 1990.

Boves, Francisco, «La valija de un diplomático, entreabierta para un redactor del Heraldo», *Heraldo de Aragón*, 12 de junio de 1949.

Bowen, Wayne H., «Spain and the Nazi occupation of Poland, 1939-44», *International Social Science Review*, vol. 82, n.º 3-4, septiembre de 2007.

Calvet, Josep, *Les muntanyes de la llibertat: el pas d'evadits pels Pirineus durant la Segona Guerra Mundial*, L'Avenç, Mallorca, 2008.

Carcedo, Diego, *Un español frente al Holocausto*, Temas de Hoy, Barcelona, 2000.

Casanova, Sofía; y Branicki, Miguel, *El martirio de Polonia*, Atlas, Paraguay, 1945.

—, «Lejos y cerca», *ABC*, 9 de junio de 1944.

Cerato, Giuseppe, «In che modo un cittadino padovano riuscì a salvare la vita a 5200 ebrei ungheresi», *Il Resto del Carlino*, 11 de junio de 1961.

Chaves Nogales, Manuel, *La defensa de Madrid*, Renacimiento, Sevilla, 2010.

Ciniglio, Alexandra, *Los papeles secretos de Pape*, Nagrela, Madrid, 2021.

Cubeddu, Giovanni, «He hecho mi deber, gracias a Dios», *30Días*, 2005.

Deaglio, Enrico, *La banalidad del bien: historia de Giorgio Perlasca*, Herder, Barcelona, 1997.

Die Ermorderung der Europäischen Juden: eine umfassende Dokumentation des Holocaust, 1941-1945. Hrsg. von Peter Longerich, Piper, 1989.

Dobos, Erzsébet (ed.), *Salvati: Documenti e memorie sul salvataggio spagnolo a Budapest durante l'olocausto*, Fondazione Giorgio Perlasca, 2010.

—, *Protegidos por España*, Certeza, Zaragoza, 2022.

Domínguez Arribas, Javier, *El enemigo judeo-masónico en la propaganda franquista (1936-1945)*, Marcial Pons, Madrid, 2009.

Eiroa, Matilde, *Las relaciones de Franco con Europa Centro-Oriental (1939-1955)*, Ariel, Barcelona, 2001.

Eizaguirre, Ramón, *En el abismo rojo: memorias de un español once años prisionero de la URSS*, El Autor, 1955.

Elek, László, *Az olasz Wallenberg*, Széchenyi Kiadó, Hungría, 1989.

España y los judíos, Oficina de Información Diplomática, 1949.

Fabre, Jaume, *Periodistes uniformats: diaris barcelonins dels anys 40: la represa i la repressió*, Col·legi de Periodistes de Catalunya, 1996.

Ferrariis Salzano, Carlo de, *Dall'Ambasciata allo Stalag XVII: storia di una missione straordinaria*, Castelvecchi, 2017.

Fondazione Giorgio Perlasca, YouTube, <https://www.youtube.com/user/fondazioneperlasca>.

Foxá, Agustín de, *Madrid de Corte a cheka*, Librería Internacional, 1938.

—, *Misión en Bucarest*, Prensa Española, 1965.

—, *Nostalgia, intimidad y aristocracia*, Fundación Banco Santander, 2010.

Franco Salgado-Araujo, Francisco, *Mis conversaciones privadas con Franco*, Editorial Planeta, Barcelona, 1976.

Gabor, Jolie, *Jolie Gabor. As told to Cindy Adams*, Mason/Charter, 1975.

Gladitz Pérez-Lorenzo, Nina, «Der Fall Giorgio Perlasca», *Dachauer Hefte*, Jahr 7, 1991.

Gómez-Jordana Souza, Francisco, *Milicia y diplomacia: diarios del conde de Jordana 1936-1944*, Dossoles, 2002.

Granzow de la Cerda, Parcent, *El drama de Varsovia: 1939-1944*, Shade, 1946.

Hallenstein, Dalbert; y Zavattiero, Carlotta, *Giorgio Perlasca:*

un italiano scomodo: vita e avventura di un fascista che da solo salvò migliaia di ebrei, Chiarelettere, Milán, 2010.

Harsányi, Iván, «A spanyol diplomácia zsidómento akciói Budapesten», Holocaust-füzetek, 1993/2.

—, «La diplomacia húngara sobre los grupos de poder del primer franquismo (1938-1939)», *Acta Hispanica*, vol. V, 2000.

Hilberg, Raul, *La destrucción de los judíos europeos*, Akal, Madrid, 2005.

Historia de la Embajada de España en Budapest, Folios mecanografiados, Embajada de España en Hungría.

Hollywood contra Franco [película], Oriol Porta, 2008.

Höss, Rudolf, *Yo, comandante de Auschwitz*, Ediciones B, Barcelona, 2009.

Irujo, José Manuel, «Los espías nazis que salvó Franco», *El País*, 26 de enero de 2003.

Kahneman, Daniel, *Pensar rápido, pensar despacio*, Debate, Barcelona, 2012.

Lévai, Eugene, *Black Book on the martyrdom of Hungarian Jewry*, (Lawrence P. Davis, ed.), The Central European Times Publ. Co. [etc.], 1948.

Levine, Paul A., *Raoul Wallenberg in Budapest: Myth, History and Holocaust*, Vallentine Mitchell, 2010.

Lisbona, José Antonio, *España-Israel: historia de unas relaciones secretas*, Temas de Hoy, Barcelona, 2002.

—, *Más allá del deber: la respuesta humanitaria del Servicio Exterior frente al Holocausto*, Ministerio de Asuntos Exteriores y Cooperación, 2015.

López-Cordón, María Victoria, «Introducción», en Casanova, Sofía, *La revolución bolchevista*, Castalia, 1989.

Lozano, Álvaro, *El Holocausto y la cultura de masas*, Melusina, Barcelona, 2010.

Márai, Sándor, *Liberación*, Salamandra, Barcelona, 2012.

MARTÍN DE POZUELO, Eduardo, «El franquismo, cómplice del Holocausto», *La Vanguardia*, 2012.

MARTÍNEZ DE BEDOYA, Javier, *Memorias desde mi aldea*, Ámbito Ediciones, Valladolid, 1996.

MÁTRAI, Sándor, «Hogyan mentette meg ötezerkétszáz ember életét Giorgio Perlasca, mint budapcsti spanyol ügyvivö?», *Kis Újság*, 12 de junio de 1945.

MOLHO, Isaac R., «Un hidalgo español al servicio de Dios y la Humanidad en Budapest», *Tesoro de los judíos sefardíes*, Jerusalén, 1964, vol. VII, pp. 32-405.

MORADIELLOS, Enrique; LÓPEZ RODRÍGUEZ, Santiago y RINA SIMÓN, César: *El Holocausto y la España de Franco*, Turner, Madrid, 2022.

MORAL RONCAL, Antonio Manuel, «El asilo diplomático como condicionante de las relaciones internacionales de la República durante la Guerra Civil», *Congreso La Guerra Civil Española 1936-1939*, Sociedad Estatal de Conmemoraciones Culturales, 2006.

MORCILLO, Matilde, *Sebastián de Romero Radigales y los sefardíes españoles de Grecia durante el Holocausto*, Metáfora Ediciones, Valencia, 2008.

MUNKÁCSI, Ernö, *Hogyan történt?: Adatok és okmányok a magyar zsidóság tragédiájához*, Renaissance Kiadás, 1947.

PERICAY, Xavier, *Aly Herscovitz. Cenizas en la vida europea de Josep Pla*, Athenaica, Sevilla, 2023.

PERLASCA, Giorgio, *L'impostore: le memorie dello Schindler italiano*, Il Mulino, Bolonia, 2007.

PINKER, Steven, *Los ángeles que llevamos dentro*, Paidós, Barcelona, 2012.

QUESADA, Juan Diego, «Excelencia, esto ocurre en Auschwitz [Reportaje: Franco lo supo]», *El País*, 21 de marzo de 2010.

REIN, Ranaan, *Franco, Israel y los judíos*, CSIC, 1996.

Repertorio de hispanistas en Hungría, Ministerio de Educación y Ciencia, 2006.

Rohr, Isabelle, *The Spanish Right and the Jews, 1898-1945: Antisemitism and Opportunism*, Sussex Academic Press, Eastbourne (East Sussex), 2008.

Rother, Bernd, *Franco y el Holocausto*, Marcial Pons, Madrid, 2005.

Sáez Francés, Emilio, *Entre la antorcha y la esvástica*, Actas, Madrid, 2009.

Sala Rose, Rosa, *La penúltima frontera: fugitivos del nazismo en España*, Península, Barcelona, 2011.

Salinas, David, *España, los sefarditas y el Tercer Reich (1939-1945)*, Universidad de Valladolid, 1997.

Semprún, Jorge, *La escritura o la vida*, Tusquets, Barcelona, 1995.

Sesma, Nicolás, *Ni una grande ni libre*, Crítica, Barcelona, 2024.

Suárez, Eugenio, *Corresponsal en Budapest*, Fundación Mapfre, 2007. (Primera edición: Aspas, Madrid, 1946.)

Szel, Elisabeth, *El chico que quería ser héroe* [manuscrito].

Szép, Ernő, *El olor humano*, Gallo Nero, Madrid, 2017.

The Central Database of Shoah Victims' Names.

Torres, Francisco, *Cautivos en Rusia: los últimos combatientes de la División Azul*, Actas, Madrid, 2018.

Vilallonga, José Luis de, *La cruda y tierna verdad*, Plaza y Janés, Barcelona, 2000.

Wallenberg, Raoul, *Letters and dispatches, 1924-1944*, Arcade Publishing, Nueva York, 1995.

Weightman, John, «On not understanding Michel Foucault», *The American Scholar*, vol. 58, n.º 3, 1989, pp. 383-406.

Weindel, Heinrich, *Geschichte Der 14. Kompanie, Gebirgsjäger Regiment 138 1938-1945*, 1980.

Ysart, Federico, *España y los judíos en la Segunda Guerra Mundial*, Dopesa, Barcelona, 1973.

Páginas web

<http://estudioae.com/heroes>

En nombre de Franco. Cronología: <http://estudioae.com/heroes/?page_id=341>

En nombre de Franco. Bibliografía: <http://estudioae.com/heroes/?page_id=17>

En nombre de Franco. Fotografías: <http://estudioae.com/heroes/?page_id=21>

Índice onomástico